《教师教育课程标准（试行）》教材大系

教师教育国家级精品资源共享课配套教材

河南省"十四五"普通高等教育规划教材

小学英语教学设计

（第2版）

主　编　陈冬花

副主编　冯建瑞

编写者　陈冬花　冯建瑞　冯瑞娜

　　　　康　允　郭军叶　赵文霞

　　　　张兴锋　孟江涛

中国教育出版传媒集团

高等教育出版社·北京

内容提要

　　本教材是教师教育国家级精品资源共享课配套教材，以教育部发布的《义务教育英语课程标准（2022年版）》为指导，以立德树人为根本任务，聚焦于中国学生发展核心素养，引导师范生树立正确的小学英语课程理念和教学观。本教材以小学英语教学设计为主线，着重对小学英语教学设计概述、教学设计要素与呈现形式、教材与学情分析、教学目标设计、教学过程设计、教学方法设计与教学技巧运用、不同课型教学设计、教学评价设计、教学媒体设计以及课堂管理进行阐述，并结合小学英语教学设计典型案例剖析小学英语不同课型的教学设计，着力培养师范生的小学英语教学设计与实施能力，以适应小学英语课程改革的需要。

　　本教材既可作为高等师范院校英语教育专业、小学教育专业学生用书，也可作为在职小学英语教师培训用书。

图书在版编目（CIP）数据

　　小学英语教学设计 / 陈冬花主编 . −− 2 版 . −− 北京：高等教育出版社，2023.12（2025.1重印）
　　ISBN 978−7−04−059580−2

　　Ⅰ . ①小… 　Ⅱ . ①陈… 　Ⅲ . ①英语课 − 教学设计 − 小学 　Ⅳ . ① G623.312

　　中国版本图书馆 CIP 数据核字（2022）第 244157 号

小学英语教学设计（第 2 版）
Xiaoxue Yingyu Jiaoxue Sheji

| 策划编辑 | 王雅君 | 责任编辑 | 王雅君 | 封面设计 | 易斯翔 | 版式设计 | 徐艳妮 |
| 责任绘图 | 杨伟露 | 责任校对 | 刘娟娟 | 责任印制 | 张益豪 | | |

出版发行	高等教育出版社		网　　址	http://www.hep.edu.cn
社　　址	北京市西城区德外大街 4 号			http://www.hep.com.cn
邮政编码	100120		网上订购	http://www.hepmall.com.cn
印　　刷	三河市宏图印务有限公司			http://www.hepmall.com
开　　本	787mm×1092mm　1/16			http://www.hepmall.cn
印　　张	18.5		版　　次	2015 年 11 月第 1 版
字　　数	440 千字			2023 年 12 月第 2 版
购书热线	010−58581118		印　　次	2025 年 1 月第 4 次印刷
咨询电话	400−810−0598		定　　价	45.00 元

本书如有缺页、倒页、脱页等质量问题，请到所购图书销售部门联系调换
版权所有　侵权必究
物　料　号　59580−00

党的二十大报告将"实施科教兴国战略，强化现代化建设人才支撑"单独作为一部分陈述，这充分肯定了教育在建设社会主义现代化强国、实现中华民族伟大复兴征程中的战略性地位和重要使命。报告同时提出要"增强中华文明传播力影响力"，"小学英语教学设计"课程作为向世界"讲好中国故事、传播好中国声音"的重要途径，有不可忽视的作用。

本教材是教师教育国家级精品资源共享课的配套教材、河南省"十二五"普通高等教育规划教材，于2015年11月第1次出版印刷，受到了使用单位师生的认可。2020年11月教材再次获批河南省"十四五"普通高等教育规划教材，按照省规划教材要求，修订第2版。第2版教材以《义务教育英语课程标准(2022年版)》为指导，紧密结合《小学教师专业标准(试行)》《教师教育课程标准（试行）》的要求，全面践行"学生中心、产出导向"的教学理念，聚焦于中国学生发展核心素养，落实立德树人根本任务。

一、教材体例与特点

本教材从小学英语教学的实际出发，旨在培养高等院校英语教育专业、小学教育专业师范生从事小学英语课堂教学的基本能力，力图阐释师范生开展小学英语教学设计及实施的相关问题。

本教材按照小学英语课堂教学的基本程序构建教材体例，主要包括以下方面：

第一，注重导学。每章开头呈现"知识地图"，以导图的方式将本章要点进行梳理，学生能一目了然地抓住本章要点；"问题情境"具有真实性和启发性，激发学生的学习动机。每一节节首提出"学习目标"，帮助学生围绕学习目标展开学习；每一节节末有"实践探索"，可供学生自主检验学习成效。每章后，设计"知识精练""深度思考""推荐阅读"栏目，为学生及时进入和完成巩固练习环节提供必要的资源和指导。

第二，运用多种呈现形式，丰富教材文本。每章合理运用小学英语课堂真实案例、图表、音视频资源来呈现信息；每章以二维码形式，为学生提供了大量的视频学习资源和实践范例，大大丰富了教材的内容。学生可登录"爱课程"网查找本教材同名课程。

本教材既注重小学英语教学设计理论说明，又注重小学英语教学设计技能训练。总体而言，本教材有以下特点：第一，突出实践性。各章在阐述基本概念和原理的基础上突出实践性，注重培养师范生的教学设计与实施能力。第二，强调应用性。本教材依据小学英语课堂教学的基本程序，为学生提供了不同教学环节的设计案例，以及会话课、词汇课和阅读课等课型的教学设计案例及应用分析，便于学生参考应用。第三，重视整体性。以小学英语教学设计为主线，各章之间的内容相互衔接，层层递进，反映了小学英语教学设计的全过程。

二、教材使用

本教材按36学时设计，其使用建议大致如下：

（一）课程学习

本教材作为教师教育国家级精品资源共享课"小学英语教学设计"的配套教材，依托在线课程，以文本教材和网络资源同步的方式呈现给学生，每章有与学习内容相配套的网络学习资源，能满足课程教学的需要和学生的个性化学习需要，满足不同学习方式对资源的不同需求。

学生可以根据教学安排和教师要求进行有序学习。课前，学生可以阅读本教材并登录"爱课程"网学习网络资源，完成课前学习任务，为课堂学习做好准备。在课堂教学过程中，教师可以利用课程提供的丰富的案例资源，拓展课堂教学内容，使理论知识的学习更加直观、生动，促进学生对知识的理解与吸收。课后，学生可以根据教师布置的任务登录"爱课程"网的相关模块在线学习优秀小学英语教师的教学设计案例和课堂教学录像，完成学习任务。同时，学生还可以登录"爱课程"网选择相关试题，对自己的学习效果进行检测，以便发现问题，及时调整学习方法。本教材配套课程有全程教学录像、教学设计文稿和教学课件。学生可以根据学习需要，有选择地在线学习所需内容，满足个性化学习需要，解决由时间、空间等限制带来的学习不便。

（二）课程实践

"小学英语教学设计"是一门实践性很强的课程，实践教学应贯穿课程始终。在课程学习过程中，学生要在教师的指导下，通过练习实践，掌握小学英语教学设计的每一个环节，例如进行教材分析、设计教学目标、设计教学方法、设计教学过程、设计教学评价等。学生在学习中需要将理论与实践有机结合，通过理论学习了解小学英语教学设计的基本要求，通过实践掌握如何实施小学英语教学设计及课堂教学，以丰富实践体验。例如，如何进行新课导入、如何呈现新知、如何开展课堂练习、如何实施课堂拓展练习、如何巩固新知等。反复实训、实践有助于学生提升对小学英语教学设计与实施的认识，提高教学设计与实施能力和水平，强化对小学英语课堂教学环节的理解。

（三）教学实践

教学实践既是检验学生教学设计能力的唯一方式，也是学生学习必须进行的一项教学活动。教师教育的各项标准均对教学实践提出了要求，学生要进行不少于18周的教育实践。教育实践是检验学生教学设计能力的最佳时期，也是锻炼学生的最好机会。在教育见习与实习过程中，学生要严格按照小学英语教学设计的规范进行教学，课堂教学结束后，认真反思，修改教学设计，通过"开展教学设计—实施课堂教学—课后反思—修改教学设计"这一完整的教学活动实践，获得全方位的教学实践体验，从而在实践中学习，在学习中感悟，在感悟中提高。学生在教育见习与实习中，检验自己的教学设计作品，获得真实的小学英语课堂教学体验，真正达到通过实践完善教学设计的目的。

另外，我们还制作了本教材的课件、教案资源，教师如有教学需要可联系赵老师（zhaohui@hep.com.cn）索取。

三、教材编写分工

本教材是教师教育国家级精品资源共享课"小学英语教学设计"教学团队合作的成果，聚集了在英语教学领域经验丰富、成绩突出的主讲教师和优秀的小学英语教师。编写分工如下：第一章由郑州财经学院陈冬花编写，第二章由郑州师范学院康允编写，第三、八章由郑州师范学院冯瑞娜编写，第四、六、七、十章由郑州师范学院冯建瑞编写，第五章由郑州师范学院郭军叶编写，第九章由郑州师范学院赵文霞编写。案例分析由郑州市二七区教研室张兴锋编写，同步网络资源教学视频由河南省中原名师、河南农业大学子弟小学教师孟江涛审定。全书由陈冬花设计框架、修改书稿并定稿。

四、声明和致谢

在本教材编写过程中，编写者参阅了大量已有研究成果，在此谨向作者表示诚挚的感谢。在引文出处方面，编写者力求全面详尽地注释，但难免有疏漏，恳请作者理解并给予反馈，以便编写者进行改正。高等教育出版社教师教育出版事业部的领导和编辑、全国教师教育课程资源专家委员会的专家在教材规划、编写等方面给予了大力支持和悉心指导，他们对教材篇章结构及教材内容提出了非常有见地的修改意见，使教材增色许多，在此深表感谢。另外，本教材作为河南省"十四五"普通高等教育规划教材，得到了河南省教育厅和郑州财经学院的大力支持，在此表示感谢。

陈冬花

2023 年 4 月

目　录

第一章　　　小学英语教学设计概述

知识地图

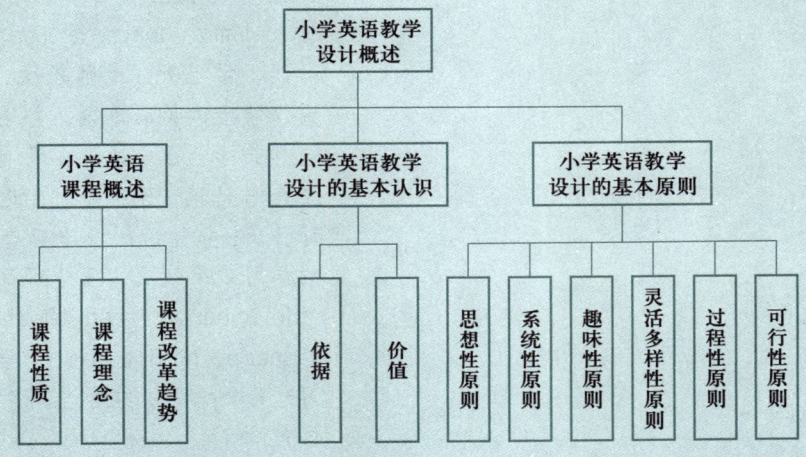

问题情境

有待改进的公开课

王老师是英语专业的毕业生，到小学任英语课程教师已经一年了，现在根据学校要求，要上一节青年教师公开课，她讲课的内容是人教版义务教育教科书四年级下册"Unit 6 At a farm (Part A)"。开始上课，王老师一句话没说，就在黑板上书写标题，接下来告诉学生要学习这个单元内容，而后直接在黑板上写了6个单词：horse、sheep、hen、cow、lamb、goat。写完后全班开始学习单词，老师读、学生听、老师领读、老师拼读、老师用汉语说、学生读英语单词，共用了10多分钟。紧接着王老师给学生5分钟，在没有任何要求的条件下，让学生自己读。5分钟内，近一半学生在玩耍，做小动作。5分钟后，王老师让个别学生读。不顾学生的学习效果情况，王老师又在黑板上写了5个短语：ride a horse、feed the hens、milk a cow、shear a sheep、hold a lamb。学生用学习单词的方法学习这5个短语。在学生练习读短语的过程中，下课铃声响了。

课后，听课的老师同王老师座谈时问了她几个问题：这节课的教学目标是什么？这节课学习的重点与难点是什么？（王老师回答说6个单词和5个短语。）这节课的设计理念是什么？这节课的教学环节有哪些？一连串的问题使王老师一脸茫然。

启发思考

根据王老师的教学过程和听课老师提出的问题，你认为王老师的课堂教学存在什么问题？

英语属于印欧语系，是当今世界经济、政治、科技、文化等活动中广泛使用的语言，是国际交流与合作的重要沟通工具，也是传播人类文明成果的载体之一，对中国走向世界、让世界了解中国、构建人类命运共同体具有重要作用。

第一节　小学英语课程概述

 学习目标

1. 了解小学英语的课程性质与育人价值；
2. 全面理解小学英语课程理念，并能在教学设计中践行课程理念；
3. 了解小学英语课程改革趋势，熟悉教学改革的基本要求。

案例：初步感知小学英语课堂教学

为指导全国小学英语课程教学，2001年教育部印发了《全日制义务教育英语课程标准（实验稿）》，将其作为小学英语课程实施、教学评价、教材审查和选用的主要依据。2011年教育部印发了《义务教育英语课程标准（2011年版）》（以下简称《课标（2011年版）》),2022年教育部印发了《义务教育英语课程标准（2022年版）》（以下简称《课标（2022年版）》），明确规定了小学阶段开设英语，起始年级为三年级，有条件的地区和学校可在一至二年级开设，以听、说为主。

一、小学英语课程性质

《课标（2022年版）》对义务教育阶段的英语课程性质作了明确规定。

（一）工具性与人文性的统一

《课标（2022年版）》对义务教育英语课程性质进行明确的规定，即"义务教育英语课程体现工具性和人文性的统一"，也就是说，学生学习英语不只是掌握一门作为交流工具的语言，而是通过英语学习促进人的全面发展。学生的全面发展指的是什么？是能够正确地认识人与自我、社会、自然的关系；具有积极健康的情感、态度、价值观；学会观察、思考、分析、判断，具有跨文化的意识与能力。工具性主要是指英语课程承担着培养学生基本英语素养和发展学生思维能力的任务，即学生通过英语课程掌握基本的英语语言知识，发展基本的英语听、说、读、写技能，初步形成用英语与他人交流的能力，进一步促进思维能力的发展。人文性主要是指英语在促进人的全面发展方面所起的作用，具体表现在三个方面：一是有利于促进个人的发展。学习母语以外的语言，不仅能拓宽交流渠道，而且有利于心智的发展，特别是思维能力和认知能力的发展。二是有助于促进相互理解。学习英语有利于学生更加全面地理解其他国家的民族、文化和传统，加深对本民族和本国文化与传统的理解，促进我们与其他国家之间的相互理解。三是有助于培养积极向上的情感态度和正确的价值观。所以，工具性和人文性统一的英语课程有利于为学生的终身发展奠定基础。

（二）基础性、实践性和综合性

基础性、实践性和综合性是《课标（2022年版）》新增的对义务教育英语课程特征的定位。基础性是指英语课程立足义务教育阶段学生的身心发展水平，其学习内容和方式与学生身心发展规律相匹配，以培养该阶段学生应具备的基础性素养；实践性是指英语课程强调语言学习过程的实践性，学生在语言实践活动中学习语言知识、发展语言技能，最后形成能够满足实际需要的沟通和交流能力；综合性是指英语课程旨在发展学生的综合性素养，而不是彼此割裂的各种知识技能。充分理解义务教育英语课程特征的基本内涵，是开展小学教学设计的基本要求。

（三）育人价值

依据《义务教育课程方案（2022年版）》和《课标（2022年版）》的要求，小学英语课程是全面贯彻党的教育方针、落实立德树人根本任务的重要渠道和载体，也是培养学生核心素养的重要课程，在义务教育课程体系中（外语）占6%~8%的课时比例，学生通过学习逐步形成适应个人终身发展和社会发展需要的正确价值观、必备品格和关键能力。学习和运用英语有助于学生了解不同文化，比较文化异同，汲取文化精华，逐步形成跨文化沟通与交流的意识和能力；有助于学生学会客观、理性看待世界，树立国际视野，涵养家国情怀；有助于学生坚定文化自信，形成正确的世界观、人生观和价值观，为学生终身学习、适应未来社会发展奠定基础。英语课程作为义务教育阶段的一门课程，具有课程育人功能：通过英语课程的学习，学生发展语言能力和跨文化理解与交流能力；通过学习和探究主题观念，增长知识，丰富经验和情感；通过英语学习活动，发展思维品质和探究世界的能力；通过学习，发展学习能力，形成终身学习意识与能力。

二、小学英语课程理念

《课标（2022年版）》以习近平新时代中国特色社会主义思想为指导，全面贯彻党的教育方针，遵循教育教学规律，落实立德树人根本任务，发展素质教育。小学英语课程的理念具体有以下六个方面：

（一）发挥核心素养的统领作用

英语课程以习近平新时代中国特色社会主义思想为指导，全面贯彻党的教育方针，落实立德树人根本任务，以培养有理想、有本领、有担当的时代新人为出发点和落脚点。英语课程应围绕核心素养确定课程目标，选择课程内容，创新教学方式，改进考试评价，建设教材，开展教师培训。

（二）构建基于分级体系的课程结构

遵循外语学习规律，借鉴国际经验，立足我国义务教育阶段英语教育实际，充分考虑学习条件、学习时限和学生学习经验等方面的差异，按照英语能力发展进阶，建立循序渐进、可持续发展的九年义务教育英语分级体系，由低到高明确学习内容与要求。课程以分级体系为依据，因地制宜，因材施教，确定起始年级和学习内容要求，灵活安排教学进度。

（三）以主题为引领选择和组织课程内容

英语课程内容的选取遵循培根铸魂、启智增慧的原则，紧密联系现实生活，体现时代特征，反映社会新发展、科技新成果，聚焦人与自我、人与社会和人与自然等三大主题范畴。内容的组织以主题为引领，以不同类型的语篇为依托，融入语言知识、文化知识、语言技能和学习策略等学习要求，以单元的形式呈现。

（四）践行学思结合、用创为本的英语学习活动观

英语课程要秉持在体验中学习、在实践中运用、在迁移中创新的学习理念，倡导学生围绕真实情境和真实问题，激活已知，参与指向主题意义探究的学习理解、应用实践和迁移创新等一系列相互关联、循环递进的语言学习和运用活动中；坚持学思结合，引导学生在学习理解类活动中获取、梳理语言和文化知识，建立知识间的关联；坚持学用结合，引导学生在应用实践类活动中内化所学语言和文化知识，加深理解并初步应用；坚持学创结合，引导学生在迁移创新类活动中联系个人实际，运用所学解决现实生活中的问题，形成正确的态度和价值判断。

（五）注重"教—学—评"一体化设计

英语课程要坚持以评促学、以评促教，将评价贯穿英语课程教与学的全过程；注重发挥学生的主观能动性，引导学生成为各类评价活动的设计者、参与者和合作者，自觉运用评价结果改进学习；注重引导教师科学运用评价手段与结果，针对学生学习表现及时提供反馈与帮助，反思教学行为和效果，教学相长。坚持形成性评价与终结性评价相结合，逐步建立主体多元、方式多样、素养导向的英语课程评价体系。

（六）推进信息技术与英语教学的深度融合

重视教育信息化背景下英语课程教与学方式的变革。英语课程要充分发挥现代信息技术对英语课程教与学的支持与服务功能，鼓励教师合理利用、创新使用数字技术和在线教学平台，开展线上线下融合教学，为满足学生个性化学习需要提供支撑，促进义务教育均衡发展。

三、小学英语课程改革趋势

小学英语课程在我国小学段已经基本普及，小学英语课程的改革受到社会越来越多的关注，《课标（2022年版）》的印发，为义务教育英语课程"培养什么人、怎样培养人、为

谁培养人"指明了方向，提供了动力，将进一步促进小学英语课程改革。依据《课标（2022年版）》，小学英语课程改革呈现以下趋势：

（一）课程目标：聚焦于核心素养

《课标（2022年版）》提出英语课程要围绕核心素养，体现课程性质，反映课程理念，确立课程目标。英语课程要培养的学生核心素养包括语言能力、文化意识、思维品质和学习能力，这四个方面相互渗透、融合互动、协调发展，有助于学生坚定理想信念，厚植爱国主义情怀，成为具有家国情怀、国际视野和一定跨文化沟通与交流意识和能力的时代新人。核心素养是课程育人价值的集中体现，是学生通过课程学习逐步形成的适应个人终身发展和社会发展需要的正确价值观、必备品格和关键能力，为学生在义务教育阶段及之后的英语学习和终身发展，以及成长为德智体美劳全面发展的社会主义建设者和接班人奠定基础。

（二）教学理念：体现育人为本

教师要把落实立德树人作为英语教学的根本任务，准确理解核心素养内涵，全面把握英语课程育人价值，引导学生在学习和运用英语的过程中，了解不同国家的风土人情、文化历史以及科技、艺术等方面的优秀成果，在中外文化比较分析中拓宽国际视野，加深中华文化理解，增强中华文化认同感，逐步树立正确的世界观、人生观和价值观。教师要坚持面向全体学生，充分尊重每一个学生，对学生抱有合理期待，让他们获得积极学习体验，感受到学习的乐趣和教师的信任，健康、自信、阳光地成长。

（三）课程内容：聚焦主题范畴

英语课程内容体现时代特征及社会新发展，聚焦人与自我、人与社会和人与自然三大主题范畴，具体包括主题、语篇、语言知识、文化知识、语言技能和学习策略六个要素。教学设计应以单元的形式呈现，以主题为引领，以不同类型的语篇为依托，融入语言知识、文化知识、语言技能和学习策略的学习要求，强调内容六要素整合式教学，而非碎片化的知识点学习。教师依据核心素养和学段目标挖掘单元学习内容蕴含的育人价值，突出单元整体教学的综合育人功能，帮助学生通过单元学习，以所形成的思想观念和结构化认知对人和事物作出正确价值判断，运用所掌握的知识技能和方法策略，尝试完成基于真实情境的任务，解决相关问题。

（四）教学方式：践行学习活动观

《课标（2022年版）》要求教师在教学活动中要践行英语学习活动观，以培养核心素养为导向，倡导在体验中学习、在实践中运用、在迁移中创新的学习理念，力求使学生在教师的指导下，以主题为引领，以语篇为依托，通过学习理解、应用实践、迁移创新等一系列融语言、文化、思维和学习能力发展为一体的，相互关联、循序递进的语言学习和运用活动，引导学生在学习理解类活动中获取、梳理语言和文化知识，建立知识间的关联；引导学生在应用实践类活动中内化所学语言和文化知识，加深理解并初步应用；引导学生在迁移创新类活动中联系个人实际，运用所学解决现实生活中的问题，形成正确的态度和价值判断。

（五）课程评价："教—学—评"一体化

构建素养导向、主体多元、方式多样的评价体系，实施"教—学—评"一体化评价，以评促学，以评促教。"教—学—评"一体化评价本质上是一种关注学生核心素养发展的评价观，具有鲜明的价值导向性。"教"主要体现为基于核心素养目标和内容载体而设计教学目标和教学活动，决定育人方向和基本方式，直接影响育人效果；"学"主要体现为基于教师指导、学生作为主体参与的系列语言实践活动，决定育人效果；"评"主要发挥监控教与学过程和效果的作用，为促教、促学提供参考和依据。要注重三者相互依存、相互影响、相互促进，发挥协同育人功能。"教—学—评"一体化评价要求在考查学生语言能力的同时，重视考查学生的文化意识、思维品质和学习能力，确保评价目的与学生核心素养发展目标一致。"教—学—评"一体化评价强调评价的过程性和发展性，要求学生发挥主观能动性，主动监控和调整自己的学习目标、学习方式、学习进程和学习成效。同时，教师要根据学生在学习过程中的表现及时提供反馈与帮助，持续反思和改进教学，服务学生核心素养的形成与发展，推动以评促学、以评促教。"教—学—评"一体化评价应以学生核心素养的全面发展为出发点和落脚点，充分发挥学生的主体作用，关注学生的个体差异，采用多种评价方式和手段，体现多渠道、多视角、多层次、多方式等特点。

实践探索

目前我国已基本实现了小学阶段开设英语课程的目标，请调查一所小学的英语课程现状，如英语课程选用什么教材，能否践行义务教育英语课程理念等。根据调查情况谈谈你对小学英语课程的认识，并分小组交流。

第二节　小学英语教学设计的基本认识

学习目标

1. 理解并掌握小学英语教学设计依据的基本理论；
2. 理解小学英语教学设计的价值，对其产生认同感。

随着新一轮的基础教育课程改革深入推进，《课标（2022年版）》的实施，小学英语课程教学不断发展，其教学理念不断更新，教学方法不断创新，主要表现为：改变以词汇、语法知识为主要课程内容的教学，围绕核心素养选择课程内容，整体设计教学单元，规划单元育人蓝图；改变脱离语境的碎片化知识教学，创新教学方式，践行英语学习活动观；改变传统的知识点传授和灌输式教学方式，倡导以学生为主体、以核心素养发展为导向，学思结合、学用结合、学创结合的英语学习活动观。

一、小学英语教学设计的依据

教学设计是指运用系统方法，分析教学问题和确定教学目标，提出解决教学问题的策略方案，试行解决方案、评价试行结果和对方案进行修改的过程。它以优化教学效果为目的，以学习理论、教学理论和教育传播学理论为基础。

（一）依据一：《课标（2022年版）》

《课标（2022年版）》清晰地阐述了义务教育英语课程性质、课程理念、课程目标、课程内容、学业质量、课程实施，是指导英语教师开展教学工作的纲领性文件，是英语教师开展教学设计的根本依据。

《课标（2022年版）》对英语课程教学提出了坚持育人为本，加强单元教学的整体性，深入开展语篇研读，秉持英语学习活动观组织和实施教学，引导学生乐学善学，推动"教—学—评"一体化设计与实施，提升信息技术使用效益共七条教学建议。每一条教学建议都为教师开展教学设计提供了实施路线，有助于教师把握教学方向。在给出教学建议的同时，《课标（2022年版）》也对教学评价和学业水平考试提出了实施建议。评价建议包括教学评价的作用、教学评价的基本原则、教学评价的内容和方式；学业水平考试包括考试性质和目的、命题原则、命题规划、题目命制等，并提供了考试样题。《课标（2022年版）》为教师开展教学评价、学业水平考试提供了基本遵循。

基于核心素养设计教学，有助于学生形成适应个人终身发展和社会发展需要的正确价值观、必备品格和关键能力。教学设计的各项活动要整合语言能力、文化意识、思维品质和学习能力等方面内容。

《课标（2022年版）》指出："教师要坚持面向全体学生，充分尊重每一个学生，对学生抱有合理期待，让他们获得积极学习体验，感受到学习的乐趣和教师的信任，健康、自信、阳光地成长。"因此，深入了解每一个学生的个性特征，关注学生的个体差异，努力提供适应不同类型学生的教学设计，优化课堂教学过程和课外语言实践活动环境，使每一个学生都能得到最大的发展，是对教师的基本要求。

教学设计要树立一切为了学生，为了学生的一切的思想。首先，教师进行教学设计要遵循小学生身心发展规律和学习特点，根据学生的实际情况，确立有利于逐步提高学生基本语言素养和基本英语学习能力的学习目标。在学习目标的指引下，教师要准确把握学习难度，选择适当的教学方式和方法，激发学生学习英语的兴趣，调动学生学习英语的积极性，促使学生树立学习英语的信心，体验学习英语的乐趣，获得学习英语的成就感，不断进步。其次，教师要充分了解学生不同的学习经历、学习水平和学习风格，尊重学生的个体特点，设计形式多样的教学活动和课堂互动，尽可能为学生创设语言实践机会，营造和谐课堂气氛，引导学生学会自主学习和合作学习，帮助学生解决学习中的困难和问题，培养学生浓厚的英语学习兴趣、良好的学习习惯和创造性运用语言的意识，让学生快乐学习英语，享受学习英语的快乐是以生为本教学设计理念的基本体现。

（二）依据二：语言学习理论

小学英语课程的教学对象是小学生，教学的主要内容是英语这种语言，主要包括词汇、语篇、对话等，因此教师只有先了解语言学习理论，遵循儿童身心发展规律，才能科学设计教学。儿童时期是人的世界观、人生观和价值观发展的初级阶段，也是发展思维能力和形成认知方式的重要阶段，这一阶段儿童的发展具有很强的可塑性。关于儿童语言习得理论的观点主要有环境论、先天决定论和认知论等。

环境论强调环境和学校对语言获得的决定性影响。最具有代表性的环境论的观点主要有模仿说和强化说。传统模仿说认为儿童学习语言是对成人语言的临摹，儿童的语言只是成人语言的简单翻版。后来语言学家乔姆斯基强调儿童在语言习得过程中具有主动性和创造性。环境论有其合理性，在儿童学习语言时，"模仿"不仅是儿童第一语言习得的事实，至今仍是第二语言习得必不可少的方法之一；"强化"的作用也确实存在，无论是表扬还是纠正错误都是为了给学生明确的反馈并加深其印象以促进其语言的进一步发展。但是环境论的观点过于强调刺激的作用，忽视了人的主观能动性。在英语教学中，教师除了依据环境论给学生适当的"刺激"外，还应该开发学生的学习主动性，以达到良好的教学效果。

先天决定论否认环境和学习对语言获得的决定性作用，强调语言学习是先天禀赋的作用。乔姆斯基认为：决定儿童掌握说话的因素不是经验和学习，而是儿童头脑中受遗传因素决定的一种"语言获得装置"（language acquisition device，简称LAD），即语言能力。这是一种能将头脑中已经具有的普遍性语法规则转换为母语语法规则的能力。先天决定论特别强调人类天生具有的语言习得能力，正如鸟天生有学会飞翔的能力、人天生有学会走路的能力一样，这是语言获得的根本原因。先天决定论把儿童语言学习的过程看成主动、积极、创造的过程。

先天决定论是与环境论针锋相对的理论。前者主张语言获得是先天禀赋的能力，过分强调天赋，忽视后天环境的作用，忽视反复操练养成习惯的必要性；后者过分强调环境的作用，忽视认知能力的作用。在英语教学过程中，教师既要考虑环境对儿童成功学习语言的作用，又要注重儿童学习语言的主动性。

认知论以瑞士著名的儿童心理学家皮亚杰的"认知论"为理论基础，认为儿童的语言发展是天生的能力与客观的经验相互作用的结果。儿童的语言发展是建立在儿童认知能力发展的基础上的。语言学习能力是认知能力的一种。认知能力的发展决定语言学习能力的发展，该理论既重视先天因素，也重视后天因素，认为儿童的语言是在先天因素与后天因素相互作用之中发展起来的。

从以上儿童语言习得理论中可以看出，各个理论从不同角度阐释了儿童语言发展的"秘密"。了解语言理论，有助于我们在教学中把各种理论与自己的实际教学情况结合起来，博采众长，有效地、科学地设计小学英语教学。

（三）依据三：学习理论

学习是有规律可循的，学习理论探讨学习的过程、经过和有效学习的条件等，可以作为教学设计的理论基础。对教学设计有较大影响的学习理论主要有行为主义学习理论、认知主义学习理论、建构主义学习理论。

行为主义学习理论强调学生的可塑性，其核心观点是学习过程是有机体在一定条件下形成刺激与反应的联结，从而获得新的经验的过程。在实际教学工作中，语言的学习就是在一定条件下刺激与联结的结果。根据这一理论的影响，教师在设计教学时，注重学生学习行为的观察和分析。在英语教学中，教师运用"刺激－反应－强化"模式，可设计各种有趣的英语教学活动"刺激"学生"积极反应"，从而达到"有效强化"。

认知主义学习理论与行为主义学习理论对立，主要研究学习者对环境刺激（信息）的内部加工过程和机制，而不限于外显的刺激与反应，包括人是如何形成概念，理解事物，以及进行思维和问题解决的。认知主义学习理论认为一个人的知识是按照一定的结构方式组织起来的，是充满内在联系的，人并不是把各种概念、事实等简单地堆积在自己的记忆里。在设计英语教学时，教学内容的设计要有助于学生掌握英语知识的结构和方法，构建相应的认知结构；教学过程的设计要考虑学生的认知能力和兴趣，让学生积极主动地参与学习。

建构主义学习理论自20世纪80年代以来，作为一种新的认识论和学习理论在教育研究领域产生了深刻的影响。建构主义强调意义不是独立于个体而存在的，人以原有的知识为基础来建构自己对现实世界的解释和理解。它强调学习是积极主动的意义建构和社会互动过程。教学并不仅仅是知识经验的"灌输"，而是要引导学生从原有经验出发，生长新的经验，注意重构、扩展儿童的已有知识。

（四）依据四：教学理论

教学理论是在教学过程中旨在探讨、解释和预测教学现象的观念体系，研究教学的现象、问题，揭示教学的一般规律，并利用和遵循规律解决教学实际问题的方法策略和技术。从教学理论的含义可以看出，小学英语教学设计必须以教学理论为支撑。

对小学英语教学设计比较有影响的教学理论主要有巴班斯基的教学过程最优化理论、布卢姆的教育目标分类体系、维果茨基的最近发展区理论。

巴班斯基以辩证的系统论观点为教学论研究的方法论基础，提出了教学过程最优化理论。教学过程最优化不是一种特殊的教学方法或教学手段，而是科学地指导教学、合理地组织教学过程的方法论原则。教学过程最优化可以使师生在花费较少时间和精力的情况下，收到优质效果，是有效教学的重要保障。根据巴班斯基的观点，评价教学过程是否达到了最优化有两个基本标准：其一是效果标准，即在有限的条件下，尽可能地发挥最大的教学效率，使学生获得最大限度的发展；其二是时间标准，即教师必须在尽可能少的时间内完成教学目标。我们在设计英语教学时，要以教学过程最优化理论为指导原则，优化教学设计，合理安排时间、经费等。

布卢姆的教育目标分类体系认为教育目标具有层级结构，应该以学生具体的、外显的行为来陈述。教育目标应包括认知领域、情感领域、动作技能领域，每一个领域的目标又从简单到复杂、低级到高级分成若干层次。例如，识记、领会、应用、分析、综合、评价等。在设计英语教学目标时，教师同样可以根据教学内容和学生的情况把教学目标分为由低级到高级不同的层次。

维果茨基的最近发展区理论认为教学要想取得效果，必须考虑儿童已有的水平，并要走在儿童发展的前面。所以教师在教学时，需要考虑儿童的两种水平，即儿童的现有水平和在他人尤其是成人指导的情况下可以达到的较高的解决问题的水平。为了使教学促进发展，维果茨基认为教师可以采用支架式教学，即在儿童试图解决超出他们当前能力范围的问题时给予指导和支持，帮助学生顺利达到最近发展区。依据该理论，小学英语教师应正确认识自己的角色，了解学生现有水平，在设计教学时帮助学生发挥自己的潜能以提高认知水平。

综上所述，《课标（2022年版）》、语言学习理论、学习理论、教学理论等，从不同方面、不同角度给予小学英语教学设计一定的启示。小学英语教师进行教学设计时应综合考虑上述因素，并以此为依据指导教学。

二、小学英语教学设计的价值

为什么要进行教学设计？教学设计的价值是什么？明确这些对教师进行教学设计具有重要的意义。

（一）提高课堂教学效果

提高课堂教学效果是教学设计追求的价值目标之一，也是教师开展教学设计的目的之一。教学设计是教师研读课标、分析学情、确定教学目标、设计教学过程、选择教学方法、设计教学评价等综合性教学准备的过程。教师所进行的每一项准备工作都是为了顺利完成教学任务，实现教学效果的最优化。所以，提高课堂教学效果是教学设计最基本的价值体现。

在教学实践中，教学的成效与教学设计有很大的关系，通过教学设计，教师对课堂教学的每一个环节、每一个步骤、每一项活动都做了充分的准备，课堂上的一切活动都是有的放矢的，极大地减少了教学活动中的盲目性，有效地避免了教学过程中的随意性，确保教学目标顺利完成。从这个意义上说，教学设计是教学活动得以顺利进行的基本保证，是提高课堂教学效果的有效途径。教学实践证明，合理的教学设计可以为教学活动提供科学的行动纲领，使教师在教学工作中事半功倍，取得良好的教学效果。

（二）促进教师专业发展

教学设计的过程是一个不断反复的过程，在这个过程中，教师要根据课堂教学实际情况，不断修改、调整、完善设计，整个过程能促进教师的专业发展。第一，促进教师专业知识的增长。小学英语教学设计是教师创造性工作的过程，在这个过程中，教师要对教育、教学有正确的理解和认识，对学生、教材有准确的把握，对教学目标有准确的定位、对教学过程能灵活调控，对学习效果有客观的评价，对教学行为有理智的反思。教师为了完成这一系列的设计工作，必须查阅大量的资料，认真学习《课标（2022年版）》，学习相关教育理论，所以教学设计过程也是教师理论学习和理论提高的过程。第二，促进教师专业能力的提高。教师在教学设计过程中，一方面，要善于发现教学中的问题，用科学的方法分析问题，寻找解决的方案；另一方面，需要在教学设计和实施过程中不断反思解决的方案，在这个过程中，教师的科学思维习惯得以有效地培养，发现、解决教学问题的能力也会逐渐提高。教学设计也是相互学习、共同提高的过程。所以教学设计的价值不仅仅是为课堂教学作准备，还是促进教师专业发展的催化剂。

（三）促进学生核心素养形成与发展

《课标（2022年版）》课程理念的第一条就是发挥核心素养的统领作用，以培养有理想、有本领、有担当的时代新人为出发点和落脚点。小学阶段正是学生身心发展的关键期。通过教学设计，教师能够充分了解学生的学习需要，了解学生的认知水平，了解学生的情感态度，根据实际情况，有目的、有计划、有针对性地设计教学活动，采用有效的教学策略，使学生在生动活泼、兴趣盎然的氛围中学习英语，充分享受学习英语的快乐，了解不同文化，比较文化异同，汲取文化精华，逐步形成适应个人终身发展和社会发展需要的正确价值观、必备品格和关键能力，促进学生语言能力、文化意识、思维品质和学习能力等方面的发展，这是教学设计的根本价值所在。

┌─ 实践探索 ─────────────────────────────

　　根据你对小学英语教学设计基本依据的认知与理解，谈谈教学设计应如何遵循教学设计的基本依据，为什么要遵循这些基本依据，并进行小组交流。

└──

第三节　小学英语教学设计的基本原则

 学习目标

　　1. 理解小学英语教学设计的基本原则；
　　2. 能用基本原则指导小学英语教学设计及课堂教学。

　　教学设计是教师教的行为和学生学的方式的总体策划，它不仅仅是教学工作的准备，也是教师教育思想的体现，是教师反思教学，总结经验，提升专业化能力的重要途径，是促进学生全面发展的有效手段。教学设计是否科学、合理，直接影响教学。为保证教学设计的科学性、可行性，教师在教学设计过程中应遵循以下基本原则。

一、思想性原则

　　《课标（2022年版）》指出：英语课程以习近平新时代中国特色社会主义思想为指导，全面贯彻党的教育方针，落实立德树人根本任务。小学英语课程是落实立德树人根本任务的基本渠道和载体，也是对学生开展思想品德教育的重要渠道，教学设计要从学生的实际出发，根据学生身心发展特点和学生的认知规律，紧贴学生生活选取教学材料，设计教学活动。教学材料和教学活动不仅要有利于学生学习语言知识，形成语言技能，又要有利于学生道德品质的形成与发展。教师还要把文化意识渗透在爱国主义和世界意识之中，使学

生了解外国文化的精华和中外文化的异同，引导学生提高文化鉴别能力，树立民族自尊心、自信心和自豪感，促进学生形成正确的人生观和价值观。

二、系统性原则

教学设计是一项系统工程，系统中的各要素相当于子系统，既相对独立，又相互依存、相互制约，共同组成一个有机的整体。教学设计各子系统的排列具有程序性的特点，即各子系统有序地成等级结构排列，而且前一个子系统制约、影响着后一个子系统，而后一个子系统依存并制约着前一个子系统。一个规范的教学设计一般是从教材分析、学情分析开始，教师根据分析结果确定教学目标。

从形式上看，教材分析、学情分析和教学目标是相对独立的，但实际上是相互依存的。学情制约着教学目标，教学目标的制定建立在学情分析的基础上，彼此之间存在着内在的逻辑关系。在这种逻辑关系的基础上，一旦教学目标明确了，教学重点、教学难点就能够确定。

重点、难点是教师选择教学方法的重要指标和依据，它在一定程度上决定教师选择什么样的方法突出重点、突破难点，实现学习目标。所以，教学设计的程序性特点是无法随意更改的。教学设计中教师应遵循其程序的规定性及联系性，确保教学设计的系统性和科学性。

三、趣味性原则

小学英语教学对象是小学生，教学设计不仅要符合学生的知识、认知和心理发展水平，还要充分考虑不同年龄段学生的兴趣、爱好、愿望等学习需求，引导学生乐学善学。教师要根据学生的认知特点，设计多感官参与的语言实践活动，让学生在丰富有趣的情境中，围绕主题意义，通过感知、模仿、观察、思考、交流和展示等活动，感受学习英语的乐趣；引导学生采用多种学习方式，发挥自己的优势和特长，发现自己的兴趣和潜能，增强学习效能感。

四、灵活多样性原则

灵活多样性是指教师教的方法和学生学的方法要灵活多样。在教学活动中，教师如何进行教学，采取何种方法，是决定教学效果好坏的关键因素之一。灵活多样性原则要求教师在教学过程中，从学生、教学内容、教学环境实际出发，具体问题具体分析，采取不同的教学方法。小学英语课程有词汇课教学、会话课教学和阅读课教学，教师的教学设计既要考虑不同课型的特点，也要考虑不同年级学生的学习特点，以采取合适的教学方法，激发学生学习英语的持久性兴趣。小学英语课堂教学多是师生之间的共同活动，教师要牢牢抓住学生活泼好动、好奇心强等特点，精心设计灵活多样的教学活动，让学生保持旺盛的学习兴趣。

教师灵活的教学方法可以体现在教学过程的各个环节。例如情境导入时，教师可以创设接近学生生活的情境，把学生引入情境之中，让学生体验学习英语的快乐。请看一位教师的课堂导语：

Hello! Boys and girls! How are you today? I am a new teacher, you can call me Cherry. You know, the Children's Day will come. Let's walk to the park. Before that, I divide you into two groups: left tree and right tree! If you do a good job, I will praise you an apple, a strawberry or a pear. Let's have a competition. Which group can be the winner? Are you ready?

这是为二年级学生设计的导入语，主题是 "In the Park"，教师设计了 "Walk to the Park" 的话题，将学生引入创设的语言情境之中，激发了学生的兴趣。教师采用小组竞争学习方式，鼓励学生积极参与教学活动，运用评价机制辅助教学，使学生保持学习兴趣，既能使课堂教学有序展开，又能帮助学生轻松有效的学习，有助于提高课堂效率。

下面是一位教师用歌曲导入的例子，是为五年级学生设计的课堂导入，主题是 "Look at the Monkeys"：

Good morning! Boys and girls! How are you today?

I have a song for you. Let's listen to it carefully and count how many animals are there in this song.

这里教师用歌曲创设英语学习氛围，激发学生学习兴趣，高效复习已学的动物单词，如 hen、horse、pig 等，为新课学习做好铺垫。教师在让学生听歌曲的同时，给学生布置任务，在听的过程中 count how many animals are there in this song，这样能够让学生很快集中注意力，按照教师的要求学习。

一位教师在 "What can you do?" 一课中安排了两个活动：一个活动是让学生表演常见的家务劳动，另一个活动是让学生模拟招聘会。学生分组进行练习并表演，在练习与表演的过程中互换角色，教师观察指导。通过一节课的学习，学生轻松地掌握了句型 "What can you do? I can..." "What can he/she do? He/she can..."。

教师设计不同类型的教学活动时要注意学生的生活经验，不能脱离或超越学生的实际生活。如在 "Shopping" 一课中，教师让学生扮演售货员和顾客，自导自演。在练习的过程中，学生既锻炼了生活能力，又巩固了课堂所学知识。购物是学生生活中常见的事，他们很自然地就随着课堂的步骤把自己带入学习的节奏中。

五、过程性原则

教师应坚持过程性原则，及时观察和了解学生的学习进程和学习困难，把握课堂教学目标的落实，为下一步调整教学目标、改进教学方法、提高教学效率提供依据。教师应坚持激励原则，对学生在学习过程中的表现、学习态度、学习行为和学习效果应及时给予肯定，充分肯定学生的进步，并鼓励学生继续努力。

六、可行性原则

教学设计是为课堂教学所做的系统规划，要真正顺利实施，必须满足主客观条件，具有可行性。

主观条件是指教师应考虑的学生年龄特点、已有知识基础及生活经验等因素。教师只有遵循学生的认知规律，尊重学生身心发展的特点、生活经验和学习基础，在综合分析的基础上进行教学设计，才能增加设计的针对性、实效性。

客观条件是指教师进行教学设计时需要考虑的教学设备、地区差异等因素。教师首先要了解学校的地域环境、教学条件，学生的学习能力等客观因素，了解学校能够提供什么样的教学设施。了解教学的环境条件、了解学生的学习能力，这些客观因素是教师进行教学设计的重要参考。如果教师不考虑教学的客观条件，教学设计也是无法落实的。

实践探索

根据你对小学英语教学设计基本原则的认知与理解，谈谈在教学设计中应如何遵循这些基本原则，为什么要遵循这些基本原则，并进行小组交流。

// 本章小结与拓展 //

知识精练

1. 义务教育英语课程体现工具性和人文性的统一，具有基础性、实践性和综合性特征。其育人价值体现在：学习和运用英语有助于学生了解不同文化，比较文化异同，汲取文化精华，逐步形成跨文化沟通与交流的意识和能力，学会客观、理性看待世界，树立国际视野，涵养家国情怀，坚定文化自信，形成正确的世界观、人生观和价值观，为学生终身学习、适应未来社会发展奠定基础。

2. 义务教育英语课程的理念包括六个方面：（1）发挥核心素养的统领作用；（2）构建基于分级体系的课程结构；（3）以主题为引领选择和组织课程内容；（4）践行学思结合、用创为本的英语学习活动观；（5）注重"教—学—评"一体化设计；（6）推进信息技术与英语教学的深度融合。

3.《课标（2022年版）》是指导英语教师开展教学工作的纲领性文件，是英语教师开展教学设计的最根本的依据。语言学习理论、学习理论、教学理论等理论知识，从不同方面、不同角度给予小学英语教学设计一定的启示。小学英语教师进行教学设计时应综合考虑上述因素，并以此为依据指导教学设计。

4. 教学设计应遵循思想性、系统性、趣味性、灵活多样性、过程性和可行性的原则，确保教学设计科学性合理、实效、可行。

1.《课标（2022 年版）》强调以学生核心素养为统领，结合本章内容，谈谈你对学生核心素养的认识，以及小学英语课程如何围绕核心素养开展教学设计。

2. 践行学思结合、用创为本的英语学习活动观是《课标（2022 年版）》英语课程理念之一，你认为如何在教学设计及教学活动中践行学思结合、用创为本的英语学习活动观。

中华人民共和国教育部.义务教育英语课程标准：2022 年版［M］.北京：北京师范大学出版社，2022.

2022 年 4 月教育部颁布了《课标（2022 年版）》，新课标从课程性质、课程理念、课程目标、课程内容、学业质量、课程实施等六个方面对义务教育英语课程进行了明确的规定，提出了以核心素养为统领的课程理念，明确了英语课程要培养的学生核心素养包括语言能力、文化意识、思维品质和学习能力等方面。《课标（2022 年版）》根据核心素养确定了课程总目标以及学段目标，是开展英语教学设计的根本依据。

第二章　小学英语教学设计要素与呈现形式

知识地图

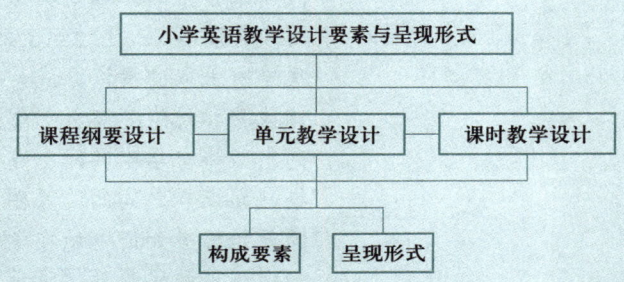

问题情境

教学要抓关键

张晓梅是一名新入职教师，担任小学四年级英语课程教学工作。她已经完成了两个单元的教学工作，但是教学效果不是很理想，也始终找不到原因。现在她正在为下次课"Unit 3 My friends（Part A Let's talk）"做准备。为了上好这节课，张老师可谓煞费苦心、精心设计。首先，她回忆了一段时间以来学生的基本情况（如情感与态度、课堂活动的参与度等），通过学生的表现总结出教学的不足，反思所采取的授课方式是否与学生的知识水平、个体体验和思维等契合。然后，她根据课程教学内容列出即将与学生共同交流的知识点，再使用概念图绘制知识点之间的关系图。完成以上工作后，张老师开始思考如何将她在学校中学到的教育教学理论知识运用到课程教学设计中。最终，她初步决定采用全身反应法、情境教学法、任务型教学法来完成本节课的教学，她将整个教学过程分为五个阶段，分别是Warm-up & Lead-in、Presentation、Practice、Extension、Summary&Homework。考虑到学校教室安装有电子白板，她从网络上搜集了一些相关电子课件作为参考，同时利用动画、音视频等资源，设计出课堂教学所使用的媒体形式。

按照张老师预期，这次课的教学设计已经非常完善，应该会取得一个好的教学效果，然而，学生的课堂表现并没有达到预期效果。她请教了一位经验丰富的教师，这位教师这样告诉她："你准备得很下功夫，但是却没有抓住重点；虽然你考虑了很多教学因素，但是有一些非常关键的因素你忽略了。"

启发思考

张老师在进行本节课的教学设计中都考虑到了哪些要素？有哪些教学设计的关键要素是张老师忽略的？如果你来设计这节课，你会考虑哪些因素？

一个完整的教学设计应包含如下基本要素：（1）学习者达到的预期目标——教学目标；（2）怎么达到预期的教学目标——教学过程；（3）学习者需要学习的内容——教学内容；（4）如何证明学习者达到了预期教学目标——教学评价。诸要素相互作用共同构成教学设计。根据教学时长的不同，小学英语教学设计包含学期课程纲要、单元教学设计和课时教学设计三个层面。无论是哪个层面的教学设计都包含上述四个基本要素，除此之外课程纲要、单元教学设计和课时教学设计也因实际情况存在一些差异。总的来说，课程纲要、单元教学设计和课时教学设计通常由两部分组成（表2-0-1所示）：一部分是基本信息，另一部分是设计要素。

表2-0-1　课程纲要、单元教学设计、课时教学设计构成要素

要素	课程纲要	单元教学设计	课时教学设计
基本信息	学校名称、课程性质、教学材料、适用年级、总课时、设计教师、设计时间	单元名称、教材、单元课时、设计教师、设计时间	授课单元、授课主题、授课对象、课时、课型、设计教师、设计时间
设计要素	课标要求、教材分析、学情分析、课程目标、课程实施、课程评价等	单元教材分析、学情分析、教学目标、评价设计、教学安排等	课时教材分析、学情分析、教学目标、教学重难点、教学过程、媒体设计、教学评价、作业设计、教学反思等

第一节　小学英语课程纲要设计

 学习目标

　　1. 了解小学英语课程纲要的构成要素和形式；
　　2. 能够分析课程纲要案例并进行评价。

　　课程纲要是一学期或一学年英语课程教学的总体规划。具体来说，它是教师依据课标（一、二级学段目标）的具体要求，结合所选教材为一学期或一学年教学编写的指导性文本。设计课程纲要要充分体现小学英语教学设计的基本理念、教材分析、学情分析、教学目标的确定、教学内容的分配、教学实施建议以及教学评价等要素。课程纲要是一学期或一学年课程教学工作的总体指导和要求，是教师进行单元教学设计的基本依据。

一、课程纲要的构成要素

一份完整的课程纲要包含基本信息和教学设计要素两部分内容。其中基本信息主要包含学校名称、课程性质、教学材料、适用年级、总课时、设计教师、设计时间等基本信息。教学设计要素主要包含课标要求、教材分析、学情分析、课程目标、课程内容、课程实施和课程评价等方面。

（一）基本信息

教师设计课程纲要，要从以下几个环节入手。首先要弄明白几个关键要素：一是课程性质，明白了课程性质基本上就了解了一个学期或一学年的教学方向。二是所选用的教学材料，即教材和课程资源。教材是教师制定课程教学纲要的基本依据，依据教材教师清楚一学期或一学年要干什么，即教学的基本内容。课程资源为教学的顺利开展提供了保障。三是适用年级，它直接关系到教师对一学期或一学年课程教学的定位。四是周学时或期（年）总课时，这意味着教师将根据周学时或期（年）总学时有计划地分配教学内容。这几个要素是制定课程纲要的前提条件，或者说是基础条件。掌握了这几项基础条件后，教师才能够制定课程纲要。

案　例

课程纲要
人教版小学英语（义务教育教科书）六年级上册

学校名称：郑州市二七区侯寨中心小学
课程性质：基础课
教材材料：人教版
适用年级：小学六年级
总 课 时：48课时
设计教师：刘晓庆
设计时间：2023年8月2日

（二）设计要素

1. 课标要求

教师要分析并阐述清楚课标对本阶段学生的目标要求，还要把课标分解到具体的学期教学中，这是对课标的落实。

2. 教材分析

教材分析是对所选用的教材进行的整体分析，重点了解教材的结构特点、设计理念、教材内容与学生实际情况的契合度（难易度）、教学材料的思想性与趣味性、教学内容的重点与难点等。这项工作是教师制定课程纲要的核心工作，教师只有在深刻理解教材内容的基础上，才能够正确地规划一学期或一学年的课程教学工作。

案　例

教材分析
人教版小学英语（义务教育教科书）六年级上册

六年级是小学阶段的最后一年。学生在升入初中前的最后一个阶段要对整个小学阶段所学的主要词汇、语音、句型、语法等进行比较全面和系统的复习。本册教材以"话题—功能—结构—任务"相结合的原则，力求使这四个方面在比较真实的情境中紧密联系。本册教材提倡"任务型"的教学模式，学生在教师的指导下，通过感知、体验、实践、参与和合作等方式，实现任务目标，形成积极的学习态度，提高语言实际运用能力。

本册教材共有6个单元和2个复习板块，单元教学内容体现了话题性、序列性的特点；每个复习板块涵盖3个单元的基础知识，体现了教材编写的科学性。本册教材主要特点：

一是复现率高，连贯性强。教材复现了大量学生学过的单词、短语和会话，所以这册教材对学生而言难度适宜。教材注重单元与单元内容之间的衔接。比如，第一单元主题是问路，谈论地点和方位，告诉别人怎么去某个地方；第二单元紧接着谈论交通方式，除了用 turn left、turn right、go straight，还可以用第二单元里边的 by bike、by bus 等短语；第三单元谈论打算做某事，同样可以问：What are you going to do? Where are you going? I'm going to...；第四单元和第五单元也紧密相联，第四单元谈论的是朋友的爱好，第五单元在谈论职业的时候结合了爱好、习惯、日常生活等话题；最后一个单元的主题是情绪疏导和心理状态。

二是注重语言的实用性。本册教材围绕问路、交通方式、方位描述、计划、爱好、职业、情绪疏导和心理状态等主题语境展开。教材的实用性比较强，使语言学习和有意义表达有机地结合起来，真正做到"学用结合、学以致用"。

3. 学情分析

学情分析是制定课程教学纲要的重要环节，切实可行的课程教学纲要需要对授课对象有一个正确的评估和定位。教师要通过多种渠道了解学生的学习基础、学习动机、学习兴趣、学习态度等。这些情况，是教师确定课程教学目标的重要参考。

案　例

六年级上学期的学情分析

我校的学生从小学三年级就开始学习英语，进入六年级的学生已经有了基础，学生英语水平两极分化严重。

学生能够用简单的英语问候，交换一定的信息（如个人、家庭、朋友等话题），具备了一定的听、说、读、写的能力，有一定的英语学习习惯。但是有一部分学生英语学习兴趣不是很高，个别学生甚至有厌恶感，同时，有些学生还是为学而学，学习动机不强。

4. 课程目标

课程目标是指通过一学期或一学年的课程教学，学生在语言能力、文化意识、思维品质和学习能力四个方面的预期目标，也是课程评价的依据。教师应根据课标的要求，结合授课对象的实际情况，确定科学、合理、可测量的课程教学目标。

案　例

课程目标
人教版小学英语（义务教育教科书）六年级上册

- 语言能力目标：

1. 了解句子的重音、连读、失去爆破、语音、语调、停顿等内容；

2. 能够听、说、读、写53个单词，11个短语，11组句子和10个单句；

3. 知道动词在不同的情况下有不同形式的变化，掌握be going to和一般现在时；

4. 了解表示地点和位置的介词；

5. 能够在图像、图片的帮助下，听懂简单的话语和录音材料；

6. 听懂会唱7首英语小歌曲；

7. 理解6个幽默英语小故事，并能熟练阅读；

8. 能够就问路和方位描述、交通方式、计划、爱好、职业等话题展开简单的对话并完成相应的任务；

9. 模仿范例进行简单的练笔。

- 思维品质目标：

1. 能梳理、概括、建构具体相关新概念；

2. 能够分析、判断所学信息的逻辑关系；

3. 能够简单评价、进行表达个人想法；

4. 具备简单独立思考、创新思维的能力。

- 学习能力目标：

1. 具有良好的学习习惯：静听、准确模仿的习惯，大胆开口、课内积极发言的习惯，主动复习和归纳的习惯，制订英语学习计划的习惯；

2. 能够积极运用所学英语进行表达和交流；

3. 通过生词和互动游戏，提高主动合作的意识；

4. 能够尝试阅读英语课外读物。

- 文化意识目标：

1. 了解中西方交通规则的差异；

2. 对别人的赞扬、请求、道歉等有适当的反应；

3. 在学习和日常交际中，能注意到中外文化异同。

5. 课程实施

课程的实施包括学期课程内容的具体安排、时间分配、课程的实施建议、实施方法、实施途径等。

6. 课程评价

课程评价是依据教学目标对教学实施过程及结果进行价值判断并为教学决策服务的活

动。课程评价一般包括对教学实施过程中教师、学生、教学内容、教学方法/手段、教学环境、教学管理诸因素的评价，但主要是对学生学习效果的评价和教师教学过程的评价。根据评价在教学活动中发挥作用的不同，课程评价可以分为形成性评价和终结性评价两种类型。下面是一个教师设计的课程纲要中的课程评价内容。

评价方案
人教版小学英语（义务教育教科书）六年级上册

（一）评价目的

小学英语教学评价的主要目的是提高学生学习英语的兴趣和积极性，让学生敢说敢想。评价形式应具有多样性和可选择性。通过各种形式的评价，学生在"学习中快乐，快乐中学习"。

（二）评价方式

为了激发学生学习英语的兴趣，培养学生的核心素养，英语课程评价遵循总分=过程性评价（50%）+活动性评价（30%）+终结性评价（20%）的方式进行（表2-1-1）。

表2-1-1　评价方式

评价方式	具体项目
过程性评价 50%	1.课堂表现情况10% 按照百分制进行，共计20次，每次以小组为单位计分，每次满分5分。1~6单元每单元3次，共计18次；2个复习单元每单元1次，共计2次
	2.作业完成情况20% 按照百分制计算，共计8次。1~6单元每单元1次，每次10分；2个复习单元每单元1次，每次20分
	3.认读背诵情况15% 按照百分制计算，共计8次。1~6单元每单元1次，每次10分；2个复习单元每单元1次，每次20分
	4.成长记录袋5% 按照百分制计算，共计8次。1~6单元每单元1次，每次10分；2个复习单元每单元1次，每次20分
活动性评价 30%	Free talk 10% 按照百分制计算，共计20次，每次5分。1~6单元，每单元3次，共18次；2个复习单元每单元1次，共计2次。课前分组进行
	Show time 20% 按照百分制计算，每单元结束进行1次单元评价。1~6单元，每单元10分，2个复习单元，每单元20分
终结性评价 20%	测试20% 按照百分制计算，每学期2次

二、小学英语课程纲要的呈现形式

教师进行小学英语教学设计需要综合各个教学设计要素。在实际教学工作中，根据教学周期工作安排，教师在学期初需要进行学期（学年）课程纲要设计，这是对小学英语教师的基本要求，也是教师必备的教学基本功。课程纲要的常见呈现形式，包括主题式和表格式。

（一）主题式

主题式的呈现方式是指教师根据教学内容，将课题作为教学设计主题，以主题为线索，按照教学设计的顺序对各设计要素进行陈述。

主题式呈现的特点是：（1）主题明确，课题或单元题目就是主题，各设计要素相当于次主题。（2）条理清晰，各设计要素按照顺序依次呈现。（3）系统性强，各设计要素相对独立，又相互关联，形成一个整体，环环相扣。主题呈现还有一个优点，即便于教师进行补充和修改。在课程结束后，教师对教学效果进行反思，对教学设计进行调整、补充、修改和完善，完成二次设计。

下面为主题式课程纲要模板：

X 年级 X 册课程纲要

学校名称：

课程性质：

教学材料：

适用年级：

总 课 时：

设计教师：

设计时间：

【课标要求】

【教材分析】

【学情分析】

【课程目标】

【课程实施】

【课程评价】

（二）表格式

表格式教学设计呈现有以下优点：首先，式样简洁、美观，由于是事先设计好的表格，所以整齐统一；其次，便于操作，设计者只需按照表格要求填写就可以了；最后，条理清晰，所有的设计元素尽在表格之中，一目了然。不足之处是不便于个性化创造，课后二次设计不方便。

表 2-1-2 为表格式课程纲要模板：

表2-1-2 X年级X学期课程纲要

学校名称		教学材料		适用年级	
总课时		设计教师		设计时间	
课程性质					
课标要求	《课标（2022年版）》的相关陈述				
教材分析	对所选用教材的系统分析				
学情分析	授课年级（班级）学习基础的分析				
课程目标	基于核心素养的学段目标等级标准				
课程内容	对所选用教材内容的系统整合与分配				
课程实施	完成学习目标的具体方法和要求				
课程评价	对教与学效果的评价方式、方法、评价标准等				

实践探索

　　请针对人教版小学英语（义务教育教科书）五年级下册教材内容，独立完成一份课程纲要设计，基本要求如下：

　　1. 设计要求

　　（1）按照本节课程纲要要素进行设计；

　　（2）以主题式呈现本人的课程纲要。

　　2. 练习要求

　　（1）以学习小组为单位进行交流，根据交流结果，反思本人的课程纲要；

　　（2）每个学习小组推荐一份最佳设计，与班级同学交流。

第二节　小学英语单元教学设计

学习目标

　　1. 了解小学英语单元教学设计的要素和形式；

　　2. 能够分析小学英语单元教学设计案例并作出评价。

　　一个单元是一个学习单位，一个学习事件，一个完整的学习故事。[①]单元教学设计要综

---

① 崔允漷. 如何开展指向学科核心素养的大单元设计[J]. 北京教育，2019（2）：11-15.

合考虑英语学科要发展的学生核心素养、学期课程纲要、单元设计要素等内容，并用相对规范的格式呈现完整的设计方案。它是介于课程纲要和课时教学设计的中间环节，是课程纲要的二级分解。

一、单元教学设计的构成要素

一份完整的单元教学设计包含基本信息和单元教学设计要素两部分内容。其中基本信息主要包含单元名称、教材、单元课时、设计教师和时间。单元教学设计要素主要包含单元教材分析、学情分析、教学目标、评价设计、教学安排等。

（一）基本信息

教师设计单元教学的时候首先确定单元名称，然后要选择课程教学材料以及用几个课时完成预期的单元学习目标。

案　例

单元名称：Unit 3 Weather
教　　材：小学英语（义务教育教科书）四年级下册
单元课时：共7课时
设计教师：付丹丹　郑州惠济区迎宾路小学
设计时间：2023年2月5日

（二）设计要素

教师在进行单元教材分析的时候首先要分析单元教材内容和整本教材的关联，以及本单元教材和上、下学期教材内容的关联，准确定位该单元在整册书中的作用、价值。其次教师还要对单元具体教学内容进行认真的分析，明确本单元教学内容的语言文化知识点、能力点、语言活动和教学方法等，为学时分配奠定基础，也为课时教学设计做好准备。

1. 单元教材分析

下面以小学英语（义务教育教科书）四年级下册Unit 3 Weather为例，论述单元教学设计要素。

（1）教材内容分析

Unit 3的主题是"人与自然"，本单元学习不同地区的不同的天气情况的表达，主要通过三个对话式语篇、两次天气预报、一张明信片及一个故事来呈现。语篇类型主要为对话、应用文故事（表2-2-1）。

表 2-2-1　Unit 3 Weather 教材内容分析

页面	板块及课时	功能分析	内容分析	教学目标
第22—23页	主情境图（不占课时）	在真实情境中呈现本单元的主要词汇和句型	谈论不同地方的天气	1. 了解不同国家的标志性建筑； 2. 初步介绍各国之间的天气差异； 3. 在互动情境中理解在国外"谈论天气是一种常见的寒暄方式"
第24页	A Let's talk; Let's play（1课时）	1. 通过真实自然的情境对话呈现核心句型； 2. 通过表演或其他方式巩固 Let's talk 部分核心句型	征求许可的核心句型"Can I go outside/have some soup?"，并回答"Yes,you can./ No, you can't."，及描述天气的核心句型"It's very hot/cold."	1. 能够理解、正确朗读核心句型； 2. 能在具体情境中运用核心句型，征求对方许可并给出理由
第25页	A Let's learn; Let's chant（1课时）	1. 学习5个新词； 2. 通过 chant，巩固练习 Let's learn 部分	1. 通过一张中国地图中不同地区的天气状况，呈现新单词"weather, cold, warm, cool, hot"，及功能句"It's...in..."； 2. 通过 Let's chant 部分巩固以上生词	1. 能够听、说、认、读5个新单词； 2. 能熟练运用功能句："It's...in..."来介绍不同地方的天气特征
第26页	A Let's spell（1课时）	通过听、说、读、写的活动，学习 ar 和 al 在单词中发/ɑː/和/ɔː/的规则	ar 和 al 在单词中发 /ɑː/和/ɔː/的规则	1. 能够感知、归纳 ar 和 al 在单词中的发音规则； 2. 能够根据单词的读音拼写出符合 ar 和 al 发音规则的单词，补全短语、句子
第27页	B Let's talk; Let's play（1课时）	1. 在复习 A 部分句型"It's..."的基础上扩展新的句子； 2. 通过游戏活动巩固学习 Let's talk 部分的核心句型	通过 Mike 和陈杰在电话中互相询问天气情况的场景，呈现核心句型"What's the weather like in New York/...?"	1. 能够理解、正确朗读核心句型； 2. 能在具体情境中运用核心句型对天气情况进行询问和回答； 3. 能够通过游戏了解不同国家的国旗、同一时间天气的差异及摄氏度与华氏度的差异

页面	板块及课时	功能分析	内容分析	教学目标
第28页	B Let's learn; Colour and say （1课时）	1. 在A部分的基础上，增加5个新词；2. 通过游戏巩固练习Let's learn部分学习的单词	1. 通过一张世界地图中不同地区的天气状况呈现新单词"rainy, snowy, windy, cloudy, sunny"，复习功能句："It's…in…"；2. 通过Let's play部分巩固生词，给学生提供自主表达的机会	1. 能够听、说、认、读5个新单词；2. 能熟练运用功能句："What's the weather like in …?"及回答"It's…in…"来了解不同地方的天气特征；3. 在具体语境中理解"world, Sydney, London, Moscow, Singapore"的意思，并能正确发音
第29页	B Read and write （1课时）	1. 通过明信片和回答问题，理解文段中的主要信息；2. 根据图片，结合本单元所学的核心词汇和句型，在语境中完成对话和书写活动	1. 通过阅读明信片，要求学生搜寻信息并回答文后的问题；2. 根据图片和已给句子在四线三格内补全对话的书写	1. 能在图片的帮助下读懂明信片的小短文，理解新词fly、love在语境中的意思；2. 能够根据文段内容回答问题；3. 能够按照意群和正确的语音、语调朗读短文；4. 能在有意义的语境中回答并规范书写单元核心句型
第30页	B Let's check; Let's sing （复习课1课时）	1. 通过听力和图文搭配活动，监测评价学生的学习效果；2. 通过歌曲，将新旧知识有机联系起来	1. 通过听力活动，检测本单元A、B部分的核心句型；2. 通过看图匹配图片和单词，考查单元核心词汇的认读和意义的理解；3. 通过学唱歌曲 *Thunder* 加深对本单元天气的理解	1. 能够从图片信息中推测考查点，做到有方向地去听，养成良好的听力习惯；2. 了解歌词意义，清晰准确歌唱
第31页	C Story time （趣味阅读课可不占课时）	运用本单元所学核心句型、单词讲述趣味故事，引起学生兴趣，扩大阅读量	该故事大意为："主人公Zip在大连得了重感冒，好朋友Zoom在电话中得知后飞往大连看望Zip，正在收拾行李的Zoom将电视天气预报中的'大理'听成了'大连'，误以为大连会转暖，等Zoom下飞机时，天气寒冷并下着大雨，最后Zoom也感冒了。"故事幽默风趣，体现了好朋友间互相关心的主题	1. 部分学生能理解并按正确的意群朗读故事；2. 部分学生能理解并通过小组合作的方式表演故事，恰当运用故事中的语言，体会说话者惊讶、苦恼、遗憾等不同的情绪状态

（2）单元知识结构（图2-2-1）。

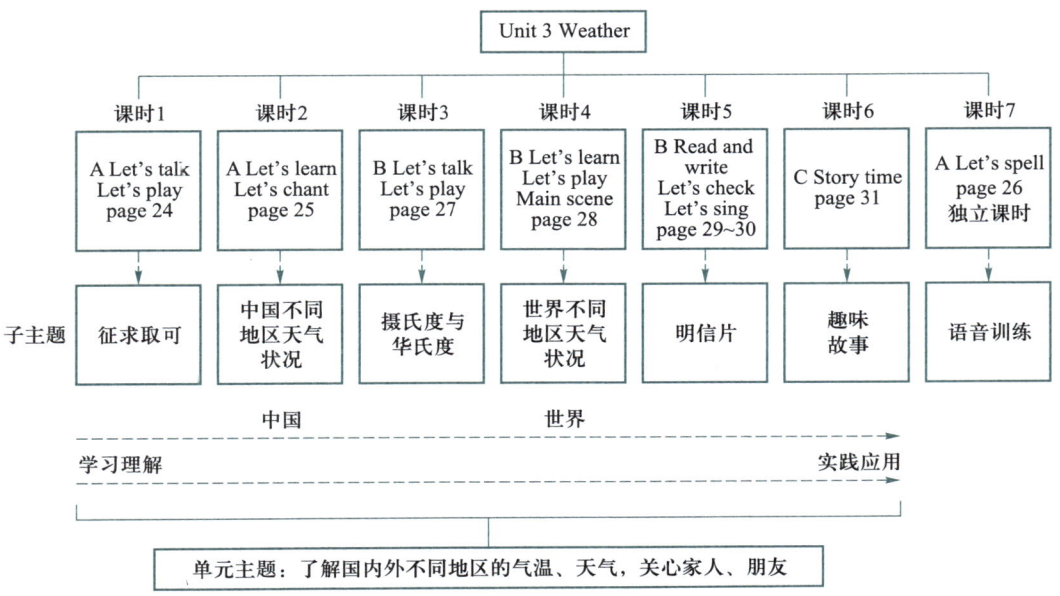

图2-2-1　单元知识结构图

2. 学情分析

教师要做好学情分析，准确掌握学生知识储备、学生学习本单元内容困难的预测等，这是实现单元教学目标的关键。

案　例

Unit 3 Weather
人教版小学英语（义务教育教科书）四年级下册

本案例教学对象为郑州市惠济区迎宾路小学四年级学生，该年级学生从三年级起开始学习英语。

学生已经获得的与本单元主题相关的语言知识及已形成的相关语言技能如下：通过四年级上学期Unit 5 Dinner's ready的学习，学生能够理解并使用"Can I have a knife and fork/..., please?"句型，并回答，但是对于肯定或否定的原因并不清晰；四年级上学期Unit 4 My home及Unit 6 Meet my family中均涉及一般疑问句"Is she in the study?/Is this your uncle?"，学生能在简单的情境下运用此句型进行问答。

就本单元主题而言，学生在三年级、四年级上学期的英语学习中没有涉及有关"Weather"的话题，学生对于温度、天气的英语表达比较陌生，但是三年级上学期科学课第一单元的《小小气象员》一课，有对"摄氏度"的讲解，这个知识点学生并不陌生。学生们能在教师的指导下，尝试模仿语言结构进行简单的介绍。教师拟在本单元借助课外阅读，拓展学生学习资源，提高学生学习兴趣，并进一步训练和提升学生的阅读技巧和阅读理解能力。

以上语言知识与学习经历无疑将成为学生开展本单元学习的强劲助力和宝贵经验。学生的学习基础分析可以汇总为表2-2-2：

表2-2-2　学习基础分析表

版块内容	具体内容	学习基础			内容定位	
语音	1. ar和al在单词中发/ɑ:/和/ɔ:/的规则	熟知	√略知	新知	重点	难点
	2. 读出符合发音规则的单词	熟知	√略知	新知	重点	难点
词汇	1. 核心词汇：cold、warm、hot、cool、rainy、snowy、cloudy、sunny、windy	√熟知	略知	新知	√重点	难点
	2. 非核心词汇：outside、be careful、weather、world、Sydney、London、Moscow、Singapore、fly、love、degree	熟知	略知	√新知	√重点	难点
句法	1. Can I go outside/ have some soup? Yes, you can./ No, you can't.	√熟知	略知	新知	重点	难点
	2. What's the weather like in New York? It's...	熟知	√略知	新知	√重点	难点
	3. Is it cold/...? Yes, it is. / No, it isn't.	√熟知	略知	新知	√重点	难点
语篇	1. 应用文（明信片的基本信息）	√熟知	略知	新知	重点	√难点
	2. 应用文（明信片的基本结构）	熟知	√略知	新知	√重点	难点

3. 教学目标

教师要明确单元教学目标。通过本单元的学习，学生在语言技能、知识等方面要达到什么样的目标，单元教学目标要比课程纲要目标更明确、具体，包括语音、词汇、句法、语篇等知识，听、说、读、写等语言能力，以及学习学生获得的情感价值体验等。

案　例

Unit 3 Weather 单元教学目标
人教版小学英语（义务教育教科书）四年级下册

通过本单元的学习，学生能够：

1. 描述天气变化；

2. 询问并描述不同国家天气情况，了解中西方气温描述中的文化差异；

3. 根据天气情况合理选择活动；

4. 根据日常天气变化，及时关心家人和朋友；

5. 掌握ar、al在单词中的发音规律，并能根据拼读规则补全短语或句子。

4. 评价设计

单元评价任务比学期课程评价更具体。设计评价任务就是设计检测目标是否达成的学习任务。目标指向哪里，评价任务必须跟向哪里。单元评价任务置于单元目标之后。

案　例

Unit 3 Weather评价任务（表2-2-3）
人教版小学英语（义务教育教科书）四年级下册

表2-2-3　评价任务

单元目标	反思与评价	评价任务
1. 描述天气变化	语言表达是否准确、流畅？	小组展示
2. 询问并描述不同国家天气情况，了解中西方气温描述中的文化差异	是否能够理解中西方气温描述中的文化差异？	1. 角色表演 2. 实物展示
	是否能够流利完成对话？	
3. 根据天气情况合理选择活动	是否能够根据天气状况选择合适的活动？	小组合作完成明信片制作
	一般疑问句的回答是否正确？	
4. 根据日常天气变化，及时关心家人和朋友	是否能够合作表演故事？	故事表演
	是否能够体会故事的寓意，懂得关心家人和朋友？	

5. 教学安排

单元教学过程是课程纲要的课程实施的具体分解和细化，它比课时教学过程抽象程度更高。因此单元教学过程设计需要教师设计出大致的教学流程和安排（表2-2-1和图2-2-1）。

除了以上要素外，单元教学设计还常常包含单元教学方法、单元作业设计、教学反思等内容。

案例：基于单元整体教学的教学设计[①]

───────────

① 设计团队：河南省郑州市二七区龙岗小学朱国平、樱桃沟小学刘艳萍、袁河小学孙彪。

二、小学英语单元教学设计的呈现形式

小学英语单元教学设计通常包含主题式和表格式两种形式，一般情况下教师根据教学需要和个人偏好来选择呈现形式。

（一）主题式单元教学设计模板

小学英语 X 年级 X 学期第 X 单元教学设计

单元名称：

教　　材：

单元课时：

设计教师：

设计时间：

【课标要求】结合本单元内容，说明课标相关要求

【单元教材分析】阐明本单元教材和本学期学习内容的关系，对本单元选用教材进行整体分析

【学情分析】授课年级（班级）学习基础的分析

【教学目标】根据学段目标、核心素养要求设计本单元要达到的目标

【评价设计】对单元学习目标达成情况的评价，包含评价内容、方式、评价标准等

【教学安排】本单元教学活动和整体课时的分配

（二）表格式单元教学设计模板

表2-2-4呈现了表格式单元教学设计模板。

表2-2-4　X年级X学期第X单元教学设计

单元名称		授课教材		单元总课时	
授课对象		设计教师		设计时间	
课标要求	结合本单元内容，说明课标相关要求				
单元教材分析	阐明本单元教材和本学期学习内容的关系，对本单元选用教材进行整体分析				
学情分析	授课年级（班级）学习基础的分析				
教学目标	根据学段目标、核心素养要求设计本单元要达到的目标				
评价设计	对单元学习目标达成情况的评价，包含评价内容、方式、评价标准等				
教学安排	本单元教学活动和整体课时的分配				

实践探索

请针对人教版小学英语（义务教育教科书）六年级上册 Unit 5 What does he do ? 的教材内容，独立完成一个单元的教学设计。二维码中是该主题的教学范例。

1. 设计要求

（1）按照单元教学设计要素进行设计；

（2）以主题、表格或二者结合形式呈现教学设计；

（3）以文字形式说明设计思路。

2. 练习要求

（1）以学习小组为单位进行交流，根据交流结果，反思本人的单元教学设计；

（2）每个学习小组推荐一份最佳设计，与班级同学交流。

第三节　小学英语课时教学设计

学习目标

1. 了解小学英语课时教学设计的要素和形式；

2. 能够分析小学英语课时教学设计案例并作出评价。

课时教学设计，也称课时教案或课案，是单元学习目标和内容的具体分解与落实。一个单元的学习目标和学习内容根据学习需要可以分解成若干课时进行落实。一般来说，课时教学设计是教师根据《课标》的理念，为完成一定的教学任务，以课时为单位，对教学设计诸要素（教学需求分析、教学目标、教学重难点、教学过程、教学评价等）进行优化组合，制定的完整系统的课堂教学活动的文本计划。

一、课时教学设计的构成要素

一份完整的课时教学设计通常包含课时基本信息和课时教学设计要素两部分内容。基本信息包含授课单元、授课主题、授课对象、课时、课型、设计教师和设计时间。课时教学设计要素包含教材分析、学情分析、教学目标、教学重难点、教学过程、媒体设计、教学评价、作业设计、教学反思等。其中教材分析和学情分析属于教学起点分析。有的课时教学设计会根据需要省去某些要素。

（一）基本信息

教师设计课时教学的时候首先确定授课单元、授课主题、授课对象等。

（二）设计要素

设计思路是指教师在设计一课时教学时的整体把握和思考。

案　例

Unit 3 Weathers Part A Let's talk & Let's play
人教版小学英语（义务教育教科书）四年级下册

　　本单元教学设计围绕**Weather**这一主题展开，本课时是本单元第1课时，学生能够通过本节课学习感知室内外温度变化，根据不同情境讨论适合的活动。

"起点"一词可以理解为出发点的意思。教师在讲授新课之前，首先要找准学生的学习起点。为了顺利完成教学任务，更好地满足学生的需要。在教学起点分析阶段，主要考虑两方面因素：教材分析（学习内容的分析）和学情分析（学习者分析）。

1. 教材分析

课时教学设计中的教材分析是指教师在对所选用的教材进行系统的研读和对教材的编写理念、内容体系、编排顺序、结构特点、学习要求等深入认识与理解之后对某一课时教材的具体分析。通过全面、系统地分析教材，教师能够正确理解教材的内容，把握教材的教学重点和教学难点，为确定教学目标和选择教学方法奠定基础。教材分析的结果是教师确定教学设计思路的重要参考，也是教师确定学生"学什么"的依据。

案　例

Unit 3 My weekend (Part B let's learn)
人教版小学英语（义务教育教科书）六年级上册

　　本单元围绕"周末活动计划"这一话题展开，主要学习周末将要做的活动，通过本单元的学习，学生将学会如何表达自己的周末计划，初步体验be going to的用法，本节课是第四课时，本课时要学习掌握的单词有dictionary、comic book、word book、postcard，学生应熟练运用句型"Where are we going? ""We are going to buy..."等句型描述自己要买的物品。

2. 学情分析

学情分析是指教师对所授课班级学生情况的综合分析，一般包括学习者起点水平分析、学习态度分析、学习动机分析等方面。

第一，学习者起点水平分析是分析学习者的初始能力，目的是确定教学起点。在进行教学设计工作之前，分析学习者起点水平，主要实现两个目的：一是，明确学习者现有的英语听、说、读、写等处在什么样的水平，确定他们是否具备学习新知识的能力；二是，了解学生对原有知识的掌握程度，更好地确定学生的最近发展区。学情分析是为了了解学生是否具备进行新的学习所必须掌握的知识与技能，包括对当前学习有辅助作用的背景知识或技能。正确分析和准确把握学生的预备能力是确定教学目标的重要基础和依据。

案 例

Unit 2 My Family (Part B Let's Learn)
人教版小学英语（义务教育教科书）三年级下册

　　本课主要学习有关家庭的词汇，以及用这些词汇表达自己家庭成员的情况。学生在 A 部分学习了 father、mother、brother、sister、grandfather、grandmother 以及句子 "Who's that woman/man?" 的表达方式，对家庭成员的称呼和询问有一定的基础；在本课时中，可以在学习新句型 "Who's this boy/ girl?" 的基础上，进一步整合对话内容。

　　在上述分析中描述了学生已经在 A 部分学过的单词、句型，以及交际能力基础，确定学生能够继续学习的新句型。通过分析明确学生已有的学习能力基础，对教师进行新知识的教学非常重要，减少了教师教学活动的盲目性，大大增强了教学的针对性和目标性。

　　第二，学习者学习态度分析，涉及的内容主要有：学生对学习英语的态度、学生的性格特征、学习风格、能力倾向，班级的精神风貌等。

案 例

　　本课的教学对象是小学六年级的学生，该班学生在英语学习上普遍存在浓厚的兴趣，能够积极按照老师的要求学习。作为即将毕业的学生，他们在听、说、读、写方面有比较坚实的基础。六年级教学，我把重点放在了知识的总结和复习上。为了让学生牢固掌握以往所学知识，本课时在教学过程中，教师要起到引导的作用，帮助学生归纳整理知识，从而提高复习效果。

　　从上述描述可以看出，教师对授课班级学生学习英语的态度十分了解，如"普遍存在浓厚兴趣""能够积极按照老师的要求学习"。对学生学习能力有准确定位，如"在听、说、读、写方面有比较坚实的基础"。教师凭借对学生客观分析的结果，可以有目的地设计教学活动，选择恰当的教学方法，达到提高教学效果的目的。

　　为了全面客观地了解学生的具体情况，教师可以通过多元化的评价方式来了解学生对学习内容的态度。一般来说，教师对学生进行诊断性评价借助的手段主要有：查阅以前的相关成绩记录、摸底测验、态度和情感调查、观察、访谈等。

　　第三，学习者的学习动机分析主要目的是了解学生学习英语的态度和心理倾向，是教师设计教学活动、选择教学方法的重要参考。所谓学习动机，是指引起学生学习活动、维持学习活动，并能指引学习活动趋向的由教师所设定的目标心理倾向。它是激发学生学习的主要动力之一，准确把握学生的学习动机，对教师设计教学活动，指导学生学习，实现教学目标有很大的帮助。下面是一位教师基于学生的学习动机分析，设计教学活动的例子：

案 例

Unit 6 How many? (Part B 和 Part C)
人教版小学英语（义务教育教科书）三年级下册

本课主要让学生在已学数字单词从one到fifteen的基础上掌握从sixteen到twenty五个数字单词。学生机械学习数字单词，会很枯燥，而把数字放到句型"How many...do you have?""I have..."中去操练，既能巩固单词，同时也使其学会用此新句型。在教学中适当加入复活节的有关知识，这是为了让学生在一定的语境中巩固所学知识，了解西方文化，拓展他们的文化视野，激发学生的学习动机。

教师紧紧抓住三年级小学生的学习特点和生理、心理特点，客观分析学习材料和学生的学习动机，以及引发学习动机的来源，恰当设计丰富多彩的游戏活动，巧妙运用评价方式，强化学生学习动机，使学生能保持持续的学习英语的兴趣，积极主动参与课堂教学活动，逐渐养成良好的学习习惯。

案 例

Unit 3 Weather (Part A Let's Talk)
人教版小学英语（义务教育教科书）四年级上册

本课的授课对象为本校四年级六班的学生，有很多学生在这个阶段非常有主见，而且爱表达，坚持自己的想法，所以有时会出现与父母、老师发生冲突的情况。究其原因是孩子在征求大人意见的时候，大人习惯只给答复而不解释。针对这种情况，本节课会注重引导学生在"征求许可给出答复"后要"给出理由"。而简单的"征求许可"的句型在四年级上册Unit 5 Dinner's ready也出现过"Can I have a knife and fork, please?"，可以在开始新知导入前复习旧知，建立起新旧知识的联系。同时，学生对天气话题比较熟悉，部分孩子对单词cold、hot也有简单的了解。

通过案例可以看出，教师对本班孩子整体特点进行了分析，并具体分析了孩子会有和父母、教师发生冲突的情况。教师对学生的现有知识储备也分析得很细致，对学生就相关主题已经学习过的单词、句型等知识的掌握情况都进行了客观判断，准确定位了学生的学习起点。关于学生所具备的能力基础，教师也给出了自己的分析判断，并对学生的未来学习进行了设计。这样的分析结果，直接为教师的课堂教学提供参考，有助于教师设计教学活动，调控教学过程中的各个环节。

3. 教学目标

课时教学目标是在分析教学起点之后，教师根据教学目的、内容及学生实际而制定的具体的预期学生学会什么，它是教学目的的具体化，是课堂教与学的方向，是判断教学是否有效的直接依据。制定的课时学习目标必须明确、具体。学习目标对教学具有导教、导学、导评价等功能。一切教学活动都要围绕学习目标进行，学习目标既是教学活动的出发点和归宿，也是检验教学任务是否完成的指标之一。如何设计学习目标将在本教材第四章学习。

案　例

Unit 3 Weather (Part A Let's talk & Let's play)
人教版小学英语（义务教育教科书）四年级下册

1. 通过图片、视频等方式学习对话内容、模仿对话练习，理解对话大意；
2. 在不同语境中正确使用核心句型和词汇，征求对方许可并根据实际情况给出合理建议。

4. 教学重难点

教学重难点是进行教学设计的必备要素之一。教学重点就是学生必须掌握的基础知识与基本技能，是基本概念、基本规律及由内容所反映的思想方法，也可以称之为学科教学的核心知识。教学难点是指学生不易理解的知识，或不易掌握的技能与技巧。在分析教学内容和学生学习情况的基础上，根据学生的实际水平来确定重点和难点。正确把握教学重点和难点，对顺利完成教学任务、实现教学目标非常重要。

一般情况下，对于大多数学生感到困难的内容，教师要着力设计有效办法加以突破，否则不但这部分内容学生听不懂学不会，还会为其理解以后的新知识和掌握新技能造成困难。

案　例

Unit 3 Weathers (Part A Let's talk & Let's play)
人教版小学英语（义务教育教科书）四年级下册

1. 教学重点：能理解对话意思，正确朗读核心句型和核心词汇，能够根据课文内容分角色表演。
2. 教学难点：能在核心句型的基础上，加上自己的想法，用英语进行交流和表达天气。

5. 教学过程

教学过程是为完成教学任务，达成教学目标所采取的一系列步骤和方法。小学英语课时教学过程通常包含以下几个环节：

（1）Warm-up & Lead-in

（2）Presentation

（3）Practice

（4）Production

（5）Summary and Homework

这几个环节相互作用，共同构成了一节英语课堂的教学活动。各个环节的设计要根据教材和课型灵活掌握，不能仅仅局限在这几个环节，需要创造性地设计教学过程，提升教学效果。如何设计教学过程将在本教材第五章学习。

6. 媒体设计

在教学过程中所采用的媒体被称为教学媒体，是传递教学信息的载体。一方面，教学媒体是教育信息的载体，是最基本的学习资源；另一方面，教学媒体又是教学系统的主要组成要素之一，是现代教育的重要标志。

选择什么样的教学媒体，由于教师的教学设计方案、学生特征、所处教学环境、思考问题的角度、个人特质等因素各不相同，所以媒体选择并没有固定的要求。综合诸多因素，在选择教学媒体时要全面衡量，尽可能选择符合教学目标、适合于教学内容、适用于教学对象、教学条件能满足的教学媒体，以达到优化课堂效果的目的。关于如何进行教学媒体设计将在第九章详细介绍。

7. 教学评价

课时评价设计指的是设计检测课时目标是否达成的任务。评价任务在教学中起到承上启下的作用，上接课时教学目标，以视其与目标的匹配性；下连教学过程，把评价任务嵌入教学过程，按教、学、评一致的思路设计教学过程[①]。教学评价始终贯穿教学全过程，发挥其诊断、激励、调节教学活动的作用。

案　例

Unit 3 Weathers (Part A Let's talk & Let's play)
人教版小学英语（义务教育教科书）四年级下册

1. 角色表演，通过表演评价学生是否能够使用核心词汇和句型来征求许可并给出建议。

2. 对话创编并表演，评价学生是否能够创编对话并在新的情境中运用。

8. 作业设计

课外作业是课堂教学活动的拓展和延伸，是巩固和运用新知识的一条重要途径，设计课外作业要依据掌握新知识、新语言的需要，教师设计作业时要把控好作业的育人功能，严控书面作业的总量和创新作业类型形式。

案　例

Unit 3 Weather (Part A Let's talk & Let's play)
人教版小学英语（义务教育教科书）四年级下册

1. 跟读和朗读课本对话。

2. 根据课本内容，创编对话并表演。

3. 在中国地图上，先找出以下10个城市：Harbin、Lhasa、Hong Kong、Kunming、Shanghai、Qingdao、Guiyang、Dali、Dalian、Zhengzhou；然后根据天气预报，记录前5个城市明天的最高气温。

---

① 崔允漷. 如何开展指向学科核心素养的大单元设计[J]. 北京教育，2019（2）：11-15.

9. 教学反思

教学反思是指教师以自己的教学活动过程为思考对象，对自己的教学行为、决策以及由此所产生的结果进行审视和分析的活动。教学反思的内容是多方面的，例如对课程目标的反思、教学内容的反思、教学方法的反思、教学效果的反思等。撰写教学反思是改进教学、促进教师专业发展的重要途径，在教学活动中有着不可替代的作用。

 案 例

Unit 3 Weather (Part A Let's talk & Let's play)
人教版小学英语（义务教育教科书）四年级下册

这节课我自己对教学比较满意的是：首先，上课的流程快，不拖拉，时间安排得当，采用语篇真实的情境用整体的教学观引入，操练的方式丰富，活动设计新颖，学生们都积极踊跃乐于加入其中；其次，在组织教学上基本上没有太大的问题了，可以适时地给予学生评价，激发他们的兴趣，也能较好地把握课堂秩序；再次，教师将要教授的句型变换成歌谣的形式，使学生更容易接受；最后，上课中每个环节时间运用得当，每个环节清晰可见。

当然这节课也反映出了我存在的问题。

第一，单词呈现形式较单一，只使用了图片，还可以加入动作、语言等不同的形式；

第二，练习可以采用不同的形式，小组间，男女生之间，同桌之间，让学生都参与进来；

第三，应让学生多听录音，多接触真实语言；

第四，在授课过程中要尽量少用中文，做到按需而说，尽量用学生学过的英语解释他们刚接触的新知识。

教师的教学反思首先对教学过程给予了肯定，也找出了本节课需要改进的方面，并提出了改进办法。教师本人的课后反思，有助于完善教师的教学设计，提升教师教学设计的能力，促进教师专业发展，提高教学效果。

案例：基于单元整体教学的课时教学设计[①]

二、小学英语课时教学设计的呈现形式

小学英语教学设计通常有主题式和表格式两种常见呈现形式，教师在撰写课时教学设计的时候可以根据情况选择适合的，还可以两种形式相结合。

---

① 设计团队：河南省郑州市二七区龙岗小学朱国平,樱桃沟小学刘艳萍、袁河小学孙彪。

（一）主题式课时教学设计模板

×××课时教学设计

授课单元：
授课主题：
授课对象：
课　　时：
课　　型：
设计教师：
设计时间：

【教材分析】结合单元教学内容，对本课时教学内容进行具体分析。

【学情分析】对授课班级学习情况的分析。

【教学目标】预期学生要达到的目标。

【教学重难点】学生应该掌握的核心内容、不易理解的知识、难以掌握的技能。

【教学过程】为达成教学目标实施的教学步骤。

【媒体设计】设计需要用媒体呈现的内容。

【教学评价】设计能够检测本课时教学目标达成的学习活动。

【作业设计】拓展课堂的练习、活动等（作业设计也可放在教学过程的最后）。

【教学反思】课后重新审视教学设计，分析问题，完成二次设计。

案　例

Unit 3 My weekend plan（Part B Let's learn）课时教学设计
人教版小学英语（义务教育教科书）六年级上册

授课主题：周末的活动安排

课　　时：第4课时

课　　型：词汇课

授课对象：六年级学生

设计教师：刘晓庆　郑州市二七区侯寨中心小学

设计时间：2020年10月10日

课程标准要求能在图片、图像、手势的帮助下，听懂课堂活动中简单的提问；能认读所学词语。敢于开口，表达中不怕出错；积极参与各种课堂学习活动，与其他同学积极配合和合作；在词语与相应事物间建立联想，在学习中集中注意力。

一、教材分析

本节课选自人教社小学英语（三年级起点）六年级上册第三单元Unit3 My weekend（Part B Let's learn）部分。本单元围绕"周末活动计划"这一话题展开，主要学习周末将要做的活动，通过本单元的学习，学生将学会如何表达自己的周末计划，初步体验be going to的用法，本节课是第四课时，本课时要学习掌握的单词有dictionary、comic book、word book、postcard，能熟练运用句型"Where are we going? We are going to buy…"等句型描述自己要买的物品。

二、学情分析

本节课的授课对象是小学六年级的学生，他们已经初步具备用英语表达的能力，对这个话题很感兴趣，整体来看，他们聪明好动，但由于层次不一，学习态度和学习能力差异很大，授课时，应注重趣味性。为了激发他们的竞争与合作意识，课前按照他们的能力水平进行分组，同时为了体现教学的人文性，我还设计了很多真实的情境活动，激发他们的兴趣，以培养学生的综合运用语言的能力。

三、教学目标

1. 学生能够听说读写单词dictionary、comic book、word book、postcard，并能运用所学句型描述自己要买的物品。

2. 学生能够在情境中正确运用上述单词和词组谈论或描述自己书店中可以购买的物品。

3. 学生能够在情境中运用句型"Where are you going?""I'm going to buy…"就购买计划进行询问和作答。

四、教学重难点

1. 教学重点：学生能够听、说、读、写单词及短语dictionary、comic book、word book、postcard，做到发音清晰、语音语调正确。

2. 教学难点：在情境的帮助下，学生能够听懂、会说、会替换运用句型"Where are we going?""We are going to…"就购买计划进行询问和作答。

五、教学过程

六、媒体设计

七、教学评价

1. 通过听音跟读、点名读检测目标1的达成情况；

2. 通过师生交流、点名提问、创编新对话展示等；（检测目标2的达成情况。）

3. 通过情境创设、小组讨论、角色扮演、自建语篇互相询问购买计划。（检测目标3的达成情况。）

……

（二）表格式课时教学设计模板

表2-3-1呈现了表格式课时教学设计模板。

表2-3-1　××××课时教学设计

授课单元		授课主题			
授课对象		课　　时		课　　型	

续表

设计教师		设计时间	
教材分析	结合单元教学内容，对本课时教学内容进行具体分析		
学情分析	对授课班级学习情况的分析		
教学目标	预期学生要达到的目标		
教学重难点	学生应该掌握的核心内容、不易理解的知识、难以掌握的技能等		
教学过程	为达成教学目标实施的教学步骤		
媒体设计	设计需要用媒体呈现的内容		
教学评价	设计能够检测本课时教学目标达成的学习活动		
作业设计	拓展课堂的练习、活动等（作业设计也可放在教学过程的最后）		
教学反思	课后重新审视教学设计，分析问题，完成二次设计		

实践探索

　　请针对人教版小学英语（义务教育教科书）五年级下册 Unit 2 My favourite season（Part A Let's learn）的教材内容，尝试独立完成一个课时的教学设计，基本要求如下：

　　1. 设计要求

　　（1）按照"教材分析、学情分析、教学目标、教学重难点、教学过程、媒体设计、教学评价、作业设计、教学反思"这样的逻辑顺序进行设计。

　　（2）以主题、表格或者二者结合的形式呈现教学设计。

　　（3）以文字形式说明设计思路。

　　2. 练习要求

　　（1）以学习小组为单位进行交流，根据交流结果，反思本人的教学设计。

　　（2）每个学习小组推荐一份最佳设计，与班级同学交流。

// 本章小结与拓展 //

知识精练

　　1. 小学英语教学设计构成要素包括基本信息和设计要素两大部分，这些要素相互作用，构成了小学英语教学设计的内容体系。小学英语教师开展教学设计，要创造性地设计这些要素，提升教学能力，提高课堂教学效果。

2. 小学英语教学设计主要包括三种形态，即课程教学纲要设计、单元教学设计和课时教学设计。

1. 本章学习了小学英语教学设计基本要素和呈现形式，根据所学内容思考：如何实现小学英语教学设计的最优化？

2. 小学英语教学设计构成要素相互作用，构成了教学设计的内容体系，根据各要素之间内在的逻辑关系思考：教学设计众要素中，哪三个要素最为重要？其他要素和这三个要素的存在者什么样的关系？如何实现小学英语教学设计的系统性？

1. 普赖斯. 有效教学设计：帮助每个学生都获得成功（第四版）[M]. 李文岩，刘佳琪，田爽，译. 北京：中国人民大学出版社，2019.

该书包含有效教学内容设计、教学方法设计、学习环境、教案撰写等内容，并提供了可测量的教学目标的撰写策略，选择性的教学行为的干预，关键的教学技巧（导入的设计、知识的有效呈现、学习小组合作设计等），建立积极的学习环境的关键策略，行为技能、学习策略和概念的教学，教学内容的分析方法等。同时该书包含大量微课，提供了详细的教学设计和活动设计，并有丰富的案例，清晰展现了设计者的整个思维过程。新教师可以用来指导和丰富其初期教学设计和教学活动，经验丰富的教师可将该书作为检查教学设计基本要素完备与否的工具。

2. SCRIVENER J. Learning teaching : the essential guide to English language teaching [M]. 3rd. Beijing: Foreign Language Teaching and Research Press，2020.

该书是一本专门写给新手英语教师的教学指南，全面介绍了进行英语语言课堂教学的基本原则，提供了可操作的教学建议，帮助教师设计和实施教学活动。教师通过观察教学活动、学习教学方法，反思自己的教学实践，将逐步形成自己的教学风格。

第三章　　小学英语教材与学情分析

知识地图

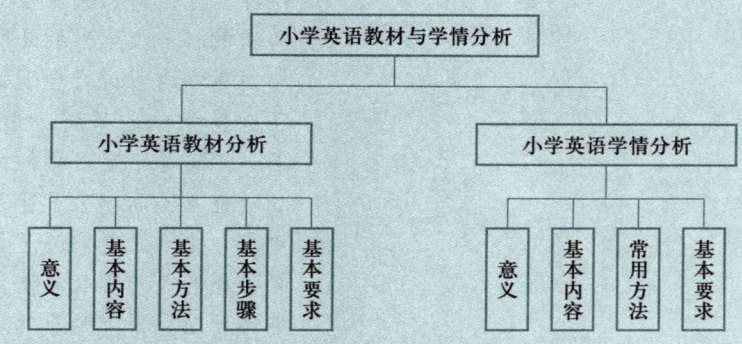

问题情境

小李老师和张老师

　　小李老师是一名师范院校的毕业生，她怀着满腔的激情和对教育事业的热爱走上了小学英语教学工作的岗位。按照学校安排，小李和经验丰富的张老师共同承担小学三年级的英语教学工作。小李老师认真地备课，可她发现现行的小学英语教材变化很大，新课改下的教材在教学体系、编排方式、教学内容等方面更突显核心素养发展的理念。面对这些新教材，小李感到无所适从，不知道如何依据课标对教学内容进行合理的设计。在教学过程中，为了激发学生的兴趣，小李精心地设计了游戏、歌曲、舞蹈等丰富多彩的课堂活动，但孩子们参与的积极性并不高。为了让孩子掌握单元学习的重点与难点，小李反复训练了很多遍，可是学生似乎对小李的课并不是那么喜欢。一个学期下来，教学效果并不理想。张老师看起来却很轻松，上英语课也成了班里学生每周最盼望的事情，课堂上学生总是乐在其中。学期末，张老师所教班级学生的英语成绩不但比小李所教班级优异，而且张老师指导学生表演的英语课本剧还在学校举办的"双语文化节"活动中获得了全校老师的好评。

　　这究竟是为什么呢？小李觉得自己付出的努力并不比张老师少，面对新教材，她反复揣摩，却达不到理想的教学效果。

启发思考

　　为什么小李老师很认真地备课，却达不到理想的教学效果？如果你是小李老师，你认为在开展教学工作之前，应该通过哪些工作来提升教学的有效性？

教材和学情分析，是教师进行教学设计的关键工作，是教学设计的基础。有效开展教材和学情分析，正确理解教材内容、准确把握学生的需要，对教师确定教学目标、设计教学过程以及评价方式等至关重要。

第一节　小学英语教材分析

学习目标

1. 了解教材分析的内涵及其在教学中的意义；
2. 能够结合教材分析的内容、方法和步骤进行教材分析；
3. 具备深化与拓展教材资源的能力。

教材是小学英语教学活动信息传播的主要载体，在课堂教学活动中起着十分重要的作用。教材分析是指教师对所选用的教材进行系统的研读，对教材的编写理念、内容体系、编排顺序、结构特点、学习要求等深入认识与理解的过程，是教师进行教学设计的首要工作。教材分析是教师进行教学设计，制定教学计划的基础，是备好课，上好课以及顺利达成预期教学目标的前提和关键。著名教育家苏霍姆林斯基认为，教师运用教材越自如，那么他的讲述就越情感鲜明，学生听课以后花在抠教材上的时间就越少。

一、教材分析的意义

教材的定义有广义和狭义之分。广义的教材指教师和学生在课堂内外使用的所有教学材料，例如课本、练习册、活动册、故事书、教师自己编写或设计的材料和网上学习材料等，凡是有利于学生增长知识或发展技能的材料都可称为教材。狭义的教材即教科书，教科书是一门课程的核心教学材料。目前，小学英语教材出现多元化局面，小学英语教师选择和使用教材的范围更加宽广。《课标（2022年版）》指出，英语教材既是英语教学的主要内容和载体，也是对学生进行思想品德教育的重要媒介。教师在教材内容选取、教学活动设计等方面应体现英语课程的育人价值，有机融入社会主义核心价值观和人类命运共同体的意识，将立德树人根本任务落到实处。

教材分析是教师创造性劳动的过程，其结果直接影响教师的教学决策。教材分析对设计教学目标、选择教学方法，组织教学活动有着非常重要的作用，具体体现在以下四个方面。

（一）为设计教学目标提供依据

教材分析的过程是教师对教材重新认识的过程，在这个过程中教师要对教材呈现的内容进行系统的对比、分析，梳理教材的教学重点、难点，对教材有一个客观的认识，根据一系列分析结果，确定教学目标。这样既增加了教学目标的针对性和科学性，也为顺利达成教学目标奠定了基础。因此，分析教材时，要认真推敲教材的编写意图，明确学生应认识或掌握哪些基础知识，达到什么要求，侧重培养哪些能力，可进行哪些思想品德教育等，为制订教学目标提供依据。

（二）为选择教学方法提供参考

教材分析是教师对教材再创造的过程，在这个过程中既有教师对教材的认识和理解，也有教师对教材的批判和评价，同时也融入了教师个人对教材使用的观点，凝练了教师的教学思想。在这种思想观念的指导下设计教学方法，是教师理性的选择，也是教师教学智慧的体现。

教师在分析教学内容的基础上，有的放矢地选择教学方法，这样能避免课堂教学的盲目性，使教师在课堂教学中走弯路，提升课堂教学效果。

（三）有助于教学过程的优化

小学英语教材多数是以主题的形式编排，而且是贴近学生生活的主题，其目的是增加语言的应用性。

例如，人教版小学英语（义务教育教科书）的一至七册，每册有六个新授单元和两个复习单元，第八册有四个新授单元和两个复习单元。每册教材的每一个单元是一个话题，由Part A、Part B、Part C三部分组成。A、B部分要求学生必须掌握，B部分是A部分的扩展；C部分供选学，是A、B部分知识的扩展和语言的综合运用。教材整体的编排环环相扣，前一个环节是后一个环节的基础，后一个环节是前一个环节的递进。而且话题材料是学生熟悉的学习内容，整体设计符合小学生的学习特点。

如何将这些内容有效地呈现给学生，吸引学生的注意力，激发学生的学习兴趣，是教师顺利完成教学任务的关键环节。要突破这个关键环节，需要教师认真分析教材，根据教材所提供的主题材料，设计教学过程的每一个环节，使每一个环节都是有任务的、有目标的、有效的教学活动。如果教师设计的活动只是机械操练、简单转换，几乎没有任何学生自发和主动参与的认知过程，那么学习结果通常是短暂而浅显的学习行为。形式上可能是热热闹闹，结果却不尽如人意，学生没有把英语学习内化为语言，仅仅停留在语言形式的学习上。

（四）有助于教师的专业化发展

分析教材是教师创造性开展教学活动的过程，教材分析能够促进教师的专业发展。第一，教材分析有助于教师深入理解本学科知识，丰富教师的专业知识。教师在进行教学设计之前，必须要全面学习《课标（2022年版）》、认真分析和研究教材、深入领会教材的编写意图，基本结构和各部分之间内在联系，在此基础上组织教学内容、选用教学方法、设计教学活动，以实现教学目标，完成教学任务。第二，教材分析有助于教师专业能力的发展。一是教师科研能力的发展。教师分析教材、研究教材的过程，也是教师进行教学研究的过程。所以，教材分析是教师不断提高专业素质和加深对教育理论理解的过程。二是教育教学设计能力的发展。通过教材分析，教师对教材的编写理念、内容体系和教材的适用度有了新的认识和理解，从而提高了科学编写教学方案、合理进行教学设计的能力，提升了课堂教学效果。

二、教材分析的基本内容

当教师针对一本教材、一个单元的教学内容或一个课时的教学内容进行分析时要分析什么内容，不能盲目、无所适从，要有目标、有针对性、有重点地分析。下面的几项内容是教师在进行教材分析时必须掌握的。

（一）单元主题

小学英语教学中，教师进行一个新的单元教学之前就要确定本单元的主题是什么。单元主题是目前各版本的小学英语教材组织教学内容的主线，每个单元都有特定的主题，同一单元的不同板块呈现的语言学习任务各有侧重。教师在进行教材分析时应确定本单元的主题是什么，与这个主题有关的核心词汇、短语和句子有哪些，它们如何系统地融合在单元会话中。确定了单元主题之后，围绕主题选择语言材料并设计教学活动，从而使学生从不同的方面加深对主题的认识和提高对该主题的表达能力。主题往往可以通过单元题目、语言材料、活动内容、词汇表等方面判断出来。正确分析单元主题，理解单元内容编排结构，对教师分解教学目标，设计教学方案非常重要。

以人教版小学英语（义务教育教科书）为例，这套教材是典型的以主题为主线来组织教学内容的，每个单元是一个主题，分为A、B、C三部分。其中A、B部分是基础，要求学生必须掌握，B部分是A部分的扩展；C部分供选学，是A、B部分知识的扩展和语言的综合运用。A、B部分由Let's talk、Let's learn、Let's do、Let's play、Read and write等组成，核心知识点在每个部分的不同模块之间滚动复现，螺旋上升，扎实推进。这一点在五、六年级的教材中体现最明显。例如，通过Let's talk引出的新句型，学生初步感知新知识，在Let's learn中进一步学习新知识，在Let's do中活学活用所学知识，并在Read and write中巩固强化，实现了"在句型中学习新单词，在对话中学习新句型，在语篇中达到综合运用"的目的。

正确分析单元主题，理解单元内容编排结构，是教师分解教学目标，合理分配时间组织教学活动的重要基础。

（二）语言点

语言点是指在英语学习过程中所出现的对理解原文产生障碍的语言现象，包括词汇、句型。语言点的教学主要培养学生的语言知识和语言能力，分析语言点为一个单元或一课时的词汇教学、句型教学，以及基于词汇、句型综合运用的语篇教学服务。

词汇教学是小学英语教学的主要任务之一，词汇教学的主要内容包括识记词汇和了解词汇的意义。小学低年级的英语教学以词汇教学为主，中、高年级的英语教学则是在词汇学习的基础上以句型和语篇教学为主。通过教材分析教师要明确学生要学习的重点词汇，以及根据学生的英语水平完成教学活动可能会用到的词汇，为设计教学活动提供重要参考。

句型教学是小学英语教学的重要内容，掌握一定量的句型是形成和提高小学生语言交流能力的主要途径。目前大多教材都以会话形式呈现教学内容，因此重点句型明确包含在会话中，教师要通过研读教材明确学生要重点学习的句型，这些句型是教师创设学习情境和学习任务的核心。

语篇教学主要在小学中、高年级进行，在小学英语教材中语篇通常以会话和故事的形式呈现。语篇教学以发展学生的能力为目的，在具体语境中教学单词和句型。因此，语篇教学的主要内容仍是词汇和句型，不同的是语篇教学中出现的词汇和句型的关联度更高，具有一定的意义指向并带有情感体验。教师要认真阅读教材，除了明确教学的主要词汇和句型之外，也要重视教材中提供的标题和插图，认真分析阅读材料故事情节的发展，引导学生理解阅读材料，把词汇和句型渗透在教学过程中。

小学英语教材一般都清晰地呈现了要重点学习的词汇和句型，而没有明示语法重点。但是，考虑到英语在我国是外语这一事实，国内的教材编排除了采用"主题"这一线索之外，多数都还有一条"语法线"。教师要了解教材编写的"语法线"，从而准确地把握教学重点，避免分散教学精力。有些教材通过目录表、单元自评等形式标明语法线索，有些教材则需要教师通过分析整本甚至整套教材，特别是分析本单元与前后单元的联系来确定教学重点。

例如，人教版小学英语（义务教育教科书）五年级上册 Unit 1 What's he like?本单元重点学习描述人物体貌特征和个性的语言。围绕"Who's your art teacher? What's he like?"进行 old、short、thin、tall、strong 等的替换练习。整个单元没有特别说明语法内容是什么，但通过分析可以看出来是特殊疑问句 What 和 Who 的问答。

（三）目标要求

目标有教学导向的作用。对于确认的语言点，要明确要求学生掌握的程度，例如：要求理解还是要求运用？要求能听、说还是能读写？教材的语法系统对此是有要求的，但这一要求往往不明确显示，需要教师通过教材中的活动要求、练习册等来判断。

例如，根据人教版小学英语（义务教育教科书）五年级上册 Unit 1 What's he like? 呈现的语言点，可以确定本单元的教学目标为：

1. 能听懂"Who's your art teacher? What's he like?"并能正确作答。
2. 能够听、说、读、写单词：old、short、thin、tall、strong。
3. 能够听懂指示语，并按照指令完成 Let's find out 中的简单任务，找出正确的画面。

（四）语言材料与活动

大多数的小学英语教材提供了丰富的语言材料，主要包括教材中提供的会话、短文、歌曲、小诗等。这些语言材料作为学习内容大多以"活动"的形式呈现。以人教版小学英语（义务教育教科书）为例，教材提供的活动类型主要有 Let's learn、Let's play、Let's do、Let's try、Let's talk、Let's sing、Let's spell、Let's chant、Read and write、Story time 等。不同的活动由与之对应的语言材料组成，其中内化了不同的语言点，在知识的呈现和学生的学习时起到了不同的作用。如 Let's learn 部分大多呈现以完成某个主题为主的会话所需要的核心词汇和短语，Let's sing 和 Let's chant 部分的语言材料大多生动有趣、节奏感强、朗朗上口，同时材料内容与 Let's learn 部分出现的词汇、短语或句型紧密关联，起到强化巩固新知的作用。Let's play、Let's try、Let's do、Let's talk 和 Group work 等则要求教师根据教材提供的对话形式和替换语言材料，组织学生开展与生活情境贴近的对话活动或能听懂语言材料并做出正确的回应，教师掌握这些内容要求，才能组织相应的教学活动，使课堂教学活动集中指向教学的核心内容。

Read and write 板块通过配有图片的日记、电子邮件、便条等提供有一定意义的语篇综合性训练活动，包括阅读理解活动及个性化写句子或补全文段，旨在帮助学生进一步巩固本单元学习的核心句型和词汇。Let's wrap it up 板块是单元语法现象总结活动，旨在培养学生在学习语言之后，关注语言形式和规律的意识，形成及时总结所学知识、语言规律，最后能进行语言运用的能力。每个单元 Part C 中的 Story time 的作用不仅仅给学生带来乐趣，更重要的是为学习能力较强的学生提供语言拓展内容，以达到分层教学的目的。

对于教材这样的编写设计，教师要认真分析，正确理解教材中不同板块所呈现的不同活动的目的和意图，将语言材料和活动有机结合，这样才能抓住关键，实现教学目标。

（五）检测

培养学生对学习过程的监测和调控能力是使学生学会学习的一个重要方面。理想的教材应该为学生提供检测学习效果的练习活动，这些活动也可以成为教师获取教学效果反馈的途径。分析教材提供的检测应从难易程度、检测内容、检测目标、实施方法和综合程度等方面进行。难易程度是指该检测是否适合不同的学生水平；检测内容是检测的载体，检测目标则是分析该检测涉及学生对哪些语言点的掌握程度，实施方法指该检测是否便于师生在有限的时空和条件下开展该检测，综合程度指该检测是否受学生的语言表达能力和交际能力的影响。

以人教版小学英语（义务教育教科书）为例，教材中有专门的活动 Let's check 用以检测学生的学习效果。教材通常在 Let's check 部分提供带有情境的画面，要求学生运用新习得的语言点完成与画面情境相符合的对话。在中、高年级教材中除了 Let's check 活动用于课堂检测之外，其他活动中教材也提供了形式丰富的检测实施方法，如 Listen and tick or cross、Listen and circle、Look and circle、Finish the sentences、Talk and match 等，一方面给学生提供了从认识语言点到会用语言点的练习机会，同时帮助教师检测学生对语言点的掌握程度。另外该教材提供的其他活动也有检测的功能，如 Let's do、Let's talk 等活动通常安排在 Let's learn 之后，教师可以灵活运用这些活动，让学生在做一做、说一说等形式的基础上检测学生对新知的掌握程度，为下一步的教学活动提供参考。

以上几点是教师分析教材必不可少的内容，但又不局限在这几方面，教师应根据教学需要，以这几个方面为基础，拓展分析内容，以满足教学需要。

三、教材分析的基本方法

（一）知识分析法

知识分析法是以分析教材知识体系为主的方法，涉及教材整体、单元和课时，是教材分析最基本的方法。分析知识体系，有助于教师明确教材的重点和难点，根据不同类型的知识采用不同的教学方法，以达到预期的教学效果。进行知识分析时，首先要确定教材内容中的一般知识、重点知识和应用性知识，并根据这些知识的内在联系，形成知识网络，有利于更全面地理解教材，提升处理教材的能力。对课时教学内容也要进行知识分析，主要分析教学内容的结构、重点和难点，以此确定教学目标和教学方法。下面是运用知识分析分析法分析教材的案例。

案　例

Unit 3 My friends (Part A Let's learn & Let's find out)
人教版小学英语（义务教育教科书）四年级上册

　　教材分析： 本课时为 Unit 3 My friends 第 1 课时的内容。主要学习 Let's learn 中的单词 friendly、tall、short、thin、strong、quiet，以及句型 "Who's he/she? My friend is... He /She has... "。学生应能够正确地听说读写这些单词，并能运用所学句型询问并描述自己朋友的外貌特征。（一般知识）

　　由此可见本课时的教学重点为：能够正确地听说读写六个单词（重点知识）以及能够运用句型 "Who's he/she? My friend is... He /She has..." 描述自己的朋友（应用性知识）。

　　上述案例是采用知识分析法分析教材的比较典型的例子，首先明确了本部分教学内容中需要掌握的单词和句型，即一般知识，在此基础上，对本节课涉及的知识体系进行了系统分析，从而确定本节课的学习重难点，即重点知识，根据重点知识，明确了应用性知识。通过分析，教师对教材内容有了清晰的认识，教学重点和难点明确，教学思路基本形成。

（二）方法论分析法

　　方法论是一种以解决问题为目标的理论体系或系统，通常涉及对问题阶段、任务、工具、方法技巧的论述。一般情况下，各种类型的知识在学习过程中都有不同的方法论支持，例如学习概念就要注意分析和类比，学习规律要注意归纳与演绎，学习实验要注意实验程序和操作规范，应用知识时要注意对象与技能等。这就是说在教材分析中潜藏着重要的方法论因素。关注方法论因素，有助于教师更好地进行教材分析。方法论分析法本身就蕴含着科学的方法论因素，只要注意挖掘就会对教师的教学方法和学生的学习方法有帮助，更重要的是能帮助学生养成良好的学习习惯。

　　上述两种分析方法是教材分析常用的方法，还有从整体结构入手分析的结构论分析法、从反馈信息入手的信息论分析法等，掌握不同的分析方法，有利于多角度、全方位地对教材进行分析。在实际教学工作中，不论采用哪一种方法，都要能够真正理解教材内容，掌握教材内容的重点和难点，通过教材分析，知道"教什么"，并为"如何教"奠定基础。

四、教材分析的基本步骤

（一）研读课标

案例：
五年级下册
Unit 3

《课标（2022年版）》是小学英语教学的指导性文件，是编写教材和进行教学的依据。它明确规定了义务教育英语课程的性质、任务和教学目的等。因此，在分析教材时应以《课标（2022年版）》为依据。认真学习、研究《课标（2022年版）》是教材分析的前提。

研读《课标（2022年版）》有利于教师理解教材的编写理念，有利于教师对教材的合理利用，有利于教师落实《课标（2022年版）》的要求。因为《课标（2022年版）》对每个年级应达到的学习目标有具体的要求，这些要求既是教师的教学依据，也是教师教学的行动指南，教师只有对《课标（2022年版）》深刻理解，掌握其内涵，才能够保证教学行为不偏离要求。

《课标（2022年版）》指出，英语课程内容由主题、语篇、语言知识、文化知识、语言技能和学习策略等要素构成。主题具有联结和统领其他内容要素的作用，为语言学习和课程育人提供语境范畴。义务教育英语课程内容将主题分为"人与自我""人与社会""人与自然"三大范畴。其中，"人与自我"以"我"为视角，设置"生活与学习"和"做人与做事"等主题群；"人与社会"以"社会"为视角，设置"社会服务与人际沟通""文学、艺术与体育""历史、社会与文化""科学与技术"等主题群；"人与自然"以"自然"为视角，设置"自然生态""环境保护""灾害防范""宇宙探索"等主题群。各主题群下设若干子主题。具体内容要求见表3-1-1和表3-1-2。

表3-1-1　主题内容要求（一级）

范畴	主题群	子主题内容
人与自我	生活与学习 做人与做事	1. 身边的事物与环境； 2. 时间管理； 3. 生活自理与卫生习惯； 4. 个人喜好与情感表达； 5. 家庭与家庭生活； 6. 学校、课程，学校生活与个人感受； 7. 饮食与健康
人与社会	社会服务与人际沟通 文学、艺术与体育 历史、社会与文化	1. 班级与学校规则，规则意识； 2. 团队活动与集体生活，参与意识与集体精神； 3. 校园、社区环境与设施，爱护公共设施； 4. 同伴交往，相互尊重，友好互助； 5. 尊长爱幼，懂得感恩； 6. 常见的体育运动项目，运动与健康； 7. 交通法规，安全意识； 8. 常见职业与人们的生活； 9. 常见节假日，文化体验
人与自然	自然生态 环境保护	1. 天气与日常生活； 2. 季节的特征与变化，季节与生活； 3. 身边的自然现象与生态环境； 4. 常见的动物，动物的特征与生活环境

表3-1-2　主题内容要求（二级）

范畴	主题群	子主题内容
人与自我	生活与学习 做人与做事	1. 学习与生活的自我管理； 2. 乐学善学，勤于反思，学会学习； 3. 健康、文明的行为习惯与生活方式； 4. 运动与游戏，安全与防护； 5. 自信乐观，悦纳自我，有同理心； 6. 情绪与情感、情绪与行为的调节与管理； 7. 生活与学习中的困难、问题和解决方式； 8. 零用钱的使用，合理消费，节约意识； 9. 劳动习惯与技能，热爱劳动
人与社会	社会服务与人际沟通 文学、艺术与体育 历史、社会与文化 科学与技术	1. 校园与社区环境保护，公益劳动与公共服务； 2. 自尊自律，文明礼貌，诚实守信，孝亲敬长； 3. 个人感受与见解，倾听、体谅他人，包容与宽容； 4. 运动、文艺等社团活动，潜能发掘； 5. 对社会有突出贡献的人物及其事迹； 6. 中外名胜古迹的相关知识和游览体验； 7. 世界主要国家的传统节日，文化体验； 8. 科学技术改变生活
人与自然	自然生态 环境保护 灾害防范 宇宙探索	1. 中国主要城市及家乡的地理位置与自然环境； 2. 世界主要国家的名称、地理位置与自然景观； 3. 人与自然相互依存，绿色生活的理念和行为； 4. 种植与养殖，热爱并善待生命； 5. 自然灾害与人身安全，灾害防范基本常识； 6. 地球与宇宙探索

表3-1-1中的"子主题内容"几乎涵盖了学生学习、成长和社会生活的方方面面。而且这些"子主题内容"表达的都是"正能量元素"，为教师设计育人活动提供了重要的参照和依据。

案　例

Unit 2 My favorite season (Part A Read and write)
人教版小学英语（义务教育教科书）五年级下册

本单元以"所喜欢的季节"和"喜欢该季节的原因"为主题，以 Let's learn 的单词为主线，以 Let's talk 为桥梁，以多形式的任务活动为中心，贯穿整个单元。课标对五年级学生的目标要求是，能够运用所学日常用语与他人进行简答的交流如询问个人基本信息。所以，在 Part A 的教学中，应围绕"所喜欢的季节"和"所喜欢季节的原因"为主题设计系列活动，让学生在轻松愉快的情境中表达语言、感受语言、理解语言，从而习得语言。本课时旨在通过教学设计帮助学生在循序渐进中掌握句子"Which season do you like best?""I like winter best.""Summer is good, but fall is my favorite season."，并能用这些句子进行交流。

上述案例中，教师结合《课标（2022年版）》教学提示和二级语言技能要求进行教材分析，充分考虑了《课标（2022年版）》对五年级学生的目标要求，并根据要求思考教学策略，这样就为教师的教学设计确定了正确的方向。

（二）通读教材

教材分析，教师首先要通读本阶段教学所选用的教材，了解教材的基本框架与编写体例，理解教材编写的思路与内容的逻辑关系，分析语言知识与语言技能的表达方式和程序，研究单元话题、语言点、语言材料、活动等，对听、说、读、写能力的目标要求，语言知识与技能穿插编排的意图。从中领悟教材提供的教与学的方法与过程，明确教材的思路及其内在的逻辑关系，以此作为理解教材的一个重要方面和设计教学过程的重要依据。

以人教版小学英语（义务教育教科书）为例。首先，教师要认真研究每个单元Part A、Part B和Part C三部分的逻辑关系，研究Let's learn、Let's do、Let's talk、Let's play、Read and write的编排意图，及其中单词、句型、话题材料所提供的活动方法。其次，教师要认真研究教材中的新知识与前后教材中知识的关系，明确教材在知识体系中的作用和地位，发掘新知识、新技能的生长点，以实现知识、技能的正迁移，还要分析新内容与相关知识的联系与区别，从全局上把握和使用教材。

（三）分析内容

教师在认识和理解教材的基础上，对教材内容进行分析、加工和提炼。

一是准确把握教材的思想内容，理解每个单元的话题内容是什么，表达什么样的思想和情感，对重点单词、句型、会话要有深刻的理解。现行的小学英语教材的编写框架和体例，基本上是以主题为中心的，围绕主题将语言知识、任务、功能、德育内容、多元文化教育、学习技能及形成性评价等要素有机融合。教师要认真分析、挖掘教材中的语言知识、德育及多元文化教育等元素，在教学中有效地利用这些元素对学生进行教育和教学。因为，教材的思想内容是融合在教材的知识体系之中的，需要教师根据各单元的话题和话题所辐射的知识内容加以甄别和判断。例如，人教版小学英语（义务教育教科书）五年级下册第二单元的阅读课文，描述了一个叫Robin的机器人，认真分析短文发现：不仅短文本身趣味性强，而且Robin的聪明伶俐、乐于助人的品质也在短文中得以体现。

二是把握教材的结构特点。小学英语教材基本上是图文并茂的形式，这样的形式符合小学英语的认知特点，有着较强的儿童亲和力。以人教版小学英语（义务教育教科书）为例：首先，每一个单元以主情境图开篇，其功能是呈现本单元的主要词汇与对话，学生可以通过观察图片感知语用环境，也可以根据图的提示进行单元复习；其次是Part A，Part A是必学部分，包括了Let's talk的1~3个话题的情境对话；再次是Let's play，通过趣味活动巩固，运用所学语言；接下来是Let's learn，教学4~5个生词，Let's do，通过TPR等活动巩固所学生词；最后一项是Letters and sounds，教学4~6个字母。教师仔细分析Part A部分各板块的内容和功能，会发现这是一个完整的感知—体验—实践—巩固的学习过程，结构特点很明显。分析教材内容的结构特点要从整体入手，在细节处认真研究。整体入手是指从整本教材、整个单元进行分析，找出教材的编写主线、风格、单元内容的构成。从细节处研究是指要认真分析单元中每个板块的内容，每一个板块的功能，各板块之间的关联等，这样才能找出教材的表达特点，才能够在教学中充分利用教材，发挥教材的作用。

三是把握教材的重点和难点，这是教材分析的重要环节，也是教材分析的目的之一。教师需要根据核心内容确定重点和难点，以一个单元教学内容为例：首先分析单元的话题、词汇、句型、语音、语法，以及与之匹配的练习、游戏等；其次要分析这些内容的教学要求，是要求能听、说、读、写的内容，还是要求认读的内容，根据不同的要求确定教材的重点和难点。教材的重点和难点是设计教学方法的重要依据，事关一节课的教学成败，必须认真地把握。

经历研读《课标（2022年版）》、通读教材到分析教材内容这样一个过程，教师对《课标（2022年版）》有了深入的认识，对教材有了深刻的了解，对教材内容有了正确的把握，不仅实现了教材分析的目的，提高了教师对课程的认识与理解，而且为教学设计、课堂教学奠定了一个很好的基础。

五、教材分析的基本要求

尽管教材都是由学者精心编写的，但由于学生具有不同的个性、能力和兴趣等，教材不可能满足每一个学生的需要，这就需要教师有目的地使用教材以满足不同的学习需求。教师应具备不仅仅是"教教材"而是"用教材"的理念。

（一）学会取舍与调整教材

教材的取舍和调整的最终目的是创新、优化教材使用方式，教师在使用教材的过程中，根据学生及实际教学的需要，在微观层面对教材的内容、结构、顺序、教学活动等进行适当的取舍和调整。《课标（2022年版）》指出，教师要敢于突破教材的制约，充分挖掘教材以外的资源，在开发素材性英语课程资源时，要注意选用具有正确育人导向的真实、完整、多样的英语材料，如与教材单元主题情境相匹配的英语剧本、短剧、时文等学习材料应避免围绕教材过度开发练习题，检测题导学案等教辅类学习材料。作为英语教师必须认识到，任何一种教材都无法完全满足某一类特定学生群体的学习需要，也无法完全满足教师进行教学改革的需要。根据实际需要对教材进行一定的取舍和调整，是当下教材使用的一种常态。教材给老师提供了进行教学的材料，规定了教学的范围，但并不等同于规定了具体的教学内容，所以具体的教学内容还需要教师根据学生的学习情况和教学目标进行调整和选择。这就要求教师在教材分析的基础上，展开有效的教学设计。

例如，如果教师认为某单元的阅读内容适用，但是阅读练习题的设计不够合理或不太适合自己的学生，就可以用自己编写的练习题代替原有练习题。再比如，如果教师认为某个活动太难，也可以自己设计活动，并可以选择其他活动替代。无论如何修改，在删减教材的个别不合适内容时，教师应切记修改的目的是满足学生的需求，帮助学生更好地理解内容，而不是增加难度。

（二）适当优化与补充教材

教学内容的安排一般是由易到难，逐步递进，但是并不意味着教学顺序不能调整。在进行教学设计时，教师可以根据实际情况适当调整顺序。例如，马上要过元旦了，教材中正好有一篇关于圣诞节的课文，那么教师就可以利用中西方的文化差异去适当地调整顺序，并可以扩展活动，设计关于"如何过元旦和圣诞节才更有意义"以及"如何用英语表达对新年的祝福"的主题，从跨文化的角度培养学生使用语言的能力。这样把教材内容与生活联系起来，有利于提高学生的学习动机，也有利于提高学习效果。

例如，教师在讲授人教版小学英语（义务教育教科书）四年级下册Unit 6 Shopping时，除了巧妙设置真实的生活情境引导学生学会用英语表达价格之外，还可以适当补充介绍其他国家的钱币的知识，使学生形成跨文化的意识。这样的学习方式在扩宽学生视野的同时，还会激发学生的兴趣。

（三）善于深化与拓展教材

信息技术的发展为学生个性化学习和自主学习创造了有利条件。学校和教师要积极创造条件，如建立英语教学网站，开设网络课程，进一步增强学习的便捷性和有效性。教材的每一个单元或者模块都紧扣相关主题，在进行教学设计时，教师可以根据学生的需要，补充相关主题的文本、链接等，为学生提供学习资源。教师也可以通过布置作业的方式来深化教材，对教材的文本进行延伸和拓展。这样既有利于学生学习知识，又可以锻炼学生的自主学习能力。

资料：小学英语教材的创造性使用例谈

实践探索

请围绕小学英语3~6年级教材分析情况，采访一所小学的英语教研组老师，结合学过的教材分析的方法内容，设计出基于课标的教材分析。

具体要求如下：

（1）遵循教材分析的基本步骤，能够从整体、单元和课时不同层面把握教材分析。

（2）对三年级上册的某一单元进行教材分析，并以微格教学的形式分组汇报。

第二节　小学英语学情分析

 学习目标

1. 了解小学英语学情分析在教学中的重要意义与基本内容；

2. 能够使用学情分析的方法分析学情，并撰写学情分析；

3. 在教学实践中能够尊重学生身心发展特点和语言学习规律。

《课标（2022年版）》在教学建议中指出：教师要坚持面向全体学生，充分尊重每一个学生，对学生抱有合理期待，让他们获得积极学习体验，感受学习的乐趣和教师的信任，健康、自信、阳光地成长。教师在教学活动中要让学生有浓厚的学习英语兴趣，小学英语在充分了解学生的身心特点和语言学习规律的前提下，才能使教学有效。教师教学活动的对象是学生，每一个学生都有不同的特点，每个班级也有不同的特点，这就要求教师在进行教学设计时要关注学情。学情分析是教师对授课班级学生情况的综合分析，一般包括教学对象的年龄特征、已有的知识经验、学习态度等。学情分析是教学设计的重要依据，也是教学准备的一个基本要素。现代教学设计理论认为，认真研究学生的实际需要、能力水平和认知倾向，可以更有效地达成教学目标，提高教学效率。

一、学情分析的意义

（一）确定教学目标的基础

学情分析是教学目标设定的基础。学情分析是为了解决教学"对象"的问题，即教"谁"的问题。教学活动的主体是学生，教学目标的对象也是学生，所以教学目标的确定必须依据学生的实际。因为只有真正了解学生的现有知识经验和心理认知特点，才能确定学生在不同学科、不同领域和不同学习活动中的最近发展区（已经达到的发展水平与可能达到的发展水平之间的区域）。教学目标就是从知识、技能、能力等方面来阐述最近发展区。

（二）选择教学方法、设计教学活动的依据

学情分析是选择教学方法和设计教学活动的落脚点。没有学生的知识经验做基础，任何讲解、操作、练习、合作都很难以落实。只有根据学生的学习态度、学习风格、心理倾向以及班级学生的精神风貌，选择教学方法才能做到有的放矢。例如，在同一个年级同时任教不同班级的教师，即使教学内容相同，也不能够采取同样一种方法，如果一个班级的学生非常活跃，上课时教师除了满足学生爱动的天性，设计诸如全身反应法、游戏法、歌曲法等教学方法，还要设计一些使学生能静下来的教学活动，例如绘画、听写单词等。总之，学情分析是对"以学生为中心""以学定教"的教学理念的具体落实。

（三）"以生为本"理念的落实

资料：给野草开花的时间

《课标（2022年版）》指出英语课程以习近平新时代中国特色社会主义思想为指导，全面贯彻党的教育方针，落实立德树人根本任务，以培养有理想、有本领，有担当的时代新人为出发点和落脚点。小学英语教学需要深入了解每一个学生的个性特征，关注学生的个体差异，努力提供适应不同类型学生的学习资源、学习速度和学习策略指导，优化课堂教学过程和课外语言实践活动环境，使每一个学生都能得到最大的发展。在学习过程中，学生是以自己的特点和学习方式，通过构建或重组自己的认知结构获得学习结果。因此，进行学情分析，可以更好地落实"以生为本"的理念，关注学生的学习效果，使每一个学生都得到发展。

二、学情分析的基本内容

学情分析的内容涉及面非常宽，学生各方面的情况都有可能影响他们的学习，比如，学生现有的知识基础、兴趣点、思维特点、学习动机、学习态度、学习风格、最近发展区等都是进行学情分析的切入点。教师要根据教学内容的需要，确定学情分析的切入点。一般认为，学情分析的基本内容包括以下几方面。

（一）年龄特征分析

学生在身心发展和成长的过程中，其情绪、情感、思维、意志、能力及性格还不稳定，具有很大的可塑性和易变性。教师通过了解他们的生理心理特点，分析其与学习内容是否相匹配及可能产生的知识误区，充分预见可能存在的问题，使教学工作具有较强的预设性、针对性和实效性。儿童身心发展是有规律的，尊重儿童身心发展规律，对教师的教学工作具有重要的指导意义。

正如皮亚杰的认知发展理论所述，小学生正处在具体运算发展阶段，这一阶段较前一阶段儿童的认知结构已发生了重组和改善，具有一定的思维能力但仍需要具体事物的支持。小学生英语学习还处于初步感知阶段，对较为高深抽象的语法知识可能无法完全理解，他们往往对有趣味的小故事、旋律轻快优美的儿歌、色彩鲜艳的图片和小游戏有较高的兴趣，也会投入较多的注意力。因此，教师应该首先了解学生的这些特点，针对小学生的年龄特征，有效地开展教学设计。此外不同年龄的学生感兴趣的话题不同，教师不仅要结合学生兴趣开展教学，还要适当引导学生，不能一味迁就学生的不良兴趣。

（二）知识、能力水平和经验分析

学生已有的知识、能力水平是学生达成目标的基础。教学设计要遵循教学规律，符合学生的知识建构需求，符合教学原理。教学设计要研究学生的知识起点、能力水平，要考虑学生的可接受性，把握学生学习的"最近发展区"，力求使教学内容和教学水准适合学生的知识水平和心理特征。

针对具体的教学内容，教师需要了解学生掌握哪些知识、具备哪些生活经验，教师可以通过单元测验、摸底考试、问卷等较为正式的方式获得，也可以采取抽查或提问等非正式的方式获取，还可以通过日常教学获得有关信息。如果发现学生知识经验不足，一方面要采取必要的补救措施，另一方面要适当调整教学难度和教学方法。

（三）学习态度分析

情感态度与价值观培养既是一种教育教学手段，又是课程目标，还是学生学习的重要结果。在新课程改革中，学生的学习不再仅仅属于认知范畴，还渗透扩展到情意、价值观等非智力领域。

"知之者不如好之者，好之者不如乐之者"（《论语·雍也》），教师要认识到学习态度对学习活动的促进作用。小学英语教师要在充分考虑学生的认知因素的同时，充分重视学生的学习态度与情感，努力发挥情感因素在提高学生学习效率，促进学生个性成长等方面的积极作用。在小学英语课堂上，如果学生全神贯注，在进行游戏、小组练习、组织竞赛等各种活动时都非常投入，这说明他们具有积极的学习态度，对学习充满了热情和兴趣。相反，如果学生上课总是注意力不集中，对各种学习活动一点也不关心，不愿意参与各项学习活动，这就说明学生缺乏积极的学习态度，对学习没有兴趣，也没有情感投入。所以，小学英语教师要努力培养学生积极的学习态度。

（四）学习动机分析

学习动机是影响学习效果的一个重要的非智力因素，是促使个体进行学习的内部动力。学习动机对学习活动起着激发、导向和调节的作用。因此，学习动机是影响学习效果的重要因素。

学生的学习动机可以分为外部动机和内部动机两个范畴。外部动机指由外部诱因所引起的动机。例如，一个学生为了得到教师的表扬和家长的奖励而学习就是外部动机作用于学生学习的结果。内部动机指由学习活动本身引发的推动学生学习的动力。外部动机和内部动机在学生的学习过程中的推动作用是不相同的。外部强化是激发外来动机的必要条件，好奇心是内部动机的核心。在学习活动中，内部和外部动机既可以同时发挥作用，也可能交替发挥作用，二者之间可以相互转化。教师不仅要注意调动学生的外部动机，更应注重培养学生的内部动机。

（五）儿童外语学习特点分析

帮助学生学习外语，需要了解儿童语言学习的规律。儿童是如何学习语言的？学习第一语言和第二语言有什么不同之处？成年人和儿童学习第二语言有什么不同之处？只有了解这些问题，才能成功地帮助儿童学习外语。儿童语言学习规律分析主要包括以下几个方面：

1. 儿童学习英语和汉语的差别

资料：儿童母语习得的方式

儿童学习英语和习得母语截然不同。从学习英语的条件来看，小学阶段每周大约开设3课时的英语课。儿童很少有机会体验真正的英语情境。相反母语习得输出的信息量很大。第二，在学习英语的过程中，听、说、读、写四项基本技能的训练几乎同步进行，一旦儿童出现错误，教师会立即纠正。这样的做法很容易使儿童逐渐丧失英语学习的自信心。而儿童习得母语是先听，然后再说，最后是认读、写，是逐步进行的。在日常生活中，学习英语的儿童在课外环境中一般不用英语交流。

2. 儿童学习英语的优势

儿童心理学从不同角度对儿童语言学习的规律进行了全面的分析，行为主义者认为儿童可以被看成是对所受到的刺激和正负反馈有被动反应的白板，在"反馈—反应"的过程中完成学习。这一观点坚持"教"等于"学"，即学习是一种传授。相反，皮亚杰提出儿童是通过作用于自然和社会环境来积极地建构自己的观点。[1]儿童天生具有好奇心，他们总是充满热情，表现出极强的参与活动的愿望。如果儿童开心，感觉到所处的环境安全，那么，

---

①　BREWSTER J, ELLIS G, GIRARD D. 小学英语教师教学指南 [M]. 王晓阳,等译 . 北京:高等教育出版社，2005：27.

他们就会享受学习。和成年人比较起来，儿童学习英语具有以下优势：

（1）可塑性较强；

（2）擅长模仿；

（3）对新事物勇于尝试，好奇心强；

（4）对背诵诗歌、摇篮曲、听故事绕口令等活动表现出极大的兴趣。

小学教师在儿童的成长中起着重要的作用，英语教学不仅仅是在教一种语言，更重要的是要促进儿童的全面发展。在设计教学活动时，要通过不同的方式和儿童互动，创造和谐的氛围，让儿童感受到学习英语的乐趣，在此过程中开发学生的潜力，体会学习英语的意义。

三、学情分析的常用方法

（一）抽样的方法

学情分析中使用的抽样方法主要包括整体分析、整群分析和分层分析三种。若想了解某个班级整体的学习情况，可以逐个调查每个学生的情况，即整体分析。若想了解整个学校的学情，整体分析就不适用。虽然整体分析的工作量比较大、耗时较长，但是比较精确，分析效果也较好。教师在进行学情分析时，根据分析目的把学生分成不同群体，再来选择某一个代表性群体进行整群分析。这种分析方法简便易行，但分析结果精确程度不够。分层分析就是先把分析对象按某种属性进行分层，然后按照一定比例在每个层级中抽取一定数量的学生进行分析。这种方法相对来说比较合理，具备一定的科学性，对于大群体来说比较合适。

（二）调查的方法

1. 观察法

这里所说的现场是指自然常态下的教学现场，是教师有目的、有计划、主动地对学生进行调查的一种分析方法。教学现场有许多珍贵的教学片段供教师收集整理、思考改进。小学英语教师可以充分利用这些资源，在每一节课结束后都进行分析。这种分析方法简单易行，通过直接观察就可以准确把握学生的学习情况。

2. 访谈法

访谈法是教师询问学生或家长学习体验的方法。访谈法虽然能直接了解学生的感受和近期学习状态，但低年级的学生，他们很难对自己的感受进行客观准确的判断，有时家长的描述还可能带有个人主观偏见，甚至有时考虑到某些因素学生或家长会有所隐瞒。

3. 问卷调查法

问卷调查法常用在调查学生学习英语的兴趣方面，一般用于高年级学生。问卷调查存在的问题是，一是部分学生可能在答题时会错选，二是教师无法了解学生选择的深层原因。

四、学情分析的基本要求

（一）避免学情分析泛化、形式化

部分小学英语教师的教学设计中的学情分析形同虚设，学情分析也存在泛化现象。用对学生群体心理模糊性特征的分析代替对本班学生具体知识能力的分析，缺乏对学生具体学习困难的诊断和分析。有的教学设计中尽管写到了教学分析，但是却趋于空洞。请看下面学情分析的描述：

低年级的小学生认知水平较低，他们喜欢色彩鲜明的材料。他们活泼好动，比较喜欢游戏，喜欢表现自己并希望得到老师的表扬。

这样的学情分析是对本班学生在特定阶段的年龄特点和学习能力的判断，但是这种判断比较空洞，对于具体一堂课的设计的指导意义甚微。

本节课的不足之处在于学生对基本句型的运用不够灵活。这种分析显得空泛，流于形式，其原因可能是教师缺乏深入思考，也可能是教师缺乏有效的理论指导，缺乏经验。

教师需要进行更为详细的调查，例如导致学生对重点句型运用不够灵活的具体原因，是词汇量掌握较少或课堂练习时间较少，还是教师的示范例句太少或太难等。请阅读下面的学情分析案例。

案　例

Unit 2 My week (Part B Let's try & Let's talk)
人教版小学英语（义务教育教科书）五年级上册

学生已在第四课时学习并掌握了Saturday、Sunday这两个单词和do homework、read books、watch TV三个短语，同时还能够听懂句子What do you do on... 并用I often... 来回答，但是仅局限于口头的表达，缺乏对句型的熟练认读，不能正确、灵活地替换关键词去询问并回答周末的活动。因此，本节课的学习难点是在创设的和真实的情境中运用已学的短语和新句型谈论学习和生活。另外，在学习和掌握句型之前，Let's try部分的内容较多且易混淆，学生听起来有一定的难度，要注意引导学生仔细看图，细听录音，独立完成听音圈图的练习，为会话的教学进行铺垫。

上述案例中教师根据学生的原有学习基础及学习现状，设计出真实的情境，运用已学知识复习巩固，引导学生进一步学习，为学习新知识做好铺垫。

（二）避免学情分析脱离教学内容

有些教师只是在教学设计时简单地写出学生原有的知识基础，很少谈到具体的某一单元的学生的学习兴趣，以及教师在重点与难点的处理上如何满足不同层次学生的学习需求。

学情分析不准确、不深入、低效，使得学情分析与教学设计的其他部分相互割裂，毫无联系。请阅读以下学情分析。

案　例

Unit 3 My friends (Part A Let's learn)
人教版小学英语（义务教育教科书）四年级上册

　　有关体貌特征的话题学生在三年级下册 Unit 3 At the zoo 中就已经接触过了，并学习了描述人物或动物体貌特征的单词 tall、short、long、big、small 及句子 "I'm tall. You are short. It has big eyes and small ears." 等。本课要在此基础上进一步复习与巩固，并拓展该话题的广度和深度，增加词汇 quiet、strong、thin，以及句型 "I have a good friend. He/She is tall and strong."。由于四年级的学生年龄小，受已有的知识储备的限制，运用句型 "My friend is...He/She has..." 来描述自己的朋友是本节课的难点，所以设计了 Let's chant 歌谣，融交际用语和创设情境于真实的生活学习中，不仅使学生摆脱了枯燥无味的课堂，而且拓宽了他们的思维空间。

　　上述案例结合教学内容和学生已有的学习基础，精心考虑了有效激发学生学习兴趣的途径，案例中教师采用 My friend is...He/She has... 句型，设计了 Let's chant 歌谣，融交际和生活于一体。

实践探索

　　依据儿童身心发展特点和语言学习规律，结合学情分析的主要内容，分析3~6年级学生学习英语的特点及规律。具体要求如下：

1. 以儿童心理学理论和儿童语言学习规律为依据。
2. 能够根据不同年级的学生所呈现的年龄特征分析教师应采用的教学方法。
3. 实践练习：分小组探讨三年级学生学习英语的特点及规律，以微格教学的形式分组交流。

// 本章小结与拓展 //

知识精练

1. 小学英语教材的有效使用应以教材分析为前提。教材分析对设计教学目标、选择教学方法、优化教学过程有着非常重要的作用。教材分析的内容主要包括单元主题、语言点、目标要求、语言材料与活动、检测。基本方法有知识分析法、方法论分析法。教材分析的基本步骤包括研读课标、通读教材及分析内容。教师要学会取舍与调整教材、适当优化与补充教材、善于深化与拓展教材。

2. 学情分析是确定教学目标、选择教学方法和设计教学活动的依据，是"以生为本"理念的落实。学情分析的基本内容包括年龄特征分析，知识、能力水平和经验分析，学习态度分析、学习动机分析、儿童外语学习特点分析。常用的学情分析方法有抽样的方法、调查的方法。在进行学情分析时，教师要避免学情分析泛化、形式化，脱离教学内容。

深度思考

1. 如何分析教材？
2. 请调查两所小学英语教学情况，总结当前小学英语学情分析中存在的主要问题，并提出相应的解决策略。

推荐阅读

1. 钟启泉. 深度学习［M］. 上海：华东师范大学出版社，2021.
"深度学习"是21世纪型学校变革的风向标，也是我国教育部"新课程改革"以来一直倡导的教学指导方针。"深度学习"指向学生高阶智能的发展，以及健全人格的养成。因此，倘若离开了当代学习科学的指引，漠视"课堂转型"的挑战，却高谈阔论"深度学习"，纯粹是一句空话而已。该书旨在梳理"深度学习"的理论基础、实施模型、实践案例，从而为我国新时代教学理论的建构和一线教学助力。

2. 朱浦，祁承辉. 小学英语单元整体教学实践与研究［M］. 上海：上海教育出版社，2020.
该丛书是长达10多年的教学成果。该丛书记录了上海小学英语教师10多年来一以贯之的单元整体教学实践研究的轨迹，全面反映了从单元教学要素到单元整体教学设计，从单元整体教学设计到一节课的有效实施，从单元同材异构到学科核心素养导向的单元整体教学推进的历程。

第四章　　　　小学英语教学目标设计

知识地图

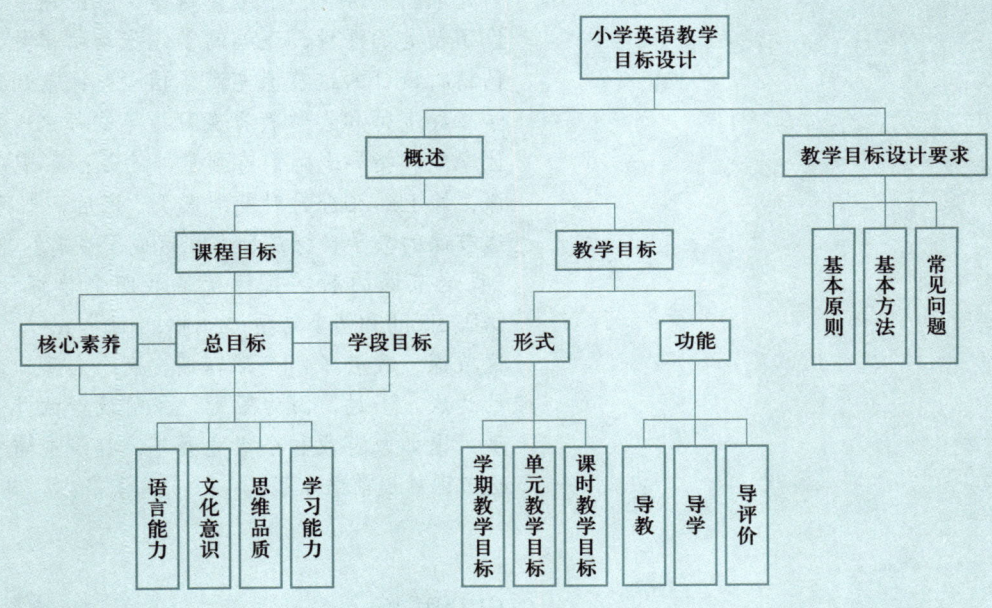

问题情境

提前结束的教学

李威是师范院校毕业班的一名学生，目前她正在一所农村小学进行教育实习，并承担了三年级两个班的英语教学工作。今天，她要教授的是人教版小学英语（义务教育教科书）三年级下册 Unit 3 At the zoo（Let's learn & Let's do）课时。在设计这节课时，李威使用情境教学法和全身反应教学法设计了诸如听唱儿歌、做游戏、小组竞赛等丰富的课堂活动，制作了精美的课件，还绘制了几张动物卡片。她对自己精心设计的这节课充满了信心，课前还邀请了小学指导老师和大学教育实习指导老师来听课。可是让李威和指导老师们感到意外的是：一节 40 分钟的课，她上到 20 分钟时就结束了。课后，老师们问她：这节课的教学目标是什么？达成了没有？李威回答："我这节课的教学目标就是教四个单词 fat、thin、tall、short 和两个句型 'Look at this ... ''It's ...'。这节课，我教了四个形容词、两个句型，教学目标已达成。不过，因为紧张，课前设计的几项教学活动，比如做游戏和小组竞赛等，都没有进行，所以这节课就提前结束了。"

启发思考

从李威的回答中可以看出，她认为：在课堂教学中，教师讲授完了知识点，就达成教学目标了。你同意李威的这一看法吗？你认为这节课没有上满 40 分钟的原因是什么？另外，你认为判断教师课堂教学是否有效的依据是什么？

前面章节中已经介绍了教学目标是在分析教学问题之后，教师根据教学目的、内容及学生实际而制定的一种具体要求和标准，也是教师预期的学生学习的结果。它是教学目的的具体化，是课堂教与学的方向，是判断教学是否有效的直接依据。本章将全面介绍小学英语课程目标、教学目标的基本内容，设计教学目标的基本方法和要求，从而促进教师教学设计能力的提升。

第一节　小学英语教学目标概述

学习目标

1. 掌握义务教育英语课程要培养的学生核心素养的内涵，掌握课程总目标、学段目标；

2. 能分析、描述课程目标与教学目标（学期教学目标、单元教学目标和课时教学目标）之间的关系；

3. 理解教学目标的功能，熟悉教学目标在教师教学和学生学习过程中发挥的作用。

小学英语教学目标是义务教育英语课程目标的具体落实，是学生经过小学阶段英语全部课程的学习，在语言能力、文化意识、思维品质和学习能力等方面所要达到的具体标准，是学生核心素养发展的总体要求。要正确理解小学英语教学目标，首先要了解课程标准，它是义务教育阶段英语教学的指导纲领，是教师进行教学设计的根本依据。

教学目标

一、课程目标

课程目标是通过课程学习，预期的学生行为与思想方式的变化、发展及其程度。《课标（2022年版）》将核心素养纳入课程目标，并指出英语课程围绕核心素养，体现课程性质，反映课程理念，确立课程目标。《课标（2022年版）》课程目标包括核心素养内涵、总目标和学段目标。核心素养、总目标和学段目标是教师进行教学设计、确定教学目标的重要依据。

（一）核心素养

1. 核心素养的发展

2016年9月教育部发布《中国学生发展核心素养》（如图4-1-1所示），标志着我国基础教育正式由素质教育迈入全面培养学生核心素养的新阶段。学生发展核心素养指学生应

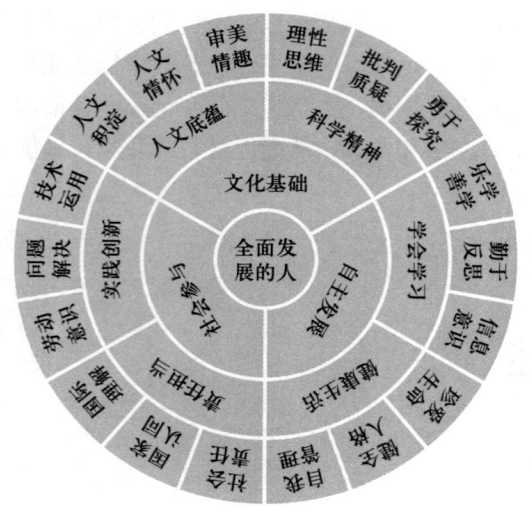

图4-1-1   中国学生发展核心素养

具备的，能够适应终身发展和社会发展需要的必备品格和关键能力，是关于学生知识、技能、情感、态度、价值观等多方面要求的综合表现。《中国学生发展核心素养》以培养"全面发展的人"为核心，分为文化基础、自主发展、社会参与三个领域，综合表现为人文底蕴、科学精神、学会学习、健康生活、责任担当、实践创新六大素养，以及这些素养所包含的人文积淀、人文情怀、国家认同等18个基本要点。

核心素养是"立德树人"教育方针的具体化，是连接宏观教育理念、培养目标与具体教育教学实践的中间环节。党的教育方针通过核心素养这一桥梁，可以转化为教育教学实践中可用的、教育工作者易于理解的具体要求，可以明确学生应具备的必备品格和关键能力。核心素养从中观层面回答了"立什么德、树什么人"的根本问题，引领课程改革和育人模式的变革。

随着"核心素养"概念的提出，各学科教学也逐渐实现从以知识为中心到以核心素养培养为中心的转变。2017年发布的《普通高中英语课程标准（2017年版）》提出了"学科核心素养"的概念，指出学科核心素养是学科育人价值的集中体现，是学生通过学科学习而逐步形成的正确价值观、必备品格和关键能力。英语学科核心素养主要包括语言能力、文化意识、思维品质和学习能力。由于义务教育阶段的课程并不都是基于某个学科开设的，例如劳动和综合实践课程，《课标（2022年版）》没有沿用"学科核心素养"的概念，而是提出英语课程要培养的"学生核心素养"。至此，核心素养更加突出以学生为中心，强调通过各学科课程教学培养学生的核心素养。各学科课程要培养的学生核心素养从微观层面回答了学科教学"培养什么人""怎样培养人"的问题。

2. 核心素养的内涵

《课标（2022年版）》指出，核心素养是课程育人价值的集中体现，是学生通过课程学习逐步形成的适应个人终身发展和社会发展需要的正确价值观、必备品格和关键能力。英语课程要培养的学生核心素养包括语言能力、文化意识、思维品质和学习能力等方面（如图4-1-2所示）。语言能力是核心素养的基础要素，文化意识体现核心素养的价值取向，思维品质反映核心素养的心智特征，学习能力是核心素养发展的关键要素。核心素养的四个方面相互渗透，融合互动，协同发展。

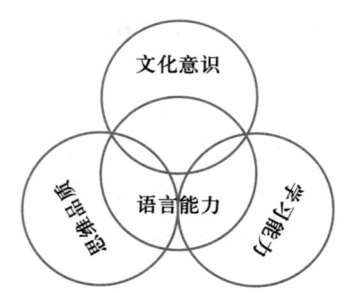

图4-1-2   核心素养目标结构图

（1）语言能力

语言能力指学生运用语言和非语言知识以及各种策略，参与特定情境下相关主题的语言活动时表现出来的语言理解和表达能力。英语语言能力的提高有助于学生提升文化意识、思维品质和学习能力，发展跨文化沟通与交流的能力。

这里的语言能力更接近于学生的语言交际能力。语言能力核心素养对教师教学设计的启示主要有三个方面。首先，课堂教学中要设计有学生参与的语言实践活动；其次，课堂教学中的语言实践活动要有特定的情境；最后，学生在活动中要能够表现出理解和表达意义的能力。语言理解能力主要指的是听、读、看的能力，语言表达能力主要指的是说和写的能力。语言能力核心素养要求学生学习英语不仅仅要学习语音、词汇、语法、语篇和语用等英语语言知识，还要能够运用这些语言知识进行有效地、得体地交流。

（2）文化意识

文化意识指对中外文化的理解和对优秀文化的鉴赏，是学生在新时代表现出的跨文化认知、态度和行为选择。文化意识的培育有助于学生增强家国情怀和人类命运共同体意识，涵养品格，提升文明素养和社会责任感。

语言学习中的文化意识主要指的是跨文化意识。文化意识核心素养对教师教学设计的要求主要有两个方面。首先，文化学习的内容是中外优秀文化，即课堂教学要包含中国文化，还要包含外国文化，外国文化不仅包括英语国家文化，还应该包括非英语国家文化。其次，文化学习的活动包括文化认知、文化态度和文化行为选择类活动。文化认知主要指的是对文化的理解，即对某一文化现象、产生原因和价值等的理解。文化态度包括学生对他人文化的态度和对自身所处文化的态度，例如是否认可，是否欣赏，是否接受。文化行为选择指的是在一定文化意识指导下做的事情或表现出的行为。文化意识核心素养对学生英语学习的启示是，要通过英语课程积极学习国内外优秀文化，形成文化鉴赏能力，并在跨文化交际中表现出恰当的行为。

（3）思维品质

思维品质是指人的思维个性特征，反映学生在理解、分析、比较、推断、批判、评价、创造等方面的层次和水平。思维品质的提升有助于学生学会发现问题、分析问题和解决问题，对事物作出正确的价值判断。

根据布卢姆认知目标框架，义务教育阶段学生的思维品质可分为理解、分析、比较、判断、评价和创造等不同的层次，且不同学生在每个层次上表现出的思维水平是不同的。思维品质核心素养对教师教学设计的要求有三个方面：一是，教师在课堂教学中要设计有思维含量的课堂活动，从而激发和调动学生的思维；二是，课堂活动要涉及不同层次的思维；三是同一层次的思维活动也要有弹性，体现出学生思维品质的不同水平，例如学生可以看图说出一句话，也可以看图说出一段话。思维品质核心素养对学生英语学习的启示是，在英语学习过程中要积极思考，并主动与他人交流自己的想法，在发现问题、讨论问题的过程中寻找解决问题的有效方法。

1956年出版的《教育目标分类学第一分册：认知领域》一书中，布卢姆等人按照从简单到复杂、从具体到抽象的序列，将认知领域的教育目标分为知识、领会、应用、分析、综合、评价六个类别。在2001年出版的《学习、教学和评估的分类学：布卢姆教育目标分类学修订版》中，安德森、克拉斯沃、梅耶和阿来萨等近10位专家将布卢姆原来的一个维度修订为包括"知识"和"认知过程"的两个维度分类框架，如表4-1-1所示。

表4-1-1   修订版教育目标分类

知识维度	认知过程维度					
	记忆	理解	应用	分析	评价	创造
事实性知识						
概念性知识						
程序性知识						
元认知知识						

（4）学习能力

学习能力指积极运用和主动调适英语学习策略、拓展英语学习渠道、努力提升英语学习效率的意识和能力。学习能力的发展有助于学生掌握科学的学习方法，养成良好的终身学习习惯。

学习能力核心素养对教师教学设计的要求主要有两点：一是，教师在英语教学中要注意培养学生的学习策略，这是发展学生学习能力的关键。《课标（2022年版）》指出，英语学习策略包括元认知策略、认知策略、交际策略和情感管理策略。二是，教师在英语教学中不仅要交给学生怎么学，还要拓展学生学习英语的渠道和资源。例如，课堂上教师带领学生学习发音的方法和技巧，课后可以为学生提供教师录制好的字母或单词发音短视频，还可以向学生推荐几个练习发音的手机App或者相关书籍。学习能力核心素养对学生学习英语的启示是：首先，要有主动学习、积极学习的意识，要能够有计划地开展学习；其次，要不断地对自己学习方式、方法的有效性进行反思，从而提升学习能力和效果。

如上所述，英语课程要培养的学生核心素养是学生在学习英语课程的过程中发展的素养。这些素养中，有的主要是通过英语课程得到发展的，例如语言能力；有的与英语课程的学习有特殊的关联性，例如文化意识；还有的可以通过英语课程的学习得到进一步的发展，例如思维品质和学习能力。总之，学生核心素养可以在英语课程中得到发展或应用。在英语课程中渗透核心素养可以增加学习的深度和广度。教师可以在英语课程教学中设计指向核心素养的教学活动。

3. 核心素养学段特征

为了促进对英语课程要培养的学生核心素养的理解，《课标（2022年版）》增加了对核心素养学段特征的描述。义务教育英语课程从"综合特征"和"分项特征"两方面分学段描述核心素养。综合特征体现核心素养的进阶性、综合性和整体性，分项特征从不同维度描述各学段核心素养的具体表现。核心素养在小学英语课程教学中的特征如下。

（1）综合特征

3~4年级

能在教师指导和帮助下完成学习任务。能理解日常生活中熟悉的简单语言材料，开始产生语感；能用基本的、简短的语言与他人交流，描述身边熟悉的事物。有主动了解中外文化的愿望，观察、感知不同国家或文化背景下的家庭生活、学校生活、社会生活等，具有身份意识和国家认同感。通过比较，识别各种现象的异同，尝试从不同角度观察世界。对英语学习产生兴趣，初步养成良好的学习习惯；在学习活动中尝试与他人合作，共同完成学习任务。

5~6年级

能在教师引导和启发下完成学习任务。能理解日常生活中常见的简单语言材料，初步形成语感；能围绕相关主题，用所学语言进行交流，表达自己的想法，实现基本的沟通与交流。感知与体验文化多样性，能初步了解与中外文化有关的具体现象与事物；涵养家国情怀，树立文化自信，形成正确的价值观和良好的品格。能初步独立思考，具有问题意识，能多角度、辩证地看待事物，对事物作出正确的价值判断，并有条理地表达观点。能根据学习进展情况调整学习计划和策略，初步找到适合自己的英语学习方法，基本养成良好的学习习惯；在学习活动中主动探究，与他人合作，共同完成学习任务。

核心素养学段综合特征是各个学段英语课程学习的总要求。以上表述显示，核心素养学段综合特征没有分段陈述核心素养的四个方面，而是将核心素养四个方面融合在一起，从整体上进行表述，这体现出了核心素养的综合性和整体性。此外，综合特征的要求从"3~4年级"到"5~6年级"不断提升，体现了核心素养学段的成长性和进阶性。

（2）分项特征

小学英语课程涉及的核心素养分项特征见表4-1-2至表4-1-5所示。

表4-1-2 语言能力的学段分项特征

学段	特征描述
3~4年级	能在教师指导和帮助下，围绕相应级别的主题，理解日常生活中熟悉的简单语言材料，识别、提取、梳理信息；运用所学语言与他人交流，描述熟悉的生活和身边的事物，并表明态度等，必要时借助模仿、重复、手势和表情等非语言手段，实现简单的沟通与交流
5~6年级	能在教师引导和启发下，围绕相应级别的主题，理解日常生活中常见的简单语言材料，领悟其基本意义，获取和整合基本的事实性信息，把握主要内容；运用所学语言与他人交流，传递信息，叙述事件，表达看法及观点，实现基本的沟通与交流

表4-1-3 文化意识的学段分项特征

学段	特征描述
3~4年级	能在教师指导和帮助下，观察、感知不同国家或文化背景下人们的生活、饮食和重大节日等，有主动了解中外文化的愿望；能通过图片、简单的语言材料（如歌谣、韵文等），获取中外文化的简单信息，对所学语篇的文化内容进行比较；能用简单的单词、短语和句子描述与中外文化有关的图片、熟悉的具体现象和事物。尝试比较和识别中外文化，具有身份意识和国家认同感
5~6年级	能在教师引导和启发下，初步了解与中外文化有关的具体现象和事物，对学习、探索中外文化有兴趣；通过常见的简单语言材料（如故事、介绍、日常对话、动画等），获取中外文化的简单信息，感知与体验文化多样性；能用简短的句子描述所学的与中外文化有关的具体事物；认同中华文化，发现和感悟其中蕴含的人生哲理或价值观，形成正确的价值观和良好的品格；初步具备比较和识别中外文化异同的能力

表4-1-4 思维品质的学段分项特征

学段	特征描述
3~4年级	能在教师指导和帮助下，注意观察、识别所学语篇中的语言和文化现象，发现各种现象的异同；能根据获取的信息，判断主要信息和观点；初步具有问题意识，尝试从不同角度观察世界，积极提出问题
5~6年级	能在教师引导和启发下，主动观察所学语篇中语言和文化的各种现象；通过比较，识别各种信息的相似性和差异性，发现并推断因果关系；能根据获取的信息，归纳、概括共同特征；具有问题意识，能提出自己的想法，有条理地表达观点；学会换位思考，尝试多角度认识世界，辩证地看待事物并对事物作出正确的价值判断；能初步进行独立思考，避免盲目接受或否定

表4-1-5 学习能力的学段分项特征

学段	特征描述
3~4年级	能在教师指导和帮助下，感受英语学习的乐趣；初步认识到英语学习和汉语学习的不同；初步感受英语的发音、语调等特点，并发现简单的拼读规则；能尝试通过模仿、说唱、表演等方式参与语言实践活动。能意识到英语学习需要大胆表达，不怕犯错；能意识到在交流中需要倾听，并有礼貌地表达自己的想法。能初步制订自己的学习计划并尝试努力完成；能发现同伴的学习优点并主动请教；积极参与合作学习，初步养成良好的学习习惯
5~6年级	能在教师引导和启发下，基本认识到英语学习的重要性，英语学习的兴趣增强；初步了解英语学习的特点和规律，尝试运用不同的英语学习策略提高学习效率，制订合理的学习计划并努力完成；根据学习进展情况对学习计划和方法进行调整和优化，初步找到适合自己的英语学习方法并加以运用；利用多种资源开展学习，初步形成自主学习的意识，基本养成良好的学习习惯

核心素养学段分项特征呈现了核心素养四个方面在不同学段的学习要求。无论是核心素养不同学段的"综合特征"还是"分项特征"都以"能"字开始，体现了核心素养对学生"能做事""能做人"的指标要求。核心素养学段特征是在解读核心素养内涵基础上，对核心素养在各个学段整体表现的描述，《课标（2022年版）》呈现了一个逐级进阶的指标体系，为教师设计学期教学目标提供了依据。

（二）总目标

英语课程总目标是对义务教育阶段结束时，学生学习本课程应达到的学业成就的预设或期待，是核心素养在课程中的转化与落实。围绕核心素养的四个方面，总目标分别对其提出了总体发展要求。《课标（2022年版）》指出，学生应通过本课程的学习，达到如下目标：

1. 发展语言能力。能够在感知、体验、积累和运用等语言实践活动中，认识英语与汉语的异同，逐步形成语言意识，积累语言经验，进行有意义的沟通与交流。

2. 培育文化意识。能够了解不同国家的优秀文明成果，比较中外文化的异同，发展跨文化沟通与交流的能力，形成健康向上的审美情趣和正确的价值观；加深对中华文化的理解和认同，树立国际视野，坚定文化自信。

3. 提升思维品质。能够在语言学习中发展思维，在思维发展中推进语言学习；初步从多角度观察和认识世界、看待事物，有理有据、有条理地表达观点；逐步发展逻辑思维、辩证思维和创新思维，使思维体现一定的敏捷性、灵活性、创造性、批判性和深刻性。

4. 提高学习能力。能够树立正确的英语学习目标，保持学习兴趣，主动参与语言实践活动；在学习中注意倾听、乐于交流、大胆尝试；学会自主探究，合作互助；学会反思和评价学习进展，调整学习方式；学会自我管理，提高学习效率，做到乐学善学。

上述表述显示，"核心素养"是《课标（2022年版）》的主旋律。核心素养是学生通过课程学习逐步形成的适应个人终身发展和社会发展需要的正确价值观、必备品格和关键能力，是学生在真实情境中做出某种行为的能力或素质。义务教育阶段英语课程的总目标是发展语言能力、培育文化意识、提升思维品质和提高学习能力。其中，发展语言能力要求学生通过语言实践活动，学习语言、积累经验、进行交际，即在运用语言的过程中学习语言。培育文化意识要求学生通过学习中外优秀文化，发展跨文化交际能力，形成正确价值观，坚定文化自信。提升思维品质的总目标指出，语言学习与思维发展是相互促进的，要通过语言学习认识世界，并提出义务教育阶段思维发展的内容和目标。提高学习能力的总目标从学习前、学习中和学习后三个阶段对学生英语学习中的行为表现进行了描述，并提出了提高学习能力的最终目标，即"学会自我管理，提高学习效率，做到乐学善学"。

课程目标的核心素养导向，有利于转变那种将知识、技能的获得等同于学生发展的目标取向，引领教学实践及教学评价从核心素养视角来促进和观察学生的全面发展。[1]素养与知识不同，它是知识、技能、态度的超越和统整。学生发展的核心素养决定一个国家未来的核心竞争力与国际地位。以核心素养为导向建设英语课程，是推进我国社会主义现代化、教育现代化和人的现代化的需要，也是贯彻党的教育方针、落实立德树人根本任务的具体体现。

（三）学段目标

学段目标是对本学段结束时学生学习本课程应达到的学业成就的预期，是总目标在各学段的具体化。义务教育英语课程分为三个学段，各学段目标设有相应的级别，即一级建议为3~4年级学段应达到的目标，二级建议为5~6年级学段应达到的目标，三级建议为7~9年级学段应达到的目标。各学段目标之间具有连续性、顺序性和进阶性。基于语言能力的小学英语课程学段目标如表4-1-6所示。

表4-1-6 语言能力的学段目标

表现	3~4年级/一级	5~6年级/二级
感知与积累	能感知单词、短语及简单句的重音和升降调等；能有意识地通过模仿学习发音；能大声跟读音视频材料；能感知语言信息，积累表达个人喜好和个人基本信息的简单句式；能理解基本的日常问候、感谢和请求用语，听懂日常指令等；能借助图片读懂语言简单的小故事，理解基本信息；能正确书写字母、单词和句子	能领悟基本语调表达的意义；能理解常见词语的意思，理解基本句式和常用时态表达的意义；能通过听，理解询问个人信息的基本表达方式；能听懂日常学习和生活中简单的指令、对话、独白和小故事等；能理解日常生活中用所学语言直接传递的交际意图；能读懂语言简单、主题相关的简短语篇，获取具体信息，理解主要内容

---

[1] 摘自 2022 年 4 月 21 日,教育部关于印发义务教育课程方案和语文等 16 各学科课程标准新闻发布会上北京师范大学教育学院教授郭华教授的发言。

续表

表现	3~4年级 / 一级	5~6年级 / 二级
习得与建构	在听或看发音清晰、语速较慢、用词简单的音视频材料时，能识别有关个人、家庭，以及熟悉事物的图片或实物、单词、短语；能根据简单指令作出反应；体会英语发音与汉语发音的不同；能借助语音、语调、手势、表情等判断说话者的情绪和态度；能在语境中理解简单句的表意功能	在听或看发音清晰、语速适中、句式简单的音视频材料时，能获取有关人物、时间、地点、事件等基本信息；能识别常见语篇类型及其结构；能理解交流个人喜好、情感的表达方式；能根据图片，口头描述其中的人或事物；能关注生活中或媒体上的语言使用
表达与交流	能围绕相关主题，运用所学语言，进行简单的交流，介绍自己和身边熟悉的人或事物，表达情感和喜好等，语言达意；在书面表达中，能根据图片或语境，仿写简单的句子	能围绕相关主题，运用所学语言，与他人进行简单的交流，表演小故事或短剧，语音、语调基本正确；在书面表达中，能围绕图片内容或模仿范文，写出几句意思连贯的话

如上表所示，语言能力学段目标从"感知与积累""习得与建构""表达与交流"三个维度对学生应该达到的一级和二级语言能力进行了规定，体现出对总目标中感知、体验、积累和运用等语言实践活动和听、说、读、看、写等语言技能的具体要求。

"感知与积累"维度主要涉及对语音、语调、句式、时态表达、日常用语和生活指令、语篇信息及书写规范等语言学习内容的感知、体验与积累。该维度属于对听、看、读等理解性语言技能的要求。例如读的技能，一级主要表现为跟读和读含有图片的简单的小故事，二级则是读简短的语篇。一级里也出现了"写"，但这里的"写"是理解性的书写而不是表达性的写作。

"习得与建构"维度主要涉及语言体验，包括理解语言信息、建构语言意义。其中一级主要通过听、看学习语言，二级主要通过听、看和说学习语言。这里"听"和"看"主要是学习音视频材料的方式和能力。其中，一级的"听"包括听指令、听英汉发音的不同，还有"听"或"看"出说话者的情绪和态度；二级是"听"或"看"出有关人物、时间、地点、事件等基本信息，"说"主要是看图说话。

"表达与交流"维度主要涉及语言运用活动，体现了对说和写表达性语言技能的要求。一级对"说"的要求主要是"语言达意"，而二级则要求在此基础上能够"表演"并且"语音、语调基本正确"。对于"写"的要求，一级主要是"仿写"句子，二级则是写"几句意思连贯的话"，也就是要撰写小短文。

基于文化意识的小学英语课程学段目标如表4-1-7所示。

表4-1-7   文化意识的学段目标

表现	3~4年级 / 一级	5~6年级 / 二级
比较与判断	有主动了解中外文化的愿望；能在教师指导下，通过图片、配图故事、歌曲、韵文等获取简单的中外文化信息；观察、辨识中外典型文化标志物、饮食及重大节日；能用简单的单词、短语和句子描述与中外文化有关的图片和熟悉的具体事物；初步具有观察、识别、比较中外文化的意识	对学习、探索中外文化有兴趣；能在教师引导下，通过故事、介绍、对话、动画等获取中外文化的简单信息；感知与体验文化多样性，能在理解的基础上进行初步的比较；能用简短的句子描述所学的与中外文化有关的具体事物；初步具有观察、识别、比较中外文化异同的能力

表现	3~4年级/一级	5~6年级/二级
调适与沟通	有与人交流沟通的愿望；能大方地与人接触，主动问候；能在教师指导下，学习和感知人际交往中英语独特的表达方式；能理解基本的问候、感谢用语，并作出简单回应	对开展跨文化沟通与交流有兴趣；能与他人友好相处；能在教师引导下，了解不同文化背景下人们待人接物的礼仪；能注意到跨文化沟通与交流中彼此的文化差异；能在人际交往中，尝试理解对方的感受，知道应当规避的谈话内容，适当调整表达方式，体现出礼貌、得体与友善
感悟与内化	有观察、感知真善美的愿望；明白自己的身份，热爱自己的国家和文化；能在教师指导下，感知英语歌曲、韵文的音韵节奏；能识别图片、短文中体现中外文化和正确价值观的具体现象与事物；具有国家认同感，对中华优秀传统文化感到骄傲	对了解中外文化有兴趣；能在教师引导下，尝试欣赏英语歌曲、韵文的音韵节奏；能理解与中外优秀文化有关的图片、短文，发现和感悟其中蕴含的人生哲理；有将语言学习与做人、做事相结合的意识和行动；体现爱国主义情怀和文化自信

如上表所示，文化意识学段目标从"比较与判断""调试与沟通""感悟与内化"三个维度对学生应该达到的一级和二级文化意识进行了规定，也是对总目标中"发展跨文化沟通与交流的能力""树立国际视野，坚定文化自信"的具体要求。

"比较与判断"维度主要是对文化知识认知的要求，内容主要涉及文化认知的意愿、文化认知的途径和方法、文化认知的表达以及文化认知的结果的要求。其中，关于文化认知意愿，一级是"主动了解"，二级是"有兴趣"；关于文化认知的途径和方法，一级是"教师指导""通过图片、配图故事、歌曲、韵文"并在"观察、辨识"中感知，二级是"教师引导""通过故事、介绍、对话、动画"并在"感知与体验"中感知；关于文化认知的表达，一级是"用简单的单词、短语和句子描述"，二级是"用简短的句子描述"；关于文化认知的结果，一级是具有"观察、识别、比较"的"意识"，二级是具有观察、识别、比较的"能力"。

"调试与沟通"维度主要是对文化沟通行为的要求，内容涉及沟通的意愿、交流的状态、交流中的注意事项和交流的结果。关于交流的意愿，一级是有"愿望"，二级是有"兴趣"；关于交流的状态，一级是"大方""主动"，二级是"友好相处"；关于交流中的注意事项，一级是"学习和感知人际交往中英语独特的表达方式"，二级是"了解不同文化背景下人们待人接物的礼仪"和"文化差异"；关于交流的结果，一级是"理解"并"作出简单的回应"，二级是"理解"并"体现出礼貌、得体与友善"。

"感悟与内化"维度内容涉及审美情趣、对优秀文化的认同和价值观的确立。审美情趣在一级主要指的是对"真善美"和英语"音韵节奏"、"中外文化"的感知，二级主要指的是对"中外文化"有兴趣和能欣赏英语"音韵节奏"；对优秀文化的认同在一级主要表现为对自己的身份、自己的国家和文化的认同和热爱，二级主要表现为对"中外优秀文化"的理解；价值观的确立，一级主要表现为能够识别出"中外文化和正确价值观"，对"中华优秀传统文化感到骄傲"，二级主要表现为能够感悟出中外优秀文化中"蕴含的人生哲理"并用其指导行为，形成爱国主义和文化自信。小学英语教学要在带领学生学习中外优秀文化的同时，引导学生树立文化自信，同时提升他们用英语讲好中国故事、传播好中国故事，展现可信、可爱、可敬的中国形象的能力。

基于思维品质的小学英语课程学段目标如表4-1-8所示。

表4-1-8   思维品质学段目标

表现	3~4年级/一级	5~6年级/二级
观察与辨析	能通过对图片、具体现象和事物的观察获取信息，了解不同事物的特点，辅助对语篇意义的理解；能注意到不同的人看待问题是有差异的；能从不同角度观察周围的人与事	能对获取的语篇信息进行简单的分类和对比，加深对语篇意义的理解；能比较语篇中的人物、行为、事物或观点间的相似性和差异性，并作出正确的价值判断；能从不同角度辩证地看待事物，学会换位思考
归纳与推断	能根据图片或关键词，归纳语篇的重要信息；能就语篇信息或观点初步形成自己的想法和意见；能根据标题、图片、语篇信息或个人经验等进行预测	能识别、提炼、概括语篇的关键信息、主要内容、主题意义和观点；能就语篇的主题意义和观点作出正确的理解和判断；能根据语篇推断作者的态度和观点
批判与创新	能根据个人经历对语篇内容、人物或事件等表达自己的喜恶；初步具有问题意识，知晓一问可有多解	能就作者的观点或意图发表看法，说明理由，交流感受；能对语篇内容进行简单的续编或改编等；具有问题意识，能初步进行独立思考

如上表所示，思维品质学段目标从"观察与辨析""归纳与推断""批判与创新"三个维度对学生应该达到的一级和二级目标进行了规定，呈现了语言学习与思维发展之间的关系，也是对总目标"认识世界、看待事物和有理有据、有条理地表达观点"的具体要求。

"观察与辨析""归纳与推断"都是学生"认识世界""看待事物"的方法。"观察与辨析"一级目标要求学生通过观察图片、具体现象和事物，获取信息；二级目标要求学生通过分类和对比，加深对语篇意义的理解，并能作出正确的价值判断。"归纳与推断"一级目标要求学生能够根据图片或关键词，归纳语篇信息，形成自己的想法和意见，并进行预测，二级要求学生通过识别、提炼、概括语篇的关键信息，理解语篇并作出判断。

"批判与创新"是学生"有理有据、有条理地表达观点"的方法。"批判"在一级表现为能够"表达自己的喜恶"并"初步具有问题意识"，在二级表现为能"发表看法""说明理由""能初步进行独立思考"；"创新"主要体现在二级要求中对语篇进行"续编"或"改编"。

基于学习能力的小学英语课程学段目标如表4-1-9所示。

表4-1-9   学习能力的学段目标

表现	3~4年级/一级	5~6年级/二级
乐学与善学	对英语学习感兴趣、有积极性；喜欢和别人用英语交流；乐于学习和模仿；注意倾听，敢于表达，不怕出错；乐于参与课堂活动，遇到困难能大胆求助	对英语学习有较浓厚的兴趣和自信心；能积极参与课堂活动，注意倾听，大胆尝试用英语进行交流；乐于参与英语实践活动，遇到问题积极请教，不畏困难
选择与调整	能在教师帮助和指导下，制订简单的英语学习计划；能意识到自己英语学习中的进步与不足，并作出适当调整；能尝试借助多种渠道学习英语	能在教师指导下，制订并完成简单的英语学习计划，及时预习和复习所学内容；能了解自己英语学习中的进步与不足；能在教师指导下，初步找到适合自己的英语学习方法；尝试根据学习进展调整学习计划和策略；能借助多种渠道或资源学习英语

续表

表现	3~4年级/一级	5~6年级/二级
合作与探究	能在学习活动中尝试与他人合作，共同完成学习任务；能在学习过程中积极思考，发现并尝试解决语言学习中的问题	能在学习活动中与他人合作，共同完成学习任务；能在学习过程中认真思考，主动探究，尝试通过多种方式发现并解决语言学习中的问题

如上表所示，学习能力学段目标从"乐学与善学""选择与调整""合作与探究"三个维度对学生应该达到的一级和二级目标进行了规定，也是对总目标中"主动参与语言实践活动"、学会"调整学习方式""提高学习效率"的具体要求。

"乐学与善学"是对学生英语学习状态的描述和要求。一级要求学生"感兴趣、有积极性"，二级要求学生"有较浓厚的兴趣和自信心"，两个级别对学生在学习英语过程中与人交流、参与课堂活动和遇到困难时的状态进行了详细的描述。

"选择与调整"是对学生英语学习方法的要求，内容涉及制订和调整学习计划、借助学习渠道和学习资源。一级主要要求学生能"制订简单的学习计划"，能"借助多种渠道学习英语"，二级要求学生在此基础上能"及时预习和复习"，能"找到适合自己的英语学习方法"，能"借助多种渠道或资源学习英语"。

"合作与探究"是对学生合作学习和自主探究两种学习方式的目标要求。对于合作学习，一级要求"尝试与他人合作"，二级则是直接"与他人合作"；对于自主探究学习，一级要求"积极思考""发现并尝试解决语言学习中的问题"，二级则提高到"认真思考，主动探究""尝试通过多种方式发现并解决语言学习中的问题"。

《义务教育课程方案（2022年版）》中指出，义务教育课程九年一贯设置，按"六三"学制或"五四"学制安排。小学阶段开设英语，起始年级为三年级；有条件的地区和学校可在一至二年级开设，以听说为主。"五四"学制3~5年级目标主要参照"六三"学制5~6年级目标确定，适当降低要求。"五四"学制6~7年级目标在"六三"学制5~6年级目标基础上合理提高要求，并结合"六三"学制7~9年级目标确定，使"五四"学制6~9年级目标进阶更加科学。

核心素养四个方面的学段目标均是通过三个维度呈现的，每个维度都是由两个要求构成的。这三个维度呈现出了明显的逐级进阶的发展要求，体现了学生核心素养发展的连续性、顺序性和进阶性。三个维度呈现的形式和内容与语言学习活动观中"学习理解""应用实践""迁移创新"三种不同类型、层层递进的语言学习活动相一致，是英语课堂发展学生核心素养的指引，是教师设计课堂教学活动的依据。学段目标也是教师设计单元和课时教学目标的依据。

二、教学目标

教学目标是学生通过学习在知识、能力和价值观等方面应该达到的程度，是教师教学活动将引起的学生内部心理和外部行为的改变。对教师来说，教学目标是教学的预期结果，而对学生来说，教学目标就是预期的学习结果。为此，教学目标也被称为学习目标。在教学实践中，教学目标通常分为学期教学目标、单元教学目标和课时教学目标。

（一）学期教学目标

学期教学目标是教师在研读教材的基础上，结合授课对象，所确定的一个学期的教学目标，主要体现在学期课程纲要中，是学期课程纲要中的"教学目标"部分。学期教学目标既是教师一个学期中的教学任务，是学生经过一个学期的学习所要达到的学习结果，也是学期教学评价的主要依据。请阅读下面的学期教学目标设计案例。

案　例

学期教学目标[1]
人教版小学英语（义务教育教科书）六年级下册

1. 语言能力

（1）能听懂日常学习和生活中简单的指令、对话或小故事等；在听或看发音清晰、语速适中、句式简单的音视频材料时，能获取有关人物、事件等的基本信息；

（2）能识别微博、书信、日记、邀请卡等常见语篇类型及其结构，能在语篇中理解所学词语的意思，理解比较级和过去式的基本形式和表达的意义；

（3）能结合语境，运用目标语就比较事物、询问身体情况、谈论过去发生的事情和告别晚会等主题展开调查，进行简单的交流，表演小故事或短剧，语音、语调基本正确；

（4）能围绕相关主题，根据图片内容或模仿范文，写出几句意思连贯的话，例如补全对话和信件、写日记、看图写话等。

2. 文化意识

（1）能在教师引导下，通过故事、对话、动画等语篇获取中外文化的简单信息，如下午茶、中西方鞋码标准等，能用简短的句子描述中国文化，如新疆风土人情、海南风光、嫦娥奔月、唐朝人的生活等；

（2）能在人际交往中，理解对方的感受，适当调整表达方式，体现出礼貌、得体与友善；

（3）能在教师引导下，理解与中外优秀文化有关的图片、短文，发现和感悟其中蕴含的人生哲理，如爱国、爱校，做好学习、生活规划，珍惜同学友谊等。

3. 思维品质

（1）能通过图片、声音提示进行合理推测、猜测；

（2）能比较语篇中的人物、行为、事物或者观点间的相似性和差异性，并进行正确的价值判断；

（3）能对语篇内容进行简单的续编或者改编。

---

① 本案例由郑州市新郑市新华路小学唐美娟、沈翠翠、王路路、赵秋峰、刘迪老师提供。

4. 学习能力

（1）能积极参与课堂活动或英语实践活动，活动中大胆用英语交流，遇到问题积极请教；

（2）能在教师指导下，初步找到适合的学习方法，能根据学习进展调整学习计划和策略，阅读课外英文绘本或简单的配图章节书，有喜欢使用的英语学习App；

（3）能与他人合作，共同完成学习任务，能认真思考，主动探究，尝试通过多种方式解决问题。

上述案例从核心素养的四个方面分别陈述了学生本学期要达到的学习目标。语言能力目标第一条是对学生听、看技能的要求，第二条是对读的要求，第三条是对说的要求，第四条是对写的要求。文化意识、思维品质和学习能力分别结合本学期所学语篇内容，按照相应学段目标的不同层级进行描述。

（二）单元教学目标

单元教学目标是教师根据教材结构和知识体系，结合学生实际设计的阶段性教学目标，它是学期教学目标的分解。教师可以根据教材编写的顺序进行单元教学设计，也可以在解读课程标准、分析学生实际水平的基础上，对各单元进行重组，以保证教学的顺利进行和教学目标的达成。请阅读下面的单元教学目标案例。

案　例

Unit 2 Last weekend 单元教学目标
人教版小学英语（义务教育教科书）六年级下册①

1. 语言能力

（1）能听懂教师指令、对话、反馈信、小故事；在听或看音视频材料时，能获取有关人物、事件等的基本信息；

（2）能读懂本单元对话、反馈信、微博、配图故事等语篇，理解过去式的基本形式和表达的意义；

（3）能在同学中展开调查，询问和交流周末活动；

（4）能根据图片，用动词过去式补全句子或信件。

2. 文化意识

（1）能合理安排周末活动，能利用周末时间做些家务劳动，关心长辈；

（2）能在交往中，理解对方的感受，适当调整表达方式，体现出礼貌和关心。

3. 思维品质

（1）能通过图片、声音提示进行合理推测、猜测；

（2）能根据Mike和John的周末活动，发表自己的看法，交流感受；

---

① 本案例由郑州市新郑市新华路小学唐美娟、沈翠翠、王路路、赵秋峰、刘迪老师提供。

（3）能根据吴斌斌一家住宿的经历，进行简单的续编。

4. 学习能力

（1）能借助思维导图理解语篇，概括Mike和John的周末活动，复述吴斌斌一家在旅馆住宿经历；

（2）能积极与同伴合作学习，主动分享自己的周末活动；

（3）能完成英文绘本阅读任务，完成故事配音。

上述案例从核心素养的四个方面陈述了本单元学生需要达到的教学目标。其中，语言能力目标按照学期教学目标的编排顺序，首先规定了听、看技能要求，再到读的技能要求，最后是说和写的技能要求，体现从理解性语言技能到表达性语言技能的发展要求。结合本单元对话、信件、微博、配图故事等语篇内容，文化意识、思维品质和学习能力目标分别体现了对学生核心素养不同方面的要求。

（三）课时教学目标

课时教学目标是教师为一节课所确定的教学目标，是一节课教学所要达到的结果，是单元教学目标的细化。课时目标的达成保证了单元目标的实现，而单元目标的实现最终确保了学期和课程目标的达成。

如图4-1-3所示，英语课程标准、学期教学目标、单元教学目标和课时教学目标呈现出自上而下、逐级递进的关系，上级目标制约和包含了下级目标，下级目标的达成是实现上级目标的保证。这也体现了教师如何在课程标准的引领下，进行从宏观到微观、从概括到具体的教学目标设计。

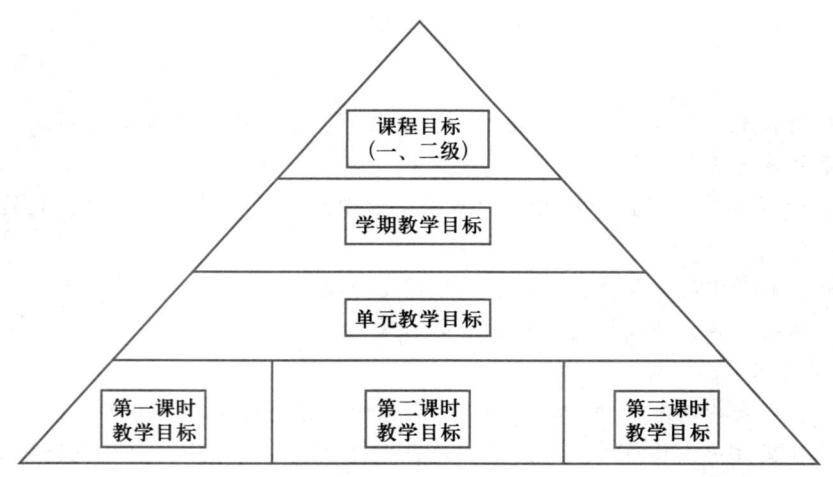

图4-1-3　小学英语教学目标框架

单元教学目标和课时教学目标的设计是教师在备课环节中需要仔细斟酌的项目，它们勾勒出课堂教学的轮廓。请阅读下面的课时教学目标案例。

案　例

Unit 2 Last weekend (Part B Read and write) 课时教学目标
人教版小学英语（义务教育教科书）六年级下册①

1. 能够通过课前讨论回忆相关背景知识及与酒店服务员工作职责的有关词汇；
2. 能在图片和教师指导下，进行简单推理，并在反馈信中寻找关键信息，根据获取的信息完成练习；
3. 能按照意群，用正确的语音、语调朗读语篇，并能借助思维导图复述反馈信的主要内容；
4. 能使用动词过去式补全课后反馈信的主要内容。

　　一个单元的教学往往需要若干连续的课时来完成。教师在设计课时教学目标时，要关注单元整体教学目标，注意各个课时之间的联系和学生能力的发展。例如，案例目标2是单元教学目标思维品质第1条在本课时的体现；目标3、4分别是单元教学目标语言能力第2、4条目标在本课时的体现。其中，目标1、2指向理解类活动，目标3指向实践类活动，目标4指向迁移创新类活动。这为教师的教和学生的学提供了针对性的指引。在单元整体教学设计理念引领下，每一个课时教学目标的达成都为实现单元教学目标而服务，是单元教学目标得以实现的基础和保障。

　　从上述课时教学目标设计中还可以看出，小学英语教学核心目标之一是语言技能目标。所以，当前的小学英语教学设计也并不强调每位教师都按照"知识、技能、情感态度"等分类方法设计课时教学目标，而是根据课程标准、教材内容以及学生情况，结合英语课程培养的学生核心素养，设计适合自己课堂教学的具体、可行的目标。

三、小学英语教学目标的功能

　　教学是有组织、有计划、有目的地展开的一系列教育活动。它从预先设定的教学目标出发，并以此为依据进行评价。所以，教学目标既是教学活动的出发点，也是教学活动的归宿，是将整个教学活动串联在一起的主线，是一节课的纲，在教学过程中起着导教、导学、导评价的功能。

（一）导教

　　教学目标的导教功能是指教学目标具有指导教师课堂教学的功能，引导教学过程向着达成目标的方向进行。教学目标确定后，教师就可以根据教学目标设计教学过程、选择教学方法和教学媒体。教学活动逐渐展开的过程也就是教学目标逐一落实的过程。下面请先阅读二维码中一名学生在教育实习期间做的教学设计，再阅读下文案例。

案例：教学目标导教功能设计

---

① 本案例由郑州市新郑市外国语小学刘银平老师提供。

案　例

Unit 6 How many? (Part B Let's learn)
人教版小学英语（义务教育教科书）三年级下册

本节课教学目标对课堂教学的指导作用如表4-1-10所示。

表4-1-10　Unit 6 How many?（Part B Let's learn）课时教学设计导教功能分析

教学目标	教学过程	教学方法	教学活动	教学媒体
目标1：在图片的帮助下，能说出数字 sixteen、seventeen、eighteen、nineteen、twenty，做到发音清楚，语调正确	Step Ⅰ 复习数字1~15	任务型教学法	1. 报电话号码 2. 看图说数字	幻灯片
	Step Ⅱ 学习数字16~20	任务型教学法	看图回答	幻灯片、动物图片
		全身反应法	读一读，扭一扭	
	Step Ⅲ 巩固数字16~20	游戏教学	1. 小组竞猜数字 2. 数字游戏	幻灯片、卡片、黑板
	Step Ⅳ 运用数字16~20	游戏教学	动物走秀游戏	幻灯片、动物图片
目标2：借助图片和板书，能听懂、会说句子"How many...can you see? I can see...."，并能正确朗读和在游戏中灵活操练对话	Step Ⅰ 学习句型	任务型教学法	学生看图，教师问："How many...can you see？" 学生答："I can see...."	幻灯片、动物图片
	Step Ⅱ 操练句型	游戏教学	小组竞猜：用"I can see...."回答	幻灯片、卡片、黑板
	Step Ⅲ 运用句型	游戏教学	扮演动物走秀，问："How many...can you see?"答："I can see...."	幻灯片、动物图片

从上述教学设计案例及其分析，可以看出以下几点：

（1）教学目标对教学过程具有指示作用。例如，目标1要求学生能说出数字16~20，教师设计了先复习学过的数字，再学习16~20，然后练习16~20，最后运用16~20解决问题的教学过程。

（2）教学目标对教学方法具有指示作用。针对目标1，教师尽量创造各种机会和条件让学生练习"数字"表达。例如，设计任务型教学法和全身反应法教学，为学生提供在活动中说出"数字"的练习活动。

（3）教学目标决定了教学媒体的选择。目标1和目标2决定了教学中所要使用的部分媒体形式，例如幻灯片和动物图片。另外教师在教学中还运用了黑板和卡片。

上述两个目标，一个涉及词汇学习，另一个涉及句型学习。目标1是目标2的基础，目标2是目标1的延伸。由于英语学习词不离句的特点，所以目标1和目标2同时指导着教学过程。但是，从表4-1-10中可以看出，教学过程前两个环节（Step Ⅰ和Step Ⅱ）的设计主要是为了达成目标1，后两个环节（Step Ⅲ和Step Ⅳ）则是为了达成目标2。

（二）导学

目标的导学功能指的是教学目标具有指导学生课堂学习的功能，引导学生的学习向着达成目标的方面进行。在教学过程开始时，教师明确地告诉学生教学目标，能引起学生的注意，并激发他们的学习动力和兴趣，使他们把注意力集中在要达成的目标上，有助于教学目标的达成。请先阅读二维码案例，再阅读下面的案例。

案例：教学目标导学功能设计

案　例

Unit 4 My home (Part A Let's talk & Let's play)
人教版小学英语（义务教育教科书）四年级上册①

表4-1-11是对教学目标导学功能的分析。

表4-1-11　Unit 4 My home (Part A Let's talk & Let's play) 课时教学目标导学功能分析

教学目标	学习重难点	学习过程及意图		学习方法
1. 在图片、录音、视频及老师的帮助下，能够理解对话大意	重点	Step Ⅰ	Look and say：引入对话中出现的单词 study room/kitchen/living room，为后面听录音做铺垫	练习法
		Step Ⅱ	1. Listen and say：让学生带着问题听录音，促进理解对话（听） 2. Watch and say：让学生带着问题看视频，促进理解对话（看） 3. Read and explain：教师带领学生边读、边讲解，确保学生理解对话（读）	
2. 能够按照正确的语音、语调朗读对话，并能进行角色表演	重点	Step Ⅲ	1. Listen and imitate：跟着录音朗读对话，帮助学生用正确的语音、语调朗读对话（读） 2. Role-play：同桌合作表演对话	练习法、小组合作学习
3. 在教师示范下，能够在情境中运用句型 "Where is ..." "Is she / he in..." "Yes, she/ he is. No, she / he isn't." 询问并回答某人或某物的位置	难点	Step Ⅳ	1. Make a new dialogue：教师示范为学生创编对话降低难度 2. Let's play：学生表演对话 挑选2~3组学生上台表演新创编的对话（说）	小组合作学习

---

① 本案例由郑州市二七区龙岗小学朱国平提供。

教学的过程也是学习的过程，从表4-1-11可以看出：

第一，教学目标决定学习的重点、难点。教学目标是依据课程标准、教材内容和学生学习情况制定的，它表述的是学生学习后应取得的学习结果。教学目标确定后，教学的重点难点也就确定了。案例让四年级的学生用正确的语音、语调朗读并角色表演对话不难，但是让他们重新创编对话就有难度了。所以，目标3的达成的确是一个难点。

第二，教学目标指导学习过程。本课时教师按照教学的基本流程设计了五个环节和较为丰富的课堂活动。Step Ⅰ 和Step Ⅱ环节中的课堂活动设计是为了达成目标1，Step Ⅲ 环节的活动设计是为了达成目标2，Step Ⅳ 环节的活动设计是为了达成目标3。这几项活动旨在锻炼学生听、看、读和说的能力。由于，听、看和读是语言输入的活动，说是语言输出的活动。所以，案例中的学习过程是按照听、看、读、说的顺序依次安排的。

第三，教学目标指导学习方法。目标2要求学生"能够按照正确的语音、语调朗读对话"。通过不断的练习，学生才能用正确的语音、语调朗读对话。所以，教师让学生跟着老师和录音多次朗读练习。而目标3要求学生"能够在情境中运用句型'Where is ...''Is she / he in... Yes, she/ he is. No, she / he isn't.'询问并回答某人或某物的位置"。这个目标对于四年级的学生有一定的难度。所以，教师让学生在小组合作学习中完成。

此外，案例中的三个目标呈现递进的关系，目标1属于理解层次，目标2属于应用层次，目标3则是对学生的提高性要求，也是对后续课时中学习内容的铺垫（Let's learn中将继续学习相关单词和句型"Where's... Is she / he in... Yes, she/ he is. No, she / he isn't."）。

教学目标具有导学功能。但是，教师呈现给学生教学目标的方式也应根据不同的学段而有所不同。对于小学低年级学生，教师不要生硬地在上课开始时宣布预先写好的几条目标，教师应以生动的语言告诉学生，某个课题或某个教学单元学完以后，他们将要获得什么新本领，获得哪些新知识，以鼓励他们努力完成学习任务。[①]

（三）导评价

教学目标导评价功能指的是教学目标具有指导课堂教学评价的功能。在教学准备中，教师设计的教学评价应该与教学目标相匹配。教师需要根据目标，设计适合的评价方案，以此来评判学生的学习过程和结果，促进教学的有效开展。请阅读下面教学评价案例。

案 例

Unit 3 My friends (Part A Let's learn) 的教学目标与评价（表4-1-12）

人教版小学英语（义务教育教科书）四年级上册

表4-1-12　教学目标与评价

教学目标	教学评价
1. 在听录音、看图或卡片的基础上，能够听、说、认读词汇short、strong、thin、quiet、friendly，做到发音清晰、正确；在熟读的基础上，会拼单词，并在四线格中正确、规范地书写单词	1. 针对教学目标1，借助录音、单词卡片，通过指名提问，请学生认读、书空、默写等方式，了解学生听、说、认读、书写词汇的水平

① 皮连生.教学设计［M］.2版.北京:高等教育出版社,2009:81.

续表

教学目标	教学评价
2. 在所学词语及句型、教师示范引导、指名描述的基础上，学生能熟练模仿句型"I have a good friend"和"She's /He's..."来描述自己的朋友，做到发音清晰，语音、语调准确	2. 针对教学目标2，教师通过示范引导、学生模仿、小组合作、指名提问、小组展示等方式，了解学生听教师的指令、要求和提问，以及灵活运用所学单词和句子来描述人物体貌特征的水平

上述案例只摘录了教学设计中的"教学目标"和"评价设计"两部分。其中，教学评价针对每一个教学目标展开。教师为不同的教学目标设计了不同的课堂评价方案，以验证目标的达成情况。从案例中可以看出：

第一，教学目标决定评价内容。两个教学目标中，一个涉及词汇学习，要求学生能听、说、认读、书写形容人物外貌及性格的词汇；一个涉及句型学习，要求学生能运用句型描述自己的朋友。所以，评价目标1主要检测词汇学习的结果，评价目标2主要检测句型学习的结果。

第二，教学目标决定评价方式。针对教学目标1词汇学习目标中"听、说、认读、书写"四个方面的要求，教学评价1分别采取了不同的评价方式：听单词录音、读单词卡片、书空、默写单词。针对目标2句型学习中"模仿句型I have a good friend 和She's /He's... 来描述自己的朋友"的要求，教学评价2采取了"教师示范引导、学生模仿、小组合作、指名提问、小组展示"等方式。

实践探索

以人教版小学英语（义务教育教科书）为例，结合第三章已学过的教材分析和学情分析内容，根据本章所述课程目标与教学目标的关系，选择一个单元，完成该单元教学目标设计，确定教学重点、难点。小组完成后，在全班展示。

第二节　小学英语教学目标设计要求

 学习目标

1. 能按照小学英语教学目标设计的原则、方法，叙写教学目标；
2. 能设计体现学生核心素养的教学目标；
3. 避免教学目标设计的常见问题。

教学目标设计是指教师根据教材分析和学情分析，确定教学活动预期达到的结果，是

教育目的、课程目标的具体化，也是教师完成教学任务所要达到的要求和标准。设计教学目标是教学设计中最重要也是最关键的一个环节。教学目标设计得是否科学、合理，将直接影响课堂教学质量。本节主要学习小学英语课时教学目标设计原则、方法及要求。

一、教学目标设计的基本原则

设计小学英语教学目标时，除了遵循第一章所讲的教学设计的几大原则外，还要遵循以下几个原则：

（一）关注学生核心素养的形成

教师在设计教学目标时应关注学生核心素养的形成，以学生在英语学习中学会了什么，能用英语做什么为出发点，以学生通过英语学习在语言能力、文化意识、思维品质和学习能力四个方面获得的发展和提升为目标，全面预判学生的学习结果。教学目标是学生的学习结果，学生是教学目标的主体。然而，教师在设计教学目标时，容易把"学习行为"和"学习过程"当作"学习结果"。例如：

Students will be able to:

(1) read and know about the two cities introduced in the reading passage；

(2) choose proper prepositions used with relative pronouns；

(3) learn some expressions to describe a city or a place；

(4) write a short passage about Beijing.

其中（1）、（3）条目标中"read and know about"（阅读和了解）和"learn"（学习）关注的均是学习行为、学习过程，而不是学习的结果。所以，目标（1）可以改为"read the passage accurately and memorize the two cities introduced in the reading passage"；目标（3）可以改为"use some expressions to describe a city or a place"。

请阅读下面教学目标表述内容，并尝试改写。

案　例

Unit 2 Will it be hot in Haikou?
外研版三年级起点四年级英语下册

1. 知识目标

（1）复习天气状况单词windy、sunny、hot、cloudy、cold、rain、snow；

（2）能够灵活运用句型"It will be... in...." "Will it be... in...?"会用"Yes, it will. / No, it won't."作相应的回答。

2. 能力目标

学会运用所学知识谈论未来的天气状况。

3. 情感目标

（1）培养热爱大自然的情感；

（2）通过小组合作、讨论、交流，感受把所学知识融入实际交往中的乐趣，产生积极的学习情感。

"复习""通过小组合作、讨论、交流""感受"等表达方式关注的都是学生的语言学习过程，而不是具体的语言学习的结果。此教学目标可以这样改写：

1. 能借助图片、天气符号和语篇信息，听懂录音中关于天气的信息，完成练习。（记忆、理解：语言能力）

2. 能匹配图片及其对应的天气符号，并用句型"It will be …"描述图片中的天气状况。（理解、应用：语言能力）

3. 收看天气预报，关注天气变化，能运用所学语言与同学谈论海口及其他国内外城市未来几天的天气状况。（应用、创造：语言能力、文化意识、思维品质）

4. 积极参加小组活动，合作完成"A Survey of Saturday Plans"调查任务，并向全班汇报调查结果。（分析、创造：学习能力）

改写后的教学目标没有采用三维目标的叙写方式，而是结合教学内容，分条表述。每条教学目标都标注出了涉及的课堂活动类型以及活动中培养的学生核心素养。由于教学目标"导教、导学、导评价"的功能，目标1中听录音、完成练习的活动，体现了"学思结合"的教学理念；目标2中"用句型'It will be …'描述图片中的天气状况"的活动，体现了"学用结合"的教学理念；目标3中"谈论海口及其他国内外城市未来几天的天气状况"和目标4中"调查任务"的活动都是"学创结合"教学理念的体现。

（二）关注学生英语语言基础

教师要依据学生的英语语言的基础设计教学目标。教师要在充分了解所有学生现有英语语言基础上，使教学目标的设计既能满足全体学生的学习需求，又能体现出学生之间的差异。小学英语课程肩负着促进学生全面发展的重任。由于学生在年龄、性格、认知方式、生活环境等方面存在差异，他们具有不同的学习需求和学习特点。这就要求教师设计具有一定弹性的教学目标，既能满足不同水平学生的英语学习需求，又给学生留下发挥的空间。请看下面的小学英语教学目标设计案例。

案　例

《课标（2022年版）》附录5教学案例3

1. 在看、听、说的活动中，获取、梳理对话中家务劳动的英语表达；（学习理解）

2. 在教师帮助下，分角色表演对话（程度较好的学生可以尝试转述、介绍三位小学生放学后的家务劳动）；（应用实践）

3. 简要评价对话中三位小学生的做法；（迁移创新）

4. 小组内交流个人家务劳动计划，并向全班汇报交流结果。（迁移创新）

　　只有最大限度地满足个体需求，才有可能获得最大化的整体教学效益。此教学目标设计的第一条是全体学生在教学过程结束后都应该完成的目标，而且同学们根据语篇会给出相对一致的答案。然而，从第二条教学目标开始，同学们就会因为个人学习程度、生活经历和生活经验的不同而呈现出不同的结果。例如，针对目标2，一般水平的学生可选择分角色表演、对话，程度较好的学生可以选择难度稍高的转述。这样的目标既面向了全体学生，又为不同层次和不同生活经历的学生提供了发挥的空间。请看下面的小学英语教学目标设计案例。

　案　例

Unit 2 My week (Part B Let's try & Let's talk)
人教版小学英语（义务教育教科书）五年级上册

　　1. 借助图片和板书，全体学生能听懂句子"Do you often red books in this park? No, I don't. Yes, I do."。95%的学生能够正确地仿读、朗读对话，做到发音清晰，语音、语调正确。

　　2. 通过"魔盒"游戏和Pair work活动，90%的学生能在创设的或真实的情境中正确、熟练、灵活地运用句型"Do you often ... No, I don't. Yes, I do."。

　　在充分分析学情的基础上，教师用全体、95%、90%表明了目标的达成率，同时显示了教师对全班的学情把握得非常清晰。这种设计方式让每位学生在学习结束后，不仅能够参照目标检测自己的学习结果，还能判断自己在班集体中的学习程度。案例中设计的教学目标既面向了全体学生，又尊重了个体差异。

（三）注重培养学生英语学习的兴趣

　　坚持培养学生学习英语的兴趣是教师设计小学英语教学目标时应该考虑的重要因素。为了确保学生持久的英语学习兴趣，教师一定要让学生从学习中获得成就感，让学生在每一堂课都有收获、有发展。"为了每一位学生的发展"是新课程的核心理念，它体现在教学设计中就是要求教师把握好教学目标的定位，使教学目标呈现出具有一定难度的学习要求。这个难度的把握需要教师认真分析学生的原有水平和现有能力，确立有利于逐步提高学生的基本语言素养和基本外语学习能力的教学目标。著名语言教育家克拉申的"i+1"理论指出教学要在学生原有水平"i"上加一个难度"1"。维果茨基"最近发展区"理论也强调，目标应该是在力所能及的范围内再稍作努力就可以达到。教学目标就像长在树上的"桃子"，教学过程的一切活动都是要"让学生跳一跳就能摘到桃子"。如果目标设置太低，学生无须蹦跳就能摘到桃子，就会使他们失去跳的动力，失去继续学习的兴趣，不利于学生的发展。相反，如果目标设置得太高，学生连跳数次仍然摘不到桃子，他们就会认为努力是无效的，最终丧失学习的兴趣，停滞发展。

（四）坚持SMART原则

SMART（Specific，Measurable，Achievable，Realistic，Timing）原则在这里是指教学目标设计的五个要求，即具体化、可测性、可达成性、可操作性和时间性。"具体化"指教学目标要说明学生在教学过程结束后能够用英语具体做什么。例如，用英语说出什么、写出什么或表演出什么等。"可测性"指教师设计的英语学习行为要便于检测。"可达成性"指教师设计的英语学习行为要让学生能够完成。"可操作性"指英语学习行为的设计要具体、避免笼统，越具体的教学目标操作性越强。"时间性"指教学目标中的英语学习行为能够在一定的时间内实现。表4-2-1是从多个教学目标设计案例中摘录的句子。

表4-2-1　教学目标表述示例[①]

	修改前	修改后
中文表述的教学目标	1. 能朗读并理解本课的内容	1. 能正确朗读课文并回答课后问题
	2. 能掌握基本的阅读技巧	2. 阅读中能通过略读（skimming）概括出文章的主要内容和段落大意，能够通过跳读（scanning）完成课后练习题
	3. 了解世界地图，知道世界上几个国家的城市	3. 能说出英国、美国、澳大利亚、新加坡等国家的首都
	4. 能按顺序正确认读、理解与月份相关的词汇，并能在相应的功能句中熟练运用	4. 能按顺序说出12个月份单词，并能够与同学交流彼此的生日信息
	5. 能通过小组间良性的合作和竞争，具备友好互助的精神	5. 能积极参与小组合作学习，完成本人在小组内的任务，并帮助小组内其他同学完成任务
	6. 具有乐观自信的学习态度	6. 能积极回答问题，按时完成课堂任务
	7. 能进一步提高英语学习的热情	7. 能积极参与课堂活动
英文表述的教学目标	1. Students can improve their listening ability	1. By listening, students can understand and answer the questions
	2. Students can fully master the words learned in this class	2. Students can read / spell the words learned in this class and make sentences with the words
	3. Students can understand the inter-relationship of the paragraphs and develop strategies	3. Students can draw a map of the paragraphs' structure

修改前目标设计中出现的句子都太笼统，不易于操作，也难以检测，更不能保证绝大多数学生在课堂学习结束后都能达成目标。此外，中文表述的目标3中的"了解世界地图"超出了《课标（2022年版）》的要求，不符合"可达成性"原则；中文表述的目标6中提到的"具有乐观自信的学习态度"和目标7中提到的"提高英语学习的热情"都不符合"时间性"原则，是无法通过一两节英语课实现的。英文表述的教学目标中，"improve their listening ability""master the words""understand the inter-relationship... develop strategies"等也不符合"具体化"和"可测性"原则。

---

① 表4-2-1由新郑市教研员张勇提供。

二、教学目标设计的基本方法

设计教学目标是在研读课程标准、分析教材和学情的基础上进行的。马杰提出教学目标应包括行为、条件和标准三个基本要素。在教学实践中，有的学者提出，应该在马杰三要素的基础上再增加一个主体，即对教学对象的描述。这样，一个规范的教学目标就包括了四个要素：对象（audience）、行为（behavior）、条件（conditions）和标准（degree），即ABCD要素设计方法。

A：对象（audience），教学对象。教学对象是学生，因此教学目标也称学习目标。

B：行为（behavior），指学习后学生能够达到的行为标准，即学生能够做什么，体现在听、说、读、写等方面的行为能力。这种行为是可观察、可测量的具体行为。

C：条件（condition），指行为在什么条件下产生。条件是影响学习结果的特定限制或范围等，主要有辅助手段或工具、提供信息或提示、时间的限制、完成行为的情境等。

D：标准（degree），评定行为是否合格的标准。标准是学生达到目标的最低表现水准，用以衡量学习表现或学习结果所达到的程度。

案　例

（1）在录音或老师范读的帮助下，学生 能听认、朗读单词friends、long hair、short
　　　　　　C　　　　　　　　　　　A　　　　　　　　　B
hair、thin、strong、quiet，做到元音发音清晰准确，并能在四线格内 正确 书写这6个词汇
　　　B　　　　　　　　　D　　　　　　　C　　　　　D　　　B
或短语。
　B

（2）借助创设的情境和提供的图片，以同桌或小组合作的方式，能用"Who is …?
　　　　　　　　　　　　C
He/She…."描述自己的朋友，至少描述人物的三个特征，做到表达清楚、完整。
　　　　　　　B　　　　　　　　　　　　　　D

从上述两个教学目标可以看出，设计教学目标时不需要按照ABCD的顺序呈现目标，同时教学对象即"学生"，还常常隐去。目标（1）中出现了"学生"，目标（2）中略去了"学生"。

ABCD要素设计方法适合设计包含外显行为的教学目标，例如认知类目标和动作技能类目标，但是用它来设计表述内隐心理变化的情感类教学目标比较困难。所以，下面在讨论ABCD要素设计方法的基础上，又添加了"内外结合的表述"方法。

（一）对象的表述

教学对象的
表述案例

教学目标描述的是学生学习的结果，而不是教师的教学行为。所以，目标中的表述的对象应是"学生"。在书面表达上，教学对象常常可以隐去，例如"能认读""能背诵""能叙述""能写出"等。这里"能"指学生能。

作为教师教学活动的对象，学生自然就成为了教学目标的行为主体。一

般可以使用"Pupils will be able to..."" 学生能够……"，也可以省略教学对象，直接用"能……"来表述。

（二）行为的表述

行为表述即说明学生在教学结束后能做什么，获得怎样的能力，如会唱歌曲 *Father and Mother*。行为表述中最关键的是动词。在设计课程教学目标和单元教学目标时，可使用一些含义较广的动词，如：知道、理解、掌握、欣赏等。但是，在设计课时教学目标时，要使用动宾短语，以准确地描述学生的行为。其中，行为动词说明学习的要求，例如"朗读""说出""仿写""列举"等；宾语说明学习的内容，例如"课文""有关家庭成员的单词""句子""动物名称"。这样就构成了教学目标中关于行为的表述：

（能）朗读课文，

（能）说出有关家庭成员的单词，

（能）仿写句子，

（能）列举动物名称。

在这样的动宾结构中，宾语与教学内容有关，教师能够很好地把握。由于教学目标中的行为应具有可观察、可测量的特点，所以描述行为最困难的是行为动词的选用。现把小学英语教学目标设计中可选用的中英文行为动词分别列于表 4-2-2 和表 4-2-3 中，供使用时参考。如果发现有其他合适的动词，可自己填写在表内相应的空白处。

表 4-2-2　小学英语教学目标设计可供选用的中文动词

教学目标类型	可供选用的中文动词
知识	识记、识别、记住、指出、列出、说出、写出、画出、标明、列举、选择、指认、辨别、辨认、背诵、简述、复述
	（用自己的话）说出、听懂、描述、解释、比较、举例、叙述、讨论、对比、表达、表述、表示、选出、判断、选择
	示范、运用、列举、探讨、提出、制定、组织、判断、设计、操练、编写
技能	模仿、学唱、表达、表演、展示、运用、使用、制作、实现、完成、达到、增进、发展、提高
情感态度与价值观	注意、选择、接受、赞同、感知、领悟、体会、体验、观察、关心、关注、参与、尝试
	接受、承认、支持、愿意、关注
	热爱、形成、养成、坚持、获得、遵守、重视、珍惜、乐于、敢于、勇于、善于

表4-2-3　小学英语教学目标设计可供选用的英语词语

教学目标类型	可供选用的英语词语
知识	write, read, recognize, study, master, grasp, know, write down, memorize, understand, show, extend, use, analyze, distinguish, judge, acquire, manifest, enlarge, expand, evaluate, apply, acquaint with, connect
技能	tell, express, read, retell, recite, write down, listen, observe, read aloud, speculate, conjecture, imagine, convey, choose, write, expand, write (continually), rewrite, find out, utilize, capture, extract, collect, modify
过程与方法	fell, try, experience, join, express (views), raise (questions), discuss, accumulate, plan, exchange, make plan, collect, share, cooperate, investigate, communicate, organize
情感态度与价值观	like, have a desire to do, experience, take pleasure in, dare to, resist, have interest in, appreciate, feel, like to, savor, respect, understand, distinguish, taste, care, develop, comprehend

请阅读下面的教学目标，注意行为的表述。

 案　例

Unit 2 My work (Part B Let's try & Let's talk)
人教版小学英语（义务教育教科书）五年级上册

1. 借助图片和板书，能<u>听懂</u>、会<u>说</u>句子"Do you often read books / ... in this park? Yes, I do. / No, I don't."并能正确<u>朗读</u>和在活动中灵活<u>操练</u>对话。

2. 根据<u>调查</u>问卷，同伴合作至少<u>创编</u>4句对话。

3. 能够通过角色<u>表演</u>表达对学校生活的<u>热爱</u>和对老师的<u>尊重</u>。

Unit 2 Last weekend (Part A Let's learn & Look and talk)
人教版小学英语（义务教育教科书）六年级下册

1. Students will be able to <u>read and memorize</u> the new words and phrases correctly: read a book, saw a film, had a cold, slept.

2. Students will be able to <u>use</u> sentence patterns to describe their past activities.

3. Students will be able to <u>arrange</u> their activities appropriately.

　　五年级案例三个目标的表述中，目标1、2涉及知识和技能目标的表述，目标3涉及情感类目标的表述，六年级案例呈现了教学目标的英语表述。无论是中文表述还是英文表述，无论是知识、技能目标的表述还是情感态度与价值观目标的表述，这三个目标中对行为的描述都表明了"学生在教学结束后能做什么"。

（三）条件的表述

条件是指学生完成规定行为时所必需的情境，例如，"在教师指导下……""在图片帮助下……""根据拼读规律……""根据例句提示……""通过英语动画片……""在小组内……""通过讨论……"等。条件的表述应该具体、明确。因为条件表明了在评价学生学习结果时的具体要求，如要求学生"借助自己的家庭照片，运用所学单词和句型介绍自己的家人"。小学英语课时教学目标设计中，条件常与"是否有辅助手段或工具""是否提供信息或提示""是否有时间限制"等问题有关。小学英语课时教学目标设计的条件主要包括下列因素。

（1）人的因素：个人独立完成、同桌合作完成、小组集体完成、在教师指导下完成等。

（2）设备因素：多媒体、录音机、黑板、实物、网络等。

（3）信息因素：图表、贺卡、海报、教材、笔记、板书、词典、录音、动作、手势、表演、网络等。

（4）时间因素：速度要求、时间限制等。

（5）提示因素：提供的思路、可以使用的规则等，例如"根据例句提示……""根据拼读规律……"等。

值得注意的是，学习活动本身常容易被看作为描述学习结果的一种条件，例如"通过两遍的阅读，学生能……"中"通过两遍的阅读"指的就是学习的过程，而非产生学习结果的条件，因为它不属于上述五种因素中的任何一种。请看下面两例教学目标的表述，注意其中关于条件的表述。

案　例

Unit 5 What does he do? (Part B Let's try & Let's talk)
人教版小学英语（义务教育教科书）六年级上册

1. 借助图片和录音，能够理解对话大意，并回答问题。

2. 在录音和老师的帮助下，能够按照正确的语音、语调及意群朗读对话，并能进行角色表演。

3. 借助图片和提示，能运用句型"Where does he work? He works ... How does he go to work? He goes to work ..."与同桌合作创编至少4句对话，做到用词准确、表达完整流畅。

Unit 5 What does he do? (Part B Let's read)
人教版小学英语（义务教育教科书）六年级上册

1. 通过读前活动，能够说出与话题相关的背景知识及话题词汇。

2. 通过阅读技能练习，能够在语篇中捕捉不同类型的信息，并回答表格中的问题。

3. 通过朗读技巧练习，能够在语篇中找到更多句中停顿现象，并能够正确朗读句子。

4. 通过对语篇学习，能够写出自己的爱好及未来想从事的职业。

上述两个案例的画线部分常常被看作是行为产生的条件。但是，从前面的论述中可以看出，第一个案例中的画线部分描述的是行为产生的条件，而第二个案例中的画线部分描述的是学习的过程，不是学习结果产生的条件。

（四）标准的表述

标准的表述是指教师在设计教学目标时，要说明学习结果的最低衡量指标。对行为标准的表述，应使教学目标具有可检测性。例如，"编写一段不少于50字的对话""能正确朗读单词""能写出简短的语句""进行简单的角色表演""运用英语进行真实自然的交流"等。教学目标预期的行为必须是绝大部分学生能够达到的行为。所以，测量学习结果的表现程度应是学生学习之后达到的最低表现水准，或者说，是至少2/3学生能够达到的60分标准。请看下面两个教学目标设计案例，注意标准的表述。

案 例

Unit 2 My family (Part A Let's learn & Let's chant)
人教版小学英语（义务教育教科书）三年级下册

1. 在听录音、看图或卡片的基础上，能够听、说、认读单词father、dad、man、woman、mother、mum，做到发音清晰、正确；在熟读的基础上，学生会拼写单词，并在四线格中正确、规范地书写单词。

2. 在所学词语及句型、教师示范引导的基础上，学生能熟练运用句型"Who's that ...""She's / He's my ..."来询问他人的家庭成员信息，做到发音清晰、语音、语调准确。

3. 能够在图片和录音的帮助下听懂并吟唱歌谣。

Unit 3 What would you like? (Part A Let's learn & Role-play)
人教版小学英语（义务教育教科书）五年级上册

1. 借助图片和板书，学生能听、说、读、写五种与饮料有关的单词：tea、ice cream、hamburger、salad、sandwich。

2. 能够正确地将五个单词及其词组运用到句型"What would you like to eat / drink? I'd like ..."中，做到发音清晰、语音、语调正确。

3. 能够模拟点餐对话并填写菜单，至少写出3种饮料。

上述两个目标中，画线部分都是对行为标准的表述，这些表述为评价教师教和学生学的效果提供了依据。

设计教学目标时，有些条件和标准较难区别，如上述案例中"在四线格中正确、规范地书写单词"的表述，既可以理解为学习结果产生的条件，也可以看作是学习结果的衡量标准。判断教学目标的主要依据是，它的表述是否说明了教师的意图，是否能用以指导教学活动与评价。如教学目标用以指导教学活动与评价，那么对条件和标准的判别并不重要。①

① 张祖忻,张伟民,刘美凤 . 教学设计：原理与应用［M］. 北京：高等教育出版社,2011：128.

（五）内外结合的表述

内外结合的表述（或"内外结合表述法"[①]）是指教师在设计教学目标时，用模糊词语加案例说明的方式描述内部心理变化的方法。行为目标追求目标的精确化、具体化，更适用于知识、技能的学习，而人的高级心理素质（价值观、理解、情感、态度、欣赏、审美情趣等）不只涉及行为，更主要关乎意识，这些心理素质不可能被预先具体化。[②]目标设计的ABCD要素设计方法虽然避免了传统目标表述的笼统性，但由于它未注意内在的心理素质和过程，因此教师可能会忽视学生内在的能力和情感的变化。为弥补行为目标的不足，教师可采用内外结合的表述方法，即先用"记忆、理解、掌握、运用、分析、创造、欣赏、尊重"等词语描述内部心理变化，然后列举相关实例，从而使这些内在心理变化可以观察和测量。例如，《牛津英语》3B Unit 3 Family Members 一课教学目标中的情感目标可以这样表述：

学生能感受到家是充满爱的地方，并能够：

（1）用一句话表达自己对爸爸、妈妈的爱；

（2）用一件小事举例说明爸爸、妈妈是如何爱自己的。

案例中"感受"是一个内在心理过程，无法直接观察和测量。（1）和（2）中表达的行为是"感受"的外在表现的实例，可以把它们作为教学目标已达成的证据。这样陈述的教学目标强调教学的总目标是感受，而不是感受目标下的具体行为实例。这样就避免了行为目标陈述可能导致的只关注行为而忽略内部心理变化的问题，同时也克服了传统目标陈述中的含糊性。

从以上讨论可以看出：在小学英语教学目标设计中，"对象的表述"是教学目标设计的重点，它体现出教师设计的课堂教学的中心是"学生学"还是"教师教"；"行为的表述"是教学目标设计的难点，小学英语教学目标的行为表述一定要说出"学生能够用英语做什么"；"条件的表述"和"标准的表述"都是对"行为"发生的环境和具体结果的进一步补充和完善，便于对"行为"进行评价和考核；"内外结合的表述"使教学目标的设计既能体现出外在的行为变化，又能体现出内在的心理变化。

以上目标都是教师预期的学生英语学习结果，是最低要求，也是教学效果的底线。然而，计划的教学目标并不是实际产生的全部教学结果。在实际的教学中，随着教学过程的展开和教学内容的不断深入，学生会有新的认识、新的思想，教学也会自然地生成新的目标。真正的教学结果一定是预设的目标（也可能改变）加上生成的目标。[③]预设目标是教师预先确定的，它关注的是教师的主导作用；而生成目标是学生在教学过程中主动生成的，它体现的是学生的主体作用。这就给教师提出了两个挑战：一是教师要给学生的自主活动和自由发挥留出时间和空间，从而体现学生的主体地位，为教学过程的动态生成创设条件；二是教师要充分发挥教学机智，应对课堂上随机生成的教学目标。

① 马兰, 张文杰. 教学设计 [M]. 北京: 高等教育出版社, 2012: 67.

② 彭海蕾. 我国教学设计研究的回顾与反思 [J]. 兰州: 甘肃社会科学, 2001 (3): 88-92.

③ 崔允漷. 有效教学 [M]. 北京: 高等教育出版社, 2009: 111.

三、教学目标设计的常见问题

教学目标在教学设计中所占的文字比例虽然不多，但其具有"导教、导学、导评价"功能，所以显得格外重要。教师要设计规范的、真正能够发挥其功能的课时教学目标，需要注意以下几个问题。

（一）目标主体要正确

目标主体即目标设计要素中的对象。教师在设计教学目标时容易忽略一个问题，即"目标主体是谁？"。教学中经常会出现教师自以为目标设置是以学生的学习为主体的，其实却是以教师的教学为主体的情况。请看下面两例教学目标，注意其表述中存在的问题。

案 例

Unit 3 My Friends (Part A Let's talk & Let's play)
人教版小学英语（义务教育教科书）四年级上册

1. 知识目标
······
（3）单词：Chinese，his 的认读及尾音，以及 he's 和 his 的发音区别。
2. 能力目标
······
（2）从语言片段到整个语篇，层层递进培养启发学生的思维能力和对语言的组合、调控、驾驭能力。
3. 情感、策略等有关目标
（1）情感态度：使学生懂得朋友多、快乐多的道理，教育学生珍惜友谊，乐于助人；懂得有快乐与家人分享。
（2）学习策略：注重合作，学会观察、提问等策略；培养学生创新精神和实践能力。

Unit 2 Last weekend (Part A Let's talk)
人教版小学英语（义务教育教科书）六年级下册

1. Knowledge aims: Learn to listen and get the main idea of the dialogue.
2. Ability aims: To train students' ability to read the dialogue in sense groups with correct pronunciation and intonation.
3. Moral aims: To help students to show concern for others in real life.

从上述两个案例中可以看出：教师混淆了目标的主体。虽然教学目标是教师预先设定的，但是它表述的是学生在经过一段学习后的具体学习结果。四年级案例使用的诸如"培养学生""培养启发学生""使学生""教育学生"等词语，说明的都是"教师准备做什么"，而不是"学生将要学到什么"。六年级案例Knowledge aims中learn to listen and get的行为主体是学生，而Ability aims和Moral aims中的To train students' ability和To help the students的行为主体则是教师。

在书面表述上，教学目标的主体学生常常隐去，但是在思想上要牢记，教学目标是针对学生所确定的。所以，教师在编写教学目标时要避免出现"为学生……""使学生……""让学生……""提高学生……""培养学生……"等以"教师"为行为主体的表述。

（二）目标内容要合理

目标内容即目标设计要素中的行为。目标内容合理是指目标内容要在《课标（2022年版）》规定的标准之内，要紧扣教材内容，要符合学生的学习情况，要能在规定的课时内完成，等等。过大、过多或过低的教学目标都是不合理的。请看下面的小学英语教学目标案例，判断其表述的教学目标是否合理。

案　例

Unit 3 What would you like? (Part B Let's try & Let's talk)
人教版小学英语（义务教育教科书）五年级上册

1. 知识目标
（1）能够听、说、读、写本课时的四会句子："What's your favourite food/ drink？""I love noodles.""They're delicious."，并能在情境中正确运用。
（2）能读懂对话，完成填充句子的练习。
2. 能力目标
（1）能够运用语言完成教师设计的任务型活动。
（2）培养通过自主阅读获取信息和处理信息的能力和阅读技巧。
（3）具有小组合作意识。
3. 情感、策略、文化等有关目标
（1）培养学生的合作精神和创新意识，通过以旧带新的方式自主阅读，同时注重合作学习。
（2）培养阅读策略，养成良好的阅读习惯。
（3）培养合理饮食的习惯。

这个案例中的"能力目标"与"情感、策略、文化等有关目标"中都存在目标设置过大的问题。"能力目标"中涉及的"获取信息和处理信息的能力""小组合作意识"都是无法在一个课时或者一个单元的学习中形成的。此外，其"情感、策略、文化等有关目标"中提到的"良好的阅读习惯"需要在教师长期的引导中逐渐形成，而"合理饮食的习惯"只能在日常生活中养成，怎可能在课堂教学中实现？这些目标明显是不合理的。

请看下面的教学目标设计，找出其中存在的问题。

案　例

Unit 2 Last Weekend (Part B Read and write)
人教版小学英语（义务教育教科书）六年级下册

1. 学生能正确朗读语篇文本。

2. 学生在教师的指导下，能通过粗读获取文本基本信息，同时通过精读体会：reading for learning, reading for fun and reading for thinking。

3. 学生能通过小组交互式的合作学习，掌握自主学习的方法，并能在小组交流中大胆进行语言实践。

4. 学生能了解一些有关英语邮件书写的基本格式。如：收信人和寄信人地址怎么写，信的开头与结尾怎么写。

5. 学生能够给manager写邮件，传达吴斌斌一家的反馈意见。

这个教学目标主要存在两个问题：一是设置过多，二是超出《课标（2022年版）》要求。虽然是六年级的学生，但在一节阅读课中也无法达成"正确朗读课文""掌握粗读、精读技巧""掌握自主学习方法""了解英语邮件书写格式""写邮件"这五项学习目标。其中"了解英语邮件书写格式""写邮件"这两个目标还超出了《课标（2022年版）》二级学段目标和课程内容的要求范围。

（三）目标条件要合适

目标条件即目标设计要素中的条件。目标条件要合适是指目标规定的行为发生条件要符合实际教学情况。教师在设计目标条件时，要充分考虑学校的教学条件、教室的教学设备、学生的生活与学习背景以及教师的自身条件等诸多因素。如果教师设计的目标条件不合适，教学将不能顺利进行。请看下面的教学目标设计案例，找出其中关于目标条件的表述。

案　例

Unit 2 My favorite season (Part B Let's try & Let's talk)
人教版小学英语（义务教育教科书）五年级下册

1. 在图片、录音和教师的帮助下，学生能够理解对话大意，完成练习。

2. 学生能够按照正确的语音、语调及意群朗读对话，并能进行角色表演。

3. 学生借助简笔画、照片，能够在小组内运用句型"Why？ Because I…"合作创编对话，询问并回答喜欢某个季节的理由。

目标1涉及三个条件，即图片、录音和教师，这就要求教师在教学准备中要确保能够提供相关的图片和播放录音的设备，同时为了帮助学生听懂对话录音，教师还要为学生设计"听"的活动支架，例如设计一个或两个问题，让学生带着问题听录音。目标3涉及另外两个条件，即简笔画和照片，这首先要求教师具备绘制简笔画的技能，同时还要求教师和学生都能拿出可以显示不同季节活动的生活照片。对于简笔画水平较差的教师来说，课堂上绘制的简笔画也许根本无法传递需要表达的信息。此外，由于手机拍照已经普及，让学生提供打印的生活照片显然不如让他们提供电子照片合适。而对于寄宿制学校的学生，让他们提供生活照片或许是不合实际的要求。所以，教师设计目标条件时一定要充分考虑实际的教学情况。

（四）标准要具体

标准要具体是指教师设计的教学目标要可观察、可测量。这就要求标准的描述一定要具体，便于教师的评价。然而，教师设计教学目标时，容易忽视关于结果的描述，有的甚至将教学内容和教学过程当作学习结果。请阅读以下两个教学目标设计，判断其中关于目标结果的表述是否合适。

Unit 2 My Favorite Season (Part A, Let's talk & Read and match)
人教版小学英语（义务教育教科书）五年级下册

- **教学重点：**
1. 词汇：season、spring、summer、autumn、winter。
2. 句型："Which season do you like best？"。
- **教学难点：**
1. 单词发音：spring。
2. autumn单词的读音和拼写。

案例中"教学重点"和"教学难点"列出的都是本课时的教学内容，没有提及这些内容的教学应达到的标准。这份没有标准的教学目标对教、学及评价的指导作用将大打折扣。

Unit 5 Part A What is it doing?
《牛津英语》五年级下册

1. Knowledge aims
（1）Learn the four sentences by heart: What is it doing? It's eating bananas. What is she doing? She's jumping.
（2）Use the sentences to ask and answer questions.
（3）Understand the sentence: The elephant is drinking water with its trunk.
2. Ability aims
（1）Use the main sentence structures in authentic/semi-authentic situations.

（2）Observe things carefully and highlight the ability of using the language creatively.

3. Emotion aims

（1）Love animals.

（2）Do everything wholeheartedly.

这个案例中目标结果的描述过于抽象，导致许多行为结果难以观察、难以测量，例如"learn... by heart""observe...carefully""using the language creatively""do ... wholeheartedly"。目标陈述句中的谓语和宾语是行为表现。这些行为表现要表明学生的学习结果，它应该是明确、具体、可观察、可测量的。

此外，编写教学目标时，建议使用能够直接反映学生学习活动的行为动词，例如"认读""背诵""说出""描述""介绍""模仿""参与""讨论""交流"等，这类动词意义明确、易于观察、便于检测。

教学目标是教学设计的核心环节，在教学工作中具有方向指引的意义。只有明确了教学目标，才能进行有效的课堂教学，确保课程目标的落实。

✎ 实践探索

结合上一节每个小组完成的单元教学目标设计，根据本节所学的设计教学目标的原则与方法以及要求，小组中每个成员选择该单元一课时教学内容，完成该课时教学目标的设计。个人完成后，在小组内讨论分享。

// 本章小结与拓展 //

知识精练

1. 核心素养是"立德树人"教育方针的具体化，它建立了核心素养与课程教学的内在联系。核心素养是课程育人价值的集中体现，是学生通过课程学习逐步形成的适应个人终身发展和社会发展需要的正确价值观、必备品格和关键能力。英语课程要培养的学生核心素养包括语言能力、文化意识、思维品质和学习能力等方面。

2. 教学目标既是教学活动的出发点，也是教学活动的归宿，是将整个教学活动串联在一起的主线，具有导教、导学、导评价的功能。在教学实践中，教学目标通常分为学期教学目标、单元教学目标和课时教学目标。课程标准是教师进行教学设计、确定教学目标的重要依据。

3. 教学目标设计的基本原则包括关注学生核心素养的形成、关注学生英语语言基础、注重培养学生英语学习的兴趣、坚持SMART原则。设计教学目标还应掌握关于对象、行为、条件和标准的表述方法，并运用内外结合的表述方法设计表示心理变化的教学目标。

1. 同样的教学内容，同一位教师讲给不同的学生或者由不同的教师讲给相同的学生，教师们设计的教学目标也会有所不同。对此，你是如何理解的？

2.《课标（2022年版）》课程理念中提出要"践行学思结合、用创为本的英语学习活动观"。你认为该理念对教师设计教学目标有什么指导意义？

1. 麦克泰，威金斯.理解为先模式：单元教学设计指南［M］.盛群力，沈组芸，柳丰，等译.福州：福建教育出版社，2018.

该书是为教师们设计的一本基于UbD理念的单元整体设计操作手册，旨在教会教师如何使用理解为先模式进行教学设计。书中对不同类型的教学目标进行了理论讲解和设计指导，有助于教师更好地理解教学目标的概念，把握不同类型教学目标的设计及其对课堂教、学、评的指导作用。

2. 程晓棠.核心素养下英语教学的理念与实践［M］.南宁：广西教育出版社，2021.

该书在解读核心素养下英语课程目标与内容等关键内容的基础上，重点探讨了核心素养下的英语课堂教学与学生能力培养等方面的理论与实践问题。其中对核心素养下的小学英语教学也进行了详细的阐述，有助于教师基于核心素养理念设计小学英语课堂教学目标。

第五章　　　　小学英语教学过程设计

知识地图

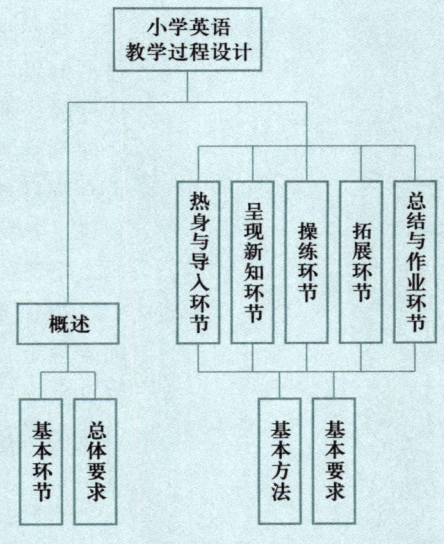

问题情境

教学的每一步都需要设计

郑州市金水区某教师参加区"希望杯"优质课大赛前，设计好教学过程，准备好教具，与学生见面，沟通良好，一切准备工作就绪。

比赛当天，该教师把孩子们带进阶梯教室。阶梯教室弧形的座位让孩子们很新奇，大家叽叽喳喳地议论着。由于只有十分钟的准备时间，该教师匆忙安排好学生，等最后一个孩子找到座位，上课铃就响了。

虽然课前准备有些慌乱，但没有影响课堂教学的顺利进行。该教师讲得激情澎湃，孩子们听得兴致勃勃，积极参与。然而，在最后游戏环节，该教师刚刚提出游戏要求，孩子们就一拥而上，狭小的讲台霎时就被挤满了。孩子们都很兴奋，该教师整顿课堂纪律浪费了一些时间，因此游戏只进行了一轮，下课的铃声就响了。

下课后，陪同该教师参加比赛的领导很遗憾地告诉她，最后一个游戏环节有待提高。该教师认为自己有能力把这节课讲好，失败应该归咎于孩子们的无序，如果是该教师自己班的学生，效果一定很棒。

这时，领导轻轻地说了一句"教学的每一步都需要设计"。该教师想，也许这就是她失败的主要原因。

启发思考

请结合案例中"教学的每一步都需要设计"这句话讨论：导致该教师最后游戏环节失败的原因是什么？如何设计好教学的每一步，避免出现案例中的问题？

教学过程是指教师为完成教学任务、达成教学目标所采取的步骤和方法，通过这个过程，学生学习语言知识、形成语言技能、发展情感、培养学习方法，开阔视野，提升文化意识。本章主要介绍设计小学英语教学过程各环节的基本方法和要求。

第一节　小学英语教学过程设计概述

学习目标

　　1.掌握小学英语教学过程设计的五个环节；
　　2.教学过程设计符合总体要求。

　　完成教材分析、学情分析和教学目标之后，接下来要进行教学过程的设计了。教师应根据课程标准要求，结合教学内容与实际生活，设计能够激发学生学习兴趣、贴近学生生活实际的教学活动。

一、教学过程的基本环节

　　教学过程是为完成教学任务，达成教学目标所采取的步骤和方法。教学过程是教学设计的主体部分，也是教学设计的重中之重。根据人类认识过程的普遍规律，以及小学英语学科特点，可大致将小学英语课堂教学过程划分为热身与导入（warm-up & lead-in）、呈现新知（presentation）、操练（practice）、拓展（extension）、总结与作业（summary & homework）这五个基本环节。

（一）热身与导入环节

　　热身与导入环节，是一节课教学活动的开始，是教师采用多种教学方法（通常采用自由交谈、吟唱歌曲和歌谣等形式）营造气氛，为新课呈现做准备的环节。

（二）呈现新知环节

　　呈现新知环节是教师运用语言释义、辅助说明或示范、演示等多种教学手段，借助简笔画、挂图、手势、实物、课件等创造情境与环境，介绍新知，让学生感知、体会、理解新的教学内容的环节。

（三）操练环节

　　操练环节是学生的练习环节，也是学生内化新知，加深对新知的理解并初步运用、形成语言技能的关键环节。教师要根据操练的内容和学生的实际情况，围绕真实情境和真实问题设计不同形式的操练活动，常用的操练方式有机械操练和意义操练。机械操练活动通过模仿，强化学生对新知的记忆。意义操练则通过有意义的信息交流，达到理解新知和初步运用新知交际的目的。

（四）拓展环节

拓展环节是复习、巩固、迁移创新的环节，是学生创造性地运用所学来解决现实生活中问题的重要环节。教师要根据教学需要，有目的地创设真实情境，组织活动，达到拓展、运用新知的目的。

（五）总结与作业环节

总结环节是教学过程的最后一个环节。总结环节中，教师通常要梳理知识点、重现教学重点与难点、评价学生表现，以加深学生对知识的记忆和理解。作业是课堂内容的延伸，是对已学知识的巩固和总结。

教学过程的这五个环节相互作用，共同构成了一节完整的英语课堂。然而，这五个环节并不是固定的，在教学实践中，教师应根据教学目标、教学内容、学习者需求、课型等因素灵活组织，优化组合各教学环节，创造性地设计教学过程，提升教学效果。

二、教学过程设计的总体要求

教学过程的五个环节在小学英语课堂教学中并非一成不变。教师可在把握教学过程设计要求的基础上，进行合理调整。

（一）以教学目标为导向

教学目标是一切教学活动的出发点和归宿，教学过程是为实现教学目标服务的，教学过程中所采取的方式和方法都需要依据教学目标而定，以教学目标为导向。在整个教学过程中，教学目标是纲，教学过程是目，教学过程是在教学目标的指引下展开的，背离教学目标或目标不明确，教学活动将失去方向，教学过程将失去目的性。

（二）环环相扣，由易到难

教学过程是由诸环节构成的一个完整、有序、有逻辑的系统，其中各个教学环节环环相扣，层层递进，相互依存。教师设计教学过程时应遵循"先易后难，先简后繁，由浅入深"的教学规律，使学生在学习过程中感受到自己的进步，获得成就感。

（三）以学生为主体，把教程变学程

教学过程不仅是教师教的过程，更应该是学生学的过程，教师作为教学活动的设计者，学生学习的指导者，应充分考虑学生的主体地位，考虑小学生的心理特点和认知规律，充分体现学生的主动性和创造性，使他们真正成为学习的主人。

小学生的心理特点是乐于接受新生事物、好奇、注意力时间较短，注意力易转移等。

教师设计教学过程应当符合小学生的年龄特征和学习特点，仔细审视教学设计的合理性和有效性，优化教与学方式，积极主动地为学生设计结构化、情境化、过程化的活动，创设一系列具有关联性、综合性、实践性等特点的英语活动，力争使每一个环节都能够激发学生学习的积极性，促进学生核心素养的有效形成和持续提升。

（四）以主题为引导，以活动为依托

教师要在教学内容的单元主题的引导下，挖掘主题的语言和育人意义。教学过程的设计要体现单元主题语篇之间的有机联系。

整个教学过程的设计要秉持让学生在体验中学习、在实践中运用、在迁移中创新的学习理念。教师通过精心设计的环环相扣的真实的情境活动和问题，帮助学生激活已知；建立知识间的关联，并在实践活动中内化、理解、运用所学语言和文化知识；引导学生运用所学来解决现实生活中的问题。

（五）灵活变通，应对变化

教学过程的设计是对课堂教学活动的预设，每个教师在课前都很难完全预测课堂教学中学生可能出现的反应和突发状况。例如，课堂上学生对某个问题表现出极大的兴趣，偏离教学目标，引发学生间的讨论；学生的回答与教师期待得到的答案不一致，无法顺利引入下一个环节；等等。因此，教师在课堂教学之前要广泛地收集资料，为每个教学环节设计多个预案，以灵活应对课堂教学中各种各样的意外事件。各个教学环节还应根据学生的反应、课堂变化情况等灵活调整，具有弹性，一旦在课堂上遇到"意外"也不至于手忙脚乱或束手无策。除此之外，灵活的教学环节设计还可以帮助教师在不同程度、不同班级的学生之间进行合理调整。

（六）贯彻"教—学—评"一体化理念

坚持以评促学、以评促教，将评价贯穿英语课程教与学的全过程。注重发挥学生的主观能动性，引导他们成为评价的设计者、参与者和合作者，自觉运用评价结果改进学习。

教学过程中，教师要精心设计教学活动和各个环节，并运用科学评价手段与结果，对学生学习表现及时提供反馈与引导，反思教学行为和效果。

实践探索

登录爱课程网，结合媒体链接中的教学设计案例，分组交流其教学过程体现了哪些设计原则，并以小组为单位呈现。具体要求如下：

1. 教学过程的设计是否以教学目标为导向？教学目标如何决定教学过程的设计？

2. 教学过程包含几个教学环节？各个教学环节衔接是否紧密有逻辑？请以任意一个教学环节为例说明。

3. 教学过程的设计是否充分考虑学生兴趣？请以任意一个教学环节为例说明。

4. 教学环节设计是否灵活、易于调整？请举例说明。

第二节 小学英语教学热身与导入环节设计

学习目标

    1. 掌握热身与导入环节的几种常用方法和设计的基本要求；

    2. 能根据教学目标和教学内容，选择合适的热身与导入方法，并完成具有针对性的热身与导入环节的教学设计。

热身与导入环节包含两部分，一是热身环节，二是导入环节。

一、设计热身环节

热身环节是一堂英语课的序幕，有助于吸引学生的注意力，营造学习英语的氛围。通过热身环节，教师可帮助学生复习和巩固旧知，降低学习新知的难度，为导入环节做铺垫。

（一）设计热身环节的基本方法

    小学英语课堂教学中的热身方法很多，教师需要根据教学目标、教学内容、学生的学习基础和态度、教学环境以及教师本人的优势等多方面因素综合考虑热身方法。下面介绍常用的热身方法：

案例：自由
谈话热身

    1. 自由谈话（free talk）

    英语课前的自由谈话一般是由教师发起，并由教师提问，学生进行回答。Free talk 重在 free，可以是简单的"Good morning.""What's the weather today?"等话题，也可以是与即将呈现的语言点相关的话题。热情的问候、亲切的交流有助于拉近师生之间的距离，消除学生的紧张感。这种方式，短时、高效，便于操控，可以很好地为下一个环节的呈现做铺垫。因此，这种方式在课前使用频率比较高。同时自由谈话便于和其他热身方法相结合，起到承上启下的作用。

    例如，某教师为人教版小学英语（义务教育教科书）五年级上册Unit 2 My week（Part B Read and write）的热身环节设计的教学活动就是自由谈话。学生在之前的学习中掌握了星期的表达和play Pingpong、read books、listen to music等一些活动类的短语，同时还能够听懂句子"Do you often...on..."并用"Yes./ No, I often..."来回答。本节课的学习难点是能在真实的情境中运用已学的短语和句型谈论学习和生活。该教师在热身环节中，设计师生、生生自由对话，由简单平实的"What day is it today"过渡到使用"Do you often...on..."得到否定的答案后，引出新的句型"What do you have on...?"进行询问，贴近生活，使学生将所学句型在交流中得以巩固运用。

2. 歌曲、歌谣、韵文（chant）

歌曲、歌谣、韵文是人类情感的一种表达形式。使用歌曲、歌谣、韵文可以提高学生兴趣，激发学习动机，创设英语学习氛围，使学生在优美的旋律中体会英语并培养语感，在轻松愉悦的气氛中进入学习状态，符合小学英语玩中学、乐中学的教学理念。小学英语教学中，教师应尽量选用与教材内容、本单元内容或本节课内容联系紧密的、生动活泼的和贴近生活实际的歌曲、歌谣、韵文。现行人教版小学英语教材中，每个单元都配有相应的歌曲、歌谣、韵文，是有效的热身材料。

案例：歌曲、歌谣热身

教师不仅可以选用教材中已有的歌曲、歌谣、韵文，还可以自己编写，甚至鼓励学生编写。一方面，可以检查学生对语言知识的理解和掌握，另一方面，还可以鼓励学生发挥想象力进行创作，拓展思维，使小学生的创造性得到充分的发挥。

例如，某教师在教学人教版小学英语（义务教育教科书）四年级下册 Unit 3 Weather（Part B Let's talk）就采用了歌曲热身。本课的目标是能够在语境中正确运用 "What's the weather like ..." 根据教学目标，教师选择了英文儿歌 *What's the Weather Like Today*？作为其中一个热身环节，意图调动学生积极性，不仅能让学生有效复习学过有关天气的单词，也为句型的拓展和运用做铺垫。

（二）设计热身环节的基本要求

热身环节作为课堂的第一个环节，对于整节课的重要性不言而喻。可以说，热身环节的成败关系到导入新课与呈现新知的顺利与否。热身环节的作用主要有：吸引注意力、激发兴趣、为后面的环节做铺垫。

首先，有效的课堂热身活动对于吸引学生注意力，缓解学生在语言学习时的紧张感具有非常重要的意义。小学生自控能力较差，上课之初，学生的注意力可能还没有集中到即将开始学习的内容上来，而有效的课堂热身活动可以吸引学生的注意力，使学生迅速投入到英语课堂学习中。

其次，中国学生在日常生活中缺少英语交流环境，尤其是上课之初，学生可能还沉浸在汉语的世界里，不利于英语教学的开展。因此，要在短时间内完成语言氛围的营造不是件容易的事。有效的热身环节有助于营造英语学习环境，活跃课堂气氛，激发学生对即将学习的语言知识的强烈兴趣，有助于学生尽快完成语言环境的转换。

最后，教学过程中的各个环节不是独立的，而是相互关联的整体。因此，有效的热身环节会为后面新知的呈现做好铺垫，尤其对于导入环节的进行具有非常重要意义。

因此，热身环节的重点、难点、时间控制应遵循以下基本要求：

1. 设计重点

热身环节是每节课的第一环节，也是导入之前的环节。因此，本环节在设计时要注意稳定学生情绪、吸引学生注意力。

2. 设计难点

（1）趣味性。小学生喜欢新奇有趣的事物。所以，热身环节要考虑学生的兴趣，活动的设计更丰富多样，富于变化，以此激发学生的主观能动性。

（2）梯度性。热身环节通常会有多个活动，教师在设计时应注意不同活动的难易程度，按照由易到难、由简到繁的原则，使不同程度的学生充分热身。

（3）生活性。热身环节的设计应以贴近学生的已知经验或知识，充分发掘相关的生活情境，使学生感受语言在日常生活中的作用，充分激发学习动力。

3. 控制时间

热身环节不宜过长，3分钟以内为宜。

案　例

Unit 2 My favorite season (Part B Read and write)

人教版小学英语（义务教育教科书）五年级下册

Warm-up: Let's chant. Teacher and students greet each other.

T: There are four seasons in our city each year. The seasons are spring、summer、fall、winter. (signal students to say with teacher together.)

Let's sing a chant about seasons.

Spring is green with flowers and songs.

Summer is red and the days are long.

Fall is golden and farmers are busy.

Winter is white and year is gone.

T: From the chant, we know that spring is green, summer is red, fall is golden, winter is white. The seasons are colorful.

设计意图：歌曲可以帮助学生理解四季的代表颜色（春天green，夏天red，秋天golden，冬天white）并帮助学生感知和理解单词colorful。

本课之前，学生已经通过Let's learn 和 Let's talk 的学习掌握了表示季节的单词，初步感知了句型"Which season do you like best？"。因此教师巧妙设计热身环节，选择了一首与四季有关的歌曲，用不同的颜色来代表不同的季节。此热身环节短小精悍，极富趣味性，既与实际生活相结合，避免学生对新课产生不适应，又由歌曲自然引入新课。

二、设计导入环节

微课：设计小学英语教学导入环节

导入环节，是指教师为呈现新知做铺垫的环节，是课堂教学中一个不可或缺的重要环节。新课导入是讲解新知识的序幕，也是教师衔接新旧知识的手段。课堂导入具有以下三个基本作用：第一，使学生初步感知新知。第二，调动学生学习的积极性，为新内容的学习做铺垫。第三，使学生在创设的语境中，初步理解新词语的意义，激发学生相关的生活经验和知识，使新知识的学习更顺利。

（一）常用的导入方法

新课导入的方法多种多样，但没有固定不变的形式。新课导入的方法只有根据教材呈现的教学内容与具体语言学习任务、学生的年龄特征与心理需求、教师的自身素质等灵活设计，才能获得最佳的教学效果。这里介绍几种常用的新课导入方法。

1. 语言导入

（1）温故导入

温故导入是教师通过帮助学生复习与新知有关的旧知，建立新旧知识的联结点，合乎逻辑、顺理成章地引出新知的一种方法。有目的地激活学生旧知，进入准备接受新知的状态是运用温故导入的关键所在。温故导入适用于连贯性和逻辑性较强的知识内容。

案　例

Unit 6 How do you feel? (Let's talk)

人教版小学英语（义务教育教科书）六年级上册

- Step 1 Settings　　　• Step 2 How do you feel?

Mom made your favorite food.　　　I feel /am happy.

Mike's brother broke his new toy.　　He feels /is angry.

Mary's cat is sick.　　　　　　　　Mary feels/is worried.

The girl walks in the dark woods.　　She feels/is afraid

　　设计意图：导入活动借助不同的语境激活学生关于描述情绪状态的语句和词汇，承上启下，自然过渡到新授课的学习准备中。

使用旧知引入新课并不是说可以随意不加选择地把旧知拿来作为引入材料，或者漫无边际地扩展开来。旧知的使用是为了给新知的呈现奠定基础。本案例中，教师用问答的方式让学生复习旧知，激活学生已有的关于描述情绪状态的语句和词汇。

（2）自由交谈导入

自由交谈导入是在新课内容呈现之前，师生用英语围绕一个和多个话题自由交谈，从而引出新内容的方法。这种导入方法朴实、自然、流畅，不需要过多的教学辅助手段。现行的几套小学英语教材中有不少的话题和场景，如购物、打电话、问路等，这些话题和场景接近学生生活实际且篇幅短小，教师可以充分运用这些话题和场景。这些材料不仅能够使课堂导入顺利进行，还有利于学生学习之后综合运用于实际生活中，增加学生语言实践的机会。

案　例

Unit 6 In the nature park (Part A Let's try & Let's talk)

人教版小学英语（义务教育教科书）五年级下册

T: Hello, children.

Ss: Hi, Ms. Sun.

T: How was your weekend ?

Ss: It was great/ wonderful/OK. How was yours ?

T: That's great. I went to a nature park in our city and took some pictures. Would you like to take a look ?

Ss: Yes!

(The teacher shows one of her picture.)

T: What's in the picture ? (Write "There is/are…" on the blackboard to give students a hint and wait for answers)

S3: There is a bridge over the river.

T: Great. And ?

S4: There are some trees.

T: Wonderful! What else ?

S5: There is a 小山. (Student doesn't know how to put "hill" in English)

(both students and teacher laugh.)

T: Good job! In English, "小山" is "hill". So today let's go to the nature—a forest, to see what we can find.

（3）故事导入

故事导入是教师利用学生爱听故事这一心理特征，在讲授新知之前，用学生能听得懂的语言，借助图片、动作、手势等辅助手段讲述故事的主要内容或其中的精彩片段，以激发学生的兴趣，吸引他们的注意力，为进一步学习故事做好心理准备的一种方法。故事对孩子的吸引力是无穷的，故事中的主人公即将遭遇什么，故事怎样发展，都是他们关注的焦点。所以一听到故事，孩子们就会兴趣十足，产生主动探索学习的欲望。

同时，故事是一个相对完整并且有语境的语言素材。学习一门外语，最好的方法是采用有意义、有语境的语言素材，这样便于学生理解语言的意义和语言的具体使用环境。请阅读下面故事导入设计案例。

案　例

Unit1 My day (Part A Let's learn)
人教版小学英语（义务教育教科书）五年级下册

T: Morning, everyone!

Ss: Morning, Ms. Zhang.

T: Do you like stories?

Ss: Yeah, I love/ like stories.

T: All right. I have a story for you—*The Town Mouse and The Country Mouse*

T: One day, the town mouse goes to his cousin's home in the country. The country mouse welcomes him warmly and gives him beans and apples to eat. The town mouse doesn't like the food and his cousin's small shabby home. He boasts his great home and wonderful food in the city. So he asks his cousin to visit his home. They reach the town mouse's home and eat jelly and cake in a big dinning room, where the owner of the house runs after them. The country house is almost scared to death and runs to his country home quickly. "My home is the best." They both think.

Which home do you think is good, boys and girls?

S1: I think the country mouse's home is good.

S2: I love the city mouse's home.

S3: Town home is good for town mouse, and country home is good for country mouse.

T: Excellent answer! That's true. Do you like your home? What's your home like? Next let's learn Unit 4 My home.

2. 游戏导入

游戏导入是教师在呈现新知前通过游戏调动学生兴趣、已有的知识和技能的一种方法。游戏环节中，无论年级高低，小学生都会热情高涨。设计一些与课文内容相关而又新颖的游戏，既可以作为呈现新知的引子，又可以缓解学生学习新语言知识的紧张心理，满足学生的表现欲和好奇心，调动学生的积极性；还可以作为吸引学生的兴趣点，让学生在愉悦的氛围中复习旧知，为新课的呈现做铺垫。

游戏导入的形式多种多样。按照游戏内容，将小学英语课堂导入环节的游戏主要分为字母类游戏、词汇类游戏、语音类游戏、句型类游戏等。

（1）字母类游戏

26个字母是英文学习的关键，扎实学好字母对以后学好英语至关重要。因此，字母游戏多用于低年级的学生。设计字母游戏，有助于学生巩固英语字母的正确书写顺序及其发音，为以后的英语学习奠定基础。

（2）词汇类游戏

词汇是语言的基石。因此，单词的学习和记忆是英语学习的重要组成部分。可以说，词汇学习贯穿小学英语教学的始终。课堂上设计单词游戏，可以充分调动小学生的各种感官，让学生在看、听、说、摸、动的过程中体会、理解单词，从而更好地记忆单词。

案 例

Unit 3 My friends (Part A Let's learn) 的游戏导入（表5-2-1）

人教版小学英语（义务教育教科书）四年级上册

表5-2-1 游戏导入

教师指导活动	学生主体活动	设计意图
1. 依次出示short 和 tall、long和short、big和small等闪卡，通过对比，引导学生理解这些词，实现"音、形、义"一体化；然后呈现与每对反义词相匹配的人物形象，让学生复习与体貌特征有关的单词	1. 通过闪卡识别描述人特征的词（音、行、意）	在说唱的基础上，将本节课需用到的词汇以闪词卡的形式让学生集中识词，为后面的语言输出做好铺垫
2. 先遮住单词让学生猜相对应的单词	2. 通过猜词卡游戏掌握相关词汇	

本案例是人教版小学英语（义务教育教科书）Unit 3 My friends 中的热身导入环节。本课的教学目标之一是在听录音、看图或卡片的基础上，能够听、说、认读词汇 short、tall、long、big、small。教师通过词卡、猜单词的方式复习单词，使学生情绪高涨，课堂气氛活跃，为后面的语言输出做好准备。

（3）语音类游戏

语音是听、说、读、写的基础。在导入阶段，设计短小精悍的语音游戏，例如适合低年级学生的认读音标游戏、听辨音标游戏和适合高年级学生的拼读游戏，既能训练学生正确的辨音和发音技能，又能让学生觉得课堂生动有趣。

（4）句型类游戏

句型教学是小学英语教学的重点，也是难点。小学英语句型教学强调掌握语言结构、淡化语法规则。在导入环节设计句型类游戏，可以激发学生用所学到的词汇和句型进行表达的意愿，并为在后面的环节中运用该句型打下基础。

3. 直观导入

直观导入可利用实物、挂图、简笔画、卡片、幻灯片、多媒体等多种教具。尤其是多媒体，它已成为英语教学的重要途径。直观教具给学生带来了直接、清晰的感受，增强了教学的直观性，从而降低了难度，提高了学生的学习兴趣。

案 例

Unit 6 Meet my family (Part A Let's talk)

人教版小学英语（义务教育教科书）四年级上册

（上课前，老师把小猪佩奇一家的照片贴在黑板上，戴着小猪佩奇的面具准备上课）

T: Good afternoon, boys and girls!

Ss: Good afternoon, Ms. Wang/ Peppa!

（听到有的同学直接用"Good afternoon，Peppa"，老师很开心，知道学生已经"入戏"。）

T: At first, I'd like to play a video clip for you.

（然后老师开始播放同学们很熟悉的 Peppa pig 的开头部分："I'm Peppa pig. This is my little brother, Gorge. This is mummy pig. This is daddy pig."）

T: All right. Every one, please meet my family!

教师用学生十分熟悉的动画片人物、视频来作为本课的导入，让学生秒"入戏"。同学们对动画片的熟悉和喜欢程度不但直接激发他们的表达欲望，而且降低了所学内容的难度。

4. 情境导入

情境导入是英语教学中最常用、最重要的一种新课导入方法。它把认知活动与其发生的实际生活情境有机结合起来，创设接近生活的真实语言环境，让学生在真实的情境中感知、体会和理解语言，有利于他们理解和巩固所学内容，缩短进入语境和在语境中运用所学语言的过程，同时也调动了学生学习英语的兴趣。

教师通过创设情境，可以让学生整体感知学习内容，使一节课都能在与学生的生活经验或社会阅历相符的情境中进行。

5. 全身反应法[①]导入

全身反应法是小学英语教学过程中常用的一种导入方式，是学生根据指令做出反应（如移动、动作）的一种教学方法。这种方法重视视觉、听觉、触觉等多种感官在语言学习中的作用。导入环节运用全身反应法能够为学生提供与实际生活紧密相连的学习环境，能有效促进学生左、右脑在语言学习过程中的协调发展，最终有利于发展学生实际运用语言进行交际的能力。

案　例

Unit 3 Look at me! (Part B 第四课时)
人教版小学英语（义务教育教科书）三年级上册

1. Let's sing "How are you", review "Hello! How are you?"
2. Teacher says and students do:

Close your eyes.

Open your mouth.

Touch your nose.

Touch your ear.

Touch your face.

设计意图：使学生有效地复习脸部的五个单词 ear、eye、nose、mouth、face，并掌握如何用英语表达闭眼、张嘴、摸鼻子、摸耳朵、摸脸等动作。

本案例中，教师在热身之后，使用全身反应法进行导入，有助于学生集中注意力，在轻松的氛围中高效复习，为新课打下良好的基础。

（二）设计导入环节的基本要求

设计导入环节应遵循以下要求：

1. 设计重点

（1）导向性。教学环节的设计应以实现课时教学目标为目的。因此，导入环节的设计应围绕一节课的教学目标进行，无论采用何种导入方式都应保证设置的问题情境指向本课时的教学目标。

（2）相关性。教师应注意以旧拓新、温故知新，使导入的内容与新授课的重点紧密相关，揭示新旧知识的关联。

2. 设计难点

（1）趣味性。导入的内容要尽量以生活、学习中具体的实物和事例为基础，做到情趣

---

① 全身反应法（Total Physical Response 简称 TPR）是美国加州圣约瑟大学心理学教授詹姆士·阿歇尔（James Asher）于 20 世纪 60 年代提出的。这种方法倡导把语言和行为联系在一起，通过身体动作教授外语。本书第七章第三节会详细介绍。

盎然，妙不可言，引人入胜，余味无穷。

（2）启发性。让学生从浅显易懂的事例中发现问题，教师进而从问题着手，引发学生认知冲突，激发其积极思维和解决问题的强烈愿望。

3. 控制时间

导入环节不是教学的主体，建议在5分钟以内完成。

案　例

Clothes

- Step Ⅰ Warm-up and review

1. Greet with the students.

2. Watch a fashion show

3. Review the words of clothes by mind-map.

- Step Ⅱ Present the task —Give Jack suggestions

Look! This is Jack. He is going to a fashion show. He wants to buy some clothes. How does his father give him suggestions? I want to buy some clothes, too. I hope at the end of the lesson you can give me some suggestions.

- Step Ⅲ Prepare for the task

Task 1 Find what clothes Jack can wear.

1. To predict what clothes Jack can wear.

2. Listen and check prediction. Teacher writes the answer on the blackboard. (Worksheet 1)

Task 2 Read and find the detailed information about the clothes.

1. Read and complete the table. (Worksheet 2)

2. Feedback and learn the new words: size、pocket and think.

Task 3 Give suggestions.

1. Give suggestions according to different needs by using "I think you can..."

2. Play a card game.

......

在英语课堂教学研究中，导入一直都是重要的话题，成功的导入环节，往往能达到事半功倍的效果。上述案例是一个全国小学英语课堂教学评比活动中的精彩案例。它的精彩之处在于：授课教师采取了任务型教学，简单的师生问候之后，教师引导学生观看fashion show，提出任务并有效地吸引学生的兴趣；随后通过思维导图活动复习与衣服有关的表达，为下一环节提出建议做好铺垫。这样的导入贴近生活，既调动了学生的积极性，又提出了实践性任务，无形中落实了本节课的教学目标。

实践探索

　　以人教版小学英语（义务教育教科书）三年级上册教材为例，任选一课时教学内容，结合第三章小学英语教材与学情分析和第四章小学英语教学目标的设计，根据本节所述设计热身与导入环节的基本方法和基本要求，最少运用三种方法设计该课时的热身与导入环节。具体要求如下：

　　1. 设计教学目标

　　在教材分析的基础上，能够从课程标准对三年级学生的要求出发，充分分析学生已经掌握的语言知识和语言技能，确定该课时的教学目标。

　　2. 设计教学过程

　　（1）根据教学目标，首先确定本课时教学内容；

　　（2）设计热身与导入环节：结合本课时教学内容，选择合适的热身与导入方法；

　　（3）依照设计热身与导入环节的基本原则，完成本课时热身与导入环节的文本设计。

　　3. 实践练习

　　（1）以学习小组为单位，讨论交流本人的设计；

　　（2）每个小组整理出一份设计文本，与其他小组交流。

第三节　小学英语教学呈现新知环节设计

 学习目标

　　1. 掌握呈现新知环节的基本方法和设计基本要求；

　　2. 能根据教学目标和需要呈现教学内容，呈现方法适宜。

　　呈现新知环节是教师运用各种手段向学生呈现新知，使学生感知、理解和认识新知语言项目的过程，是课堂教学过程的关键环节。

微课：设计
小学英语教
学呈现新知
环节

一、呈现新知环节的基本方法

（一）语言释义

　　语言释义是教师在呈现新知过程中使用最多、最为普遍的方法。语言释义的目的是帮助学生更清楚地理解和掌握所学语言知识。因此，在对词汇等相关语言知识进行释义时，教师应尽量采用较易于理解的、学生已掌握的词汇知识和句型，并在必要情况下配合肢体动作、黑板演示和各种教学媒体。

案 例

Unit 6 Meet my family (Part A Let's learn)
人教版小学英语（义务教育教科书）四年级上册

案例：呈现新知

T：Look! Father, mother, brother, sister, grandmother and grandfather. These people make a big and lovely family. Let's meet ***My family***. How do you address your father's or mother's brother? (Use this way to lead in the word "uncle". Let students know the meaning of uncle. Read after the audio. And I'll choose some students to read it. Then let students spell, read and try to recite it.) For example, This is my uncle. He is tall and strong. (Let students make some phrases or sentences.)

T: We call our father's or mother's brother "uncle". But how to call our father's or mother's sister? (Lead in the word "aunt". Let students know the meaning of aunt. Read after the audio. And I'll choose some students to read it. Then read it in groups. Let students spell, read and try to recite it. For example, I have an aunt. Let students make some phrases or sentences.

教师接下来以相似的方式呈现cousin、baby brother、parents。

　　这个案例是一节词汇课，该课教师采用的是比较传统的呈现方式——语言释义。学生在三年级已经学习过father/dad、mother/mom、brother、sister、grandfather/grandpa、grandmother/grandma这些家庭成员的单词，为新知识的学习做好了铺垫。本课学习的uncle、aunt、cousin、baby brother、parents，这些新单词贴近生活，真实有趣，因此教师采用的是语言释义的方式。由此可见，采用什么样的呈现方式要依据具体的教学内容、课型等来定，而不是为了活动而活动，为了新颖而新颖。同时，讲授单词过程中，针对小学生注意力时间短、遗忘快的特点，采用呈现与操练交叉进行的方式，是比较科学的。

（二）示范（演示）

　　示范或演示是教师在课堂教学中经常运用的一种呈现方式，目的是向学生传递新的语言信息、讲解语言知识，同时指导学生感知、理解和掌握所讲解的语言知识。在示范（演示）的过程中，教师需要借助简笔画、挂图、手势、实物、对话、表演、音频等创设感知和理解语言的情境，同时结合语言释义向学生介绍新的语言材料，如示范词句的发音、解释词义、示范词句的书面形式及解释语言结构的功能，等等。此时，教师既是讲解者，又是示范表演者，教师的示范讲解清晰生动，有利于激发学生的兴趣使学生能够准确、快速地理解新的语言材料。

案　例

Unit 3 My friends (Part A Let's learn)
人教版小学英语（义务教育教科书）四年级上册

教学环节：Presentation

1.（PPT呈现图片）区分 tall 和 short。

2.（PPT呈现图片）具体描述："She is tall.""He is short."。

3.（PPT呈现更多的人物图片）通过图片描述，进一步使用"He is _____.""She is _____."。

4.（PPT呈现"安静"的孩子和"不安静"的孩子的图片）以班里比较安静的同学为例，示范其用运："Zhang Jie is _____."。

5. 请两个学生起立，向大家提问"Who is quiet?""Who is not quiet?"，学生回答"She / he is _____."。

6.（PPT呈现教室和学校的图片）quiet 还可以形容场所、环境。

7.（PPT呈现卡通人物图片）讲解 strong 和 thin。

8.（PPT呈现学生表现"友好"的图片）讲解 friendly。然后通过两个学生对待新同学的态度表演 friendly 的情景，并引导学生说出"Who is friendly?""Who is not friendly?"。"Student A is _____.""Student B is not _____."

9. 小组讨论单词 fat 和 strong 的区别。

上述案例中，教师在设计新知呈现环节时，充分利用多媒体辅助词汇教学，使原本陌生的单词在图片的帮助下变得形象、生动、直观。

二、设计呈现新知环节的基本要求

在小学英语课堂教学过程中，呈现新知是教学活动的重要环节。教学目标能否达成、重点难点能否突破、课堂教学是否具有实效，以及小学生对新知识的理解与掌握能否达到预期的效果等，都与呈现新知环节有着密切的关联。因此，呈现新知环节中，教师既是讲解员，也是示范表演者。清晰、生动地呈现新知，有利于学生准确、快速地获取新的语言材料，掌握新的语言知识。设计新知呈现环节要注意如下要求：

案例：新知环节教学设计

1. 设计重点

（1）立足教材。教材是教师进行教学活动的重要依据。因此，要灵活运用教材，既不脱离课本，又不完全照搬，举一反三，循序渐进。

（2）方法多样。新知呈现的方法应多样化，根据教学实际需要，运用多种方法，激发学生兴趣。

（3）语言通俗易懂。小学生掌握的英语语言知识是有限的，课堂教学中以传授新知为主要目标。因此，使用语言应简洁易懂，一般不用学生未学过的词汇，必要时可使用母语辅助讲解。

2. 设计难点

（1）直观性、趣味性和启发性相结合。教师应采用一些实物、卡片、图片或创设情境，将新知与日常生活联系起来，既生动有趣，吸引学生的注意力，又能培养学生的想象力。

（2）新知呈现与操练交替进行。小学生活泼好动、接受能力强但遗忘较快，因此教师应注意将新知呈现与操练交替进行，以及时纠正学生存在的发音、语言语调等方面的错误。

3. 控制时间

以15~20分钟为宜。

------- 实践探索 ------------------------------------

以人教版小学英语（义务教育教科书）三年级上册教材为例，任选一课时教学内容，结合第三章小学英语教材与学情分析和第四章小学英语教学目标的设计，根据本节所述设计呈现新知环节的基本方法和基本要求，至少运用三种方法设计该课时的呈现新知环节。具体要求如下：

1. 设计教学目标

在教材分析的基础上，能够从课程标准对三年级学生的要求出发，充分分析学生已经掌握的语言知识和语言技能，确定三年级上册该课时的教学目标。

2. 设计教学过程

（1）根据教学目标，首先确定本课时教学内容。

（2）设计呈现新知环节：①结合本课时教学内容，确定需要呈现的语言内容是什么；②根据需要呈现的内容，选择合适的呈现新知的方法。

（3）依照设计呈现新知环节的基本要求，完成本课时呈现新知环节的设计。

3. 实践练习

（1）以学习小组为单位，讨论交流本人设计。

（2）每个小组整理出一份设计文本，与其他小组交流。

第四节   小学英语教学操练环节设计

学习目标

1. 掌握操练环节的基本方法和设计基本要求；

2. 能根据教学目标、学情和需要操练的内容，选择合适的操练方法，并完成具有针对性的操练环节的文本设计。

操练是小学英语课堂教学的基本教学活动形式，是学生将所学的语言知识转化为语言技能的重要途径。课堂操练从形式上分为机械操练和意义操练。机械操练强化学生对新知的记忆。它包括跟读、朗读词语和句子以及简单的替换练习等，机械操练旨在帮助学生准确、熟练地掌握语言的形式与内容，为意义练习和拓展奠定基础。意义操练是在机械操练的基础上，通过游戏或交流信息，使学生达到运用新知交际的半控制性操练。

微课：设计
小学英语教
学操练环节

一、操练环节的基本方法

（一）机械操练

机械操练是常用的一种操练方式，有以下几种形式：

1. 全班操练

案例：操练
环节

全班操练是指教师在呈现教学内容后，引导全班学生跟着教师或录音齐声跟读、朗读的操练形式。这种操练形式鼓励人人开口，覆盖面较广，使学生没有思想顾虑。对于一些性格内向的学生，全班操练可以让他们增强自信心。教师在全班操练过程中，要注意学生普遍存在的发音问题，及时加以纠正。

2. 大组操练

大组操练是指教师将学生按照特定标准（例如男女生、小组等），将学生分成几个大组，一个大组接一个大组进行练习的操练方法。在操练问答时，可以先由一个大组提问，另外一个大组回答。大组操练可以形成竞争的氛围，让紧张激烈的竞争贯穿于操练的始终，使机械单调的操练变得生动有趣。

3. 个别操练

个别操练就是让学生单独练习的操练方法。这种方法便于教师了解学生的学习程度，从而进行有针对性的指导。组织学生个别操练时，教师应注意考虑大多数学生的学习情况，既给接受能力较强或性格较外向的学生展示自我的机会，又不忽略其他学生。教师可以采用"开火车"的形式，让学生按照座位的顺序自动站起来练习。例如，人教版小学英语（义务教育教科书）六年级下 Unit 3 Last weekend 的教学目标是学生能使用"What did you do last weekend？"进行提问，并能用过去式进行回答。为完成此目标，教师可以组织学生进行连锁操练，A学生问B学生"What did you do last weekend？"，B学生回答"I played football."，B学生再问C学生，"What did you do last weekend？"，C学生回答"I went hiking."，C学生再问D学生，依此类推。

案 例

Unit 5 What does he do? (Part A Let's talk)
人教版小学英语（义务教育教科书）六年级上册

1. Read the dialogue.
2. Pair reading.

3. Team reading and show.

4. Choral reading.

教师在进行机械操练设计时，往往采用以上几种操练方法相结合的形式，避免单一操练方法给学生带来乏味感。同时，多种操练方法相结合也可以使教师全面、多方位地掌握学生的练习情况并进行有效指导。

（二）意义操练

机械操练是练习的初级阶段，对语言知识的理解程度要求较低，主要目的是使学生正确无误地记忆语言知识，初步掌握句型。因此，机械操练到一定程度，教师要及时变化操练方法，引导学生将所掌握的语言知识转化为语言技能，这就是意义操练。意义练习有以下几种方法。

1. 替换练习

替换练习是从机械操练向意义操练的过渡。教师在学生熟练掌握一个句型或一段对话后，对情境稍作变化，让学生进行模仿性的练习。比如一个简单的句型 "What did you have on Monday? I had..."。小学高年级的学生在句型、词汇方面都有了一定的积累，这样的操练方式比较适用。

Unit 5 Let's eat! (Let's learn)
人教版小学英语（义务教育教科书）三年级上册

T: Work with your desk-mate.Use "Can I have some ..., please?" "Here you are." to make a dialogue. Then show it.

设计意图：通过同桌合作练习句型，调动学生学习的积极性，培养学生合作学习的意识以及运用所学语言进行交际的能力。

替换练习避免了机械操练的单纯重复，句型、词汇或情境等方面的细微变化都有助于引起学生的兴趣，让课堂练习趣味无穷。但是替换练习缺乏情境创设，也会让学生感到乏味，所以教师要注意把握替换练习的度，做到适量、适度，恰到好处。

2. 角色表演

角色表演是将学生融入特定的情境，让他们在角色扮演和体验中，学会运用所学语言知识的操练方法。小学生喜欢表现自己，让学生带上各种头饰和面具，装扮成与情境相关的角色进行语言项目练习，是他们比较喜欢的一种练习方式。这种练习让语言知识在真实情境中得到了运用。

案 例

Unit 3 What would you like?
人教版小学英语（义务教育教科书）五年级上册

教师活动：Let's role play "Dinning Out". And show it.（角色扮演，表演朋友外出吃饭点餐，汇报演出。）

学生活动：学生分别扮演餐厅服务员和就餐者，用英语完成整个点餐、就餐过程。

设计意图：1.巩固所学知识；2.培养学生的兴趣；3.培养学生的小组合作阅读能力。

3. 填写调查表

填写调查表是指教师为学生提供特定话题，设置信息差，组织学生利用新的语言知识与其他同学、朋友、亲人等进行交流，获取信息，完成表格内容的一种操练方法。这种方法有助于增强学生与人交流的能力。

案 例

Unit 5 What can you do?
人教版小学英语（义务教育教科书）六年级上册

表5-4-1是本课的教学安排。教师通过给学生设置信息差，为其创造交流的需求和机会，学生通过调查、交流的方式完成任务。这样的教学安排既降低了难度，也缩短了时间，同时也培养了学生的交际能力。

表5-4-1 教学安排

教师活动	学生活动
1. 引导学生分配任务：每个学生拿一张 worksheet（见下表）；然后，在班里至少调查3位同学 "What can you do?"。	1. 学生根据老师的指令，用英语去调查班里学生 "What can you do?"
2. 组织学生进行交流，获取信息并完成 Worksheet	2. 完成表格并向班内同学汇报

Worksheet

Name	What can you do?
Student 1 _____	
Student 2 _____	
Student 3 _____	
……	

上例是要求学生运用所学语言，以调查问卷的形式完成操练。这种形式给学生自由表达和发挥的空间，使学生将所学语言知识在实际交流中得以应用，增强学生之间的合作意识，营造良好的课堂氛围。

4. 编创对话、歌谣

编创对话或歌谣是小学生非常喜欢的一种操练形式，它集思维创新与口语表达为一体。教师可以组织学生单独进行，也可以让多个学生自由组合成一个表演组。学生可以根据实际情况，利用课堂上学过的句型和对话，进行编创，然后向全班同学展示新的对话或歌谣。

案　例

Unit 6 In a nature park (Part B Let's talk)

人教版小学英语（义务教育教科书）五年级上册

教师活动	学生活动
1. Let's chant.（根据 Unit 5 所学的 "There is/ are ..." 句型） There is a river in the nature park. There are trees, green and tall. There is a lake near the green trees. There is a village, I love nature park.	1. 拍手或者拍桌子，随着节奏和老师一起唱歌谣
2. Let's chant the questions in this dialogue.（改编为 "Is/ Are there..." 句型） Is there a river? Yes, there is. Are there any trees? Yes, there are. Is there a lake? No, there isn't. Is there a village? Yes, there is.	2. 配合老师和节奏，唱改编后的歌谣 （节奏可以根据学生的熟悉程度由慢到快逐渐变化。）

资料：游戏操练

　　　　以上几种方法是小学英语课堂教学常用的操练方法，不同的操练方法在语言学习过程中发挥的作用有所不同，机械操练是意义操练的前提和保证，是学生记忆、输入以及掌握正确的语言形式的重要途径。然而，语言的学习和语言技能的形成是一个复杂的过程，任何一种操练方式都不可能解决所有问题，教师需要根据学生对语言知识的掌握情况，及时、适时地由机械操练转变为意义操练，使学生实现从记忆语言转向意义语言，加深对新知识的感知、理解，巩固新的语言知识、掌握新的语言技能；使学生在独立的、多层次的运用练习中，提高语言的熟练和流利程度，提高语言表达能力和实际运用能力。

教师在设计操练活动时，应根据教学目标、教学内容、学生的掌握情况、课时安排等，灵活运用各种操练方法，比如设计有趣的活动、游戏等，使学生在有效记忆的基础上，保持对英语学习的兴趣。

二、设计操练环节的基本要求

操练环节是学生练习、掌握新语言的关键环节，通过大量的、多样的、循环的练习帮助学生掌握新的语言材料，是教学过程的重要环节。操练的方法直接影响课堂教学效果，教师设计操练节应注意以下要求：

1. 设计重点

（1）指令明确。清晰、准确地交代操练的内容、方式和要求，教师要先做示范，让学生明白目的和意图。

（2）方法得当。根据不同的语言材料和不同程度的学生选择适当的操练方法。

（3）循序渐进。教师设计的操练活动应遵循由易到难、先简后繁、先合后分的原则。

（4）兼顾全体学生。

2. 设计难点

以学生为主体。创造轻松的课堂气氛，让学生敢于开口、积极操练。教师要逐渐减少对学生的控制，教师的作用主要是指导、监督、监听和裁判。

3. 控制时间

10分钟以内为宜。

实践探索

以人教版小学英语（义务教育教科书）三年级上册教材为例，选择一课时教学内容，结合第三章小学英语教材与学情分析和第四章小学英语教学目标的设计，根据本节所述设计操练环节的基本方法和基本要求，最少运用三种方法设计该课时的操练环节。具体要求如下：

1. 设计教学目标

在教材分析的基础上，能够从课程标准对三年级学生的要求出发，充分分析学生已经掌握的语言知识和语言技能，确定该课时的教学目标。

2. 设计教学过程

（1）根据教学目标，首先确定本课时教学内容。

（2）设计操练环节：①结合本课时教学内容，确定需要操练的内容是什么；②根据需要操练的内容，选择合适的操练方法。

（3）依照设计操练环节的基本要求，完成本课时操练环节的文本设计。

3. 实践练习

（1）以学习小组为单位，讨论交流本人的设计。

（2）每个小组整理出一份设计文本，与其他小组交流。

第五节　小学英语教学拓展环节设计

学习目标

　　1. 掌握拓展环节的基本方法和设计基本要求；
　　2. 能根据教学目标、学情和教学内容，确定基于词汇、句型或文化方面的拓展内容，并进行具有针对性的拓展环节的文本设计。

微课：设计
小学英语教
学拓展环节

　　拓展环节是复习、巩固的环节，同时也是将新知进行迁移创新的过程。教师利用现有的英语教材，从学生的实际水平出发，考虑教材各册、各单元以及各课时之间的知识联系，从语言技能、文化背景等多方面入手，通过对教材内容的深挖、整合、补充，达到延伸、拓展的目的。同时，这个环节也是实现"教—学—评"一体化的过程，通过拓展活动可以检验学生能否综合运用所学解决问题的能力和成就表现。

　　教师可以从以下三个方面进行拓展：一是由语言知识向语言技能方面拓展，使学生在学习语言知识的同时，全面提高听、说、读、写的技能，掌握良好的学习方法，为后续学习打下基础；二是挖掘教材中与日常生活相结合的素材，并进行拓展，使语言学习与实际生活相结合，为学生创设真实的英语学习情境，提高学生在实际生活中运用语言解决实际问题的能力；三是根据教材中的文化因素，收集语言与文化相关的材料，使学生在学习语言的同时，了解不同国家语言中的不同表达方式和文化内涵，以确保语言表达的得体性。拓展环节强调以学生为主体，为学生营造良好的英语实践环境，为学生提供具有生活性、时代性和文化性的学习内容，并为他们提供丰富的语言交际的机会。教师要根据巩固新语言的需要，有目的地创设情境，组织活动，达到拓展、运用新语言的目的。

一、拓展环节的基本方法

（一）基于单词的拓展

　　单词拓展，教师一定要将教学内容、知识点与学生生活实际相结合，做有效的拓展，切忌漫无边际地增加几个单词而已。教师在进行词汇教学时，应遵循记忆规律，有选择、有方向地对学生进行单词拓展的教学。小学英语教材中的单词都是浅显易懂、贴近学生日常生活的。教师可以将和单词相关的生活类的信息或和学生已有的知识经验整合起来，拓展同一主题的单词，扩大词汇量。例如，学完animal、food、color等单词，教师既可以整合教材中学过的同一主题的单词，也可以进行课外延伸。

案　例

Unit 3 At the zoo (Part B Let's talk)
人教版小学英语（义务教育教科书）三年级下册

dog	rabbit	cat	pig
(　) It's small and cute. (　) It has big eyes and small ears. (　) It has a long tail. (　) It's noisy(吵闹). (　) It likes eating bone.	(　) It's very cute. (　) It's small. (　) It has small eyes and long ears. (　) It has a short tail. (　) It's quiet. (　) It likes eating carrots.	(　) It's lovely. (　) It has big eyes and a long tail. (　) It has a small body. (　) It can catch rats. (　) It likes eating fish.	(　) It's very fat. (　) It's short. (　) It has small eyes and small ears. (　) It has a short tail. (　) It's dirty.
bird	giraffe	turtle	goldfish
(　) It has small eyes. (　) It has a small mouth and a small body. (　) It can sing. (　) It' noisy. (　) It look lovely.	(　) It's tall. (　) It has a long neck. (　) It has a short tail and small eyes. (　) It has a big body. (　) It's quiet. (　) It likes eating leaves.	(　) It's small. (　) It's green. (　) It has a short tail and small eyes. (　) It has a small body. (　) It's quiet. (　) It likes water.	(　) It's small. (　) It's beautiful. (　) It has a short tail and big eyes. (　) It has a small body. (　) It likes water.

　　该案例是词汇教学的例子。教师在拓展环节，以动物图片和动物特点描述的方式，不仅拓展了本课时的"动物词汇"，也拓展了动物特点的词汇。教学中图文并茂，利于学生对拓展词汇的理解和掌握。

　　（二）基于句型的拓展

　　语言的教学离不开句型。句型拓展教学要求教师立足教材，突破教材，为运用而拓展。首先，要求教师对教学内容进行加工整合，让学生能够举一反三，触类旁通，正确灵活运用所学知识。因此，对新旧句型的整合运用也是一种拓展。其次，教师可以通过直观的演示和反复的模仿向学生介绍句子的结构，让学生从中体会句子的结构。这种拓展形式在低年级的句型教学中尤为常见。

案　例

有关动物的表达

（1）使用动词like来表示喜爱或不喜爱，如：

I like the cat. I don't like the snake.

（2）使用疑问句来征求意见等，如：

Do you like the snake? Can we choose the elephant?

（3）使用形容词来描述动物特征，如：

It's lovely. It's dangerous.

（4）使用动词及情态动词来表示能力，如：

It runs fast. It can fly. It can sing.

（5）使用because来表示理由，如：

We choose the rabbit because it's lovely.

（提示：教师不必用语法术语解释语句，引导学生直接关注单词和句子的意思即可。）

该案例中，教师教授新句型 I like.../It can...之后，在原有新句型的基础上，拓展 I don't like.../It can... 句型的否定形式。教师并没有利用语法、术语来解释这些拓展句型，而是让学生感知和体会句子所表达的意思，在原有的基础上有效拓展，从而为以后的学习打下基础。

（三）基于文化的拓展

语言是人类的交流工具，它不仅是一个民族文化的组成部分，而且是该文化的载体，它反映了这个民族的文化特征、思维方法、价值观念、审美情趣和宗教信仰等。在英语课堂教学中，教师要让学生识别一些其他国家具有的文化特征形象和标志，如法国的埃菲尔铁塔、巴黎圣母院等；澳大利亚的袋鼠、考拉、悉尼歌剧院等。通过文化拓展，不仅能提高学生的学习效果，也能开阔学生的国际视野，渗透文化意识。

（四）基于应用情境的拓展

案例：拓展环节

语言是人类交流和沟通的工具。教学要基于课本，但更要走出课本，教师要有意识地将英语的工具性与人文性真正落实到实际生活中去，只有与实际生活建立联系，学生说英语、讲英语、用英语的内驱力才会更持久。学生们通过新知呈现和操练环节获取的语言、文化知识和初步内化的语言能力，需要在解决问题和完成任务的过程中，不断内化、强化、学以致用。例如，人教版小学英语（义务教育教科书）四年级上册Unit 6 Meet my family。学完整个单元后，教师可以让学生根据本单元所学分小组设计并角色扮演一个生活剧"Please Meet My Family"，在剧中用英语介绍自己的家人、家庭活动等。

基于应用情境的拓展有助于教师将学科知识、能力与生活实际相结合，与育人价值相融合，有助于学生明确主题学习的意义，真正地学以致用。

二、设计拓展环节的基本要求

教学过程中的拓展环节是学生将语言知识转化为语言技能的重要环节，不仅具有复习巩固的作用，还为学生进行语言实践创造条件，促进学生语言技能的形成，这个环节是语言知识向语言技能转换的催化剂，教师要精心设计，巧妙利用该环节，为学生发展语言技能助力。教师设计拓展环节要符合以下要求：

1. 设计重点

（1）适宜性。设计拓展活动要依据学生的学习基础和特征。

（2）相关性。拓展内容既要与教材内容相关联，又要作适当延伸，达到帮助学生拓展思维、开阔视野的目的。

（3）实践性。拓展的活动要与学生的真实生活相联系，既能学以致用，又能对所教所学进行过程性评价。教师根据学生在学习过程中的表现及时提供反馈与帮助，持续反思和改进教学，推动以评促学、以评促教。

2. 设计难点

难点主要表现在两个方面：第一，拓展运用的教学内容要恰当，表现形式要生动活泼，能使视、听、说、读、写等语言技能训练到位，有利于学生英语能力的全面发展；第二，注意拓展内容的广度、深度和难度，以课本内容为主，学有余力的情况下适当拓展，让学生"跳一跳，摘果子"。

3. 控制时间

10分钟以内为宜。

-- 实践探索 --

以人教版小学英语（义务教育教科书）三年级上册教材为例，任选一课时的教学内容，结合第三章小学英语教材与学情分析和第四章小学英语教学目标的设计，根据本节所述设计拓展环节的基本方法和设计的基本要求，最少运用三种方法设计该课时的拓展环节。具体要求如下：

1. 设计教学目标

在教材分析的基础上，能够从课程标准对三年级学生的要求出发，充分分析学生已经掌握的语言知识和语言技能，确定该课时的教学目标。

2. 设计教学过程

（1）根据教学目标，首先确定本课时教学内容。

（2）设计拓展环节：①结合本课时教学内容，确定基于词汇、句型或文化方面的拓展内容；②根据拓展的内容，选择合适的操练方法。

（3）依照设计拓展环节的基本要求，完成本课时拓展环节的文本设计。

3. 实践练习

（1）以学习小组为单位，讨论交流本人设计。

（2）每个小组整理出一份设计文本，与其他小组交流。

第六节　小学英语教学总结与作业环节设计

学习目标

1. 掌握教学总结和作业的基本方法和设计基本要求；

2. 能根据教学目标和教学内容，选择合适的总结方法，并能设计具有针对性的总结和作业。

微课：设计小学英语教学总结环节

　　课堂总结是整个课堂教学过程的结束环节，在这个环节中，教师应梳理一节课的重难点，将一节课讲授的内容条理化、系统化地再现，帮助学生加深对知识的记忆和理解。课后作业，帮助学生及时巩固课堂学习内容。

一、设计总结环节

（一）总结环节的基本方法

1. 儿歌总结法

　　儿歌总结法是将一节课所学内容编入学生已经熟悉的儿歌中，师生共同吟唱，达到总结知识、巩固学习效果的一种方法。儿歌不仅能激发学生学习的兴趣，还能够使他们在吟唱歌曲中增强英语语感和节奏感。例如，人教版小学英语（义务教育教科书）五年级上册 Unit 4 What can you do?（Part B Let's talk）一课的内容，教师可以把speak、English、cook、swim等词组放在 *Little bird，little bird，can you fly?* 的旋律中进行演唱，这样课堂气氛马上就活跃起来。教师的授课在欢快的歌声中结束，学生也在歌曲中加深了对语言点的理解。教师还可以引导和组织学生利用本课所学知识点自编歌曲歌谣，使学生获得成就感。

　　在课堂的总结环节中，教师可以要求学生利用本节课所学的内容编创儿歌，激发学生的创造力，引导学生梳理所学知识，增强学生新旧知识相互结合的能力。同时，教师也可与学生进行交流提前编创的儿歌。

2. 游戏（竞赛）总结法

　　运用小学生喜闻乐见的游戏或竞赛进行总结不仅能促进学生大脑积极思维，让他们的注意力保持高度集中，还能让他们在轻松愉快的环境中加深对所学知识的理解和记忆。

案　例

Unit 3 Look at me! (Part A Let's talk & Let's learn)
人教版小学英语（义务教育教科书）三年级上册

　　T: Now let's play a game. I'll divide you into two groups—boys, one group; girls, the other group. Each group chooses one student. The student will give orders to the other group. And students in the other group do the actions. Let's see which group can do better.

Boys and girls: ... (Teacher counts and records the correct actions for each group.)

T: Oh the girls/ boys win. Let's clap our hands for them.

课堂的最后，教师将全班学生分成男生、女生两个大组进行游戏，并选出优胜组。临近下课，学生的身心都比较疲惫，以游戏作为一节课的结束不失为一种聪明的选择，使学生在轻松快乐的氛围中结束一节课的学习。

3. 悬念总结法

教师在课堂教学结束前给学生留下适当的悬念，能够激发学生寻根究底的兴趣。如在学完动物类的单词后，教师出示两个谜语给学生"（1）It is very clever and lovely. It is good at climbing the tree in forest. What is it?（2）It is from China. It is black and white. It likes eating bamboos. What is it?"。学生听完后努力思考着答案，但是教师对学生说"I'll tell you the answers tomorrow."。这样，学生带着问题离开课堂，也带着疑问和强烈的探究欲望离开了课堂，每个学生都迫不及待地希望下一节英语课到来。

4. 情感升华总结法

当前的小学英语教材基本上每个单元都有一个主题。因此，教师设计总结环节时，可以在主题的基础上进行感情的升华，从而使学生开阔视野，丰富生活经历，形成跨文化意识，增强爱国主义精神，发展创新精神，形成良好的品格和正确的人生观与价值观。

案 例

Unit 3 My friends (Part A Let's learn)
人教版小学英语（义务教育教科书）四年级上册

T: Friends are very important in our life. What will you do for your friend?

该案例中，教师借助My friends这一单元的话题，教育学生要懂得朋友的重要性以及如

何对待朋友。

（二）设计总结环节的基本要求

一节英语课，不仅要有精彩的导入、引人入胜的讲解和丰富多彩的课堂活动，更要有一个能起到画龙点睛作用的结尾。小学生集中注意力的时间较短，教师需要精彩的总结吸引学生的注意力。设计总结环节有以下几点要求：

1. 导向性

结合本节课的教学目标，检查、评价并总结学生的实际学习效果。

2. 全面性

课堂总结环节中，教师应梳理前几个环节中忽略的内容，以便查漏补缺，力争做到全面总结、高度概括。

3. 激励性

总结环节的语言要以鼓励、激励为主。有趣的课堂总结能有效地激发学生的学习动机，保持持续的学习兴趣。

4. 启发性

学生对新知的理解往往只是停留在表面，教师的总结要对学生的学习具有启发性，促使学生在新旧知识之间建立内在联系，起到画龙点睛的作用。

二、设计作业

小学英语课堂教学时间有限，又缺乏真实的语言环境，如果课后不及时加以巩固练习，学生很容易遗忘。作业无疑是拓展学习的渠道，巩固学习效果的良好途径，教师应充分利用作业延伸课堂，为学生进行语言实践提供条件。教师在设计作业时，应注意以下要求。

（一）设计符合学生兴趣的作业

兴趣是学生学习的动力源泉，是学生学习的最佳催化剂。学生对作业有兴趣，学起来就轻松愉快，思维也活跃，做作业就能起到事半功倍的效果。教师在设计英语作业时应根据教学内容以及学生的生理和心理特点，设计一些让学生感兴趣的课外作业。

案　例

Unit 6 How do you feel? (Part B Let's talk & Let's learn)
人教版小学英语（义务教育教科书）六年级上册

Homework:

Step Ⅰ：Draw your friend's or your parent's emojis

Step Ⅱ：Write a sentence or two to tell when your friend or parent show those emojis .

Step Ⅲ：What suggestions can you give to those emojis?

Step Ⅳ：Share your work with your class.

随着网络和电子产品的普及，简单、形象的表情包受到广大青少年的欢迎。对于小学生来说，表情包就是他们自己的语言。该案例学习的是如何表达自己的感受，让学生画出来自己身边比较亲密的人的表情包，这种作业会让学生觉得新鲜、有趣；除画表情包之外，也给了学生表达感受的机会。该案例中的作业和学生的日常生活紧密关联，并且都是课本上所学的语言知识点的灵活运用。

（二）设计结合学生生活的作业

因为大部分英语作业是学生在家中完成的，教师可布置一些与他们的生活紧密联系的作业。例如，调查生活中的英语缩略语，用英文设计一日三餐的菜谱等。课外英语作业真实或相对真实地贴近学生的生活，能充分激活学生的学习动机。

案　例

Unit 3 My friends (Part B Let's talk)
人教版小学英语（义务教育教科书）四年级上册

Homework:

1. Listen to the tape and read.

2. Make your friends card and introduce to your parents.

Step Ⅰ Take out a piece of paper.

Step Ⅱ Write "My friends" and draw on the paper.

Step Ⅲ Stick the photos on the paper.

Step Ⅳ Color the card.

该案例中教师安排学生制作朋友卡片，并且附上制作步骤以便降低作业的难度。除此之外，教师还可以组织学生采访自己的同学、朋友或者家人，问问他们的生日，制作生日贺卡并用英语写上生日日期，送给同学、朋友或者家人。这些人性化的作业既能提高孩子们英语口语和书写水平，又能加深友情和亲情。

（三）设计体现个体差异的作业

学生的学习能力有一定的差距，教师应尊重学生的个体差异，设计难易程度不同的作业，让各层次的学生都能从作业中获取知识，让学生根据自己的需要和能力去选择。

案　例

Unit 6 In a nature park (Part C Story time)
人教版小学英语（义务教育教科书）五年级上册

Homework:

★ Read the story with correct pronunciation and intonation.

★★ Try to tell the story to your friends.
★★★ Try to write a different ending for the story.

（四）设计促进学生合作的作业

因为课堂教学时间有限，教师不可能拿出很多时间让学生合作讨论、学习，在课堂中多是让小组表演展示。因此教师可以将小组讨论活动作为作业，或是让学生在作业中继续完成课上未完成的任务。例如，模仿课文改编对话、画父母、朋友的肖像、用所学语言描述或以小组为单位完成调查表等。布置各种需要合作完成的英语课外作业，能促使学生主动学习，相互帮助，培养团队精神。

（五）设计拓展学生知识面的作业

英语作业是对课堂教学的有效延伸，是学生巩固和运用课堂所学知识的有效途径，因此教师可以设计一些拓展运用和提高能力的作业。如学习了食物类单词后，可以要求学生回家查阅更多食物类单词，拓展自己的知识面。再如学习了诗歌后，让学生模仿或改编诗歌等。这样的课外英语作业不仅能让学生有力地巩固课堂所学，而且有利于培养学生良好的学习习惯。

（六）设计多学科融合的作业

作业的设计应充分融合多学科知识，在解决问题中，全面提高学科的核心素养，使学生体会到英语与其他学科相结合的乐趣。如：分小组了解国外一些著名城市的四季天气，向全班汇报；了解中外节日的风俗，向全班汇报等。

案　例

Unit 1 What's he like? (Part B Let's talk)
人教版小学英语（义务教育教科书）五年级上册

Homework:
★ Read the dialogue of Part B with correct pronunciation and intonation.
★★ Guessing riddles: describe what's one of your classmates or teachers like then ask your classmates or partner to guess who this person is.
★★★ Work with your partner and make your own dialogue to describe what's your new friend like.

该作业设计兼具层次性、趣味性和实用性。★作业的目的是让学生操练新句型，★★作业旨在引导学生将所学句型运用到游戏中，将语言与学生兴趣结合。★★★作业要求学生在掌握课文的基础上，把所学语言点应用在实际生活中。除此之外，该作业没有机械的抄写、背诵，学生不仅能结合游戏有效复习语言知识，还能将新的语言知识延伸到课外，从语言的运用中获得自信心和成就感。

实践探索

　　以人教版小学英语（义务教育教科书）三年级上册教材为例，任选一课时的教学内容，结合第三章小学英语教材与学情分析和第四章小学英语教学目标的设计，根据本节所述总结环节的基本方法和基本要求，最少运用三种方法设计第三单元第一课时的总结环节。具体要求如下：

　　1. 设计教学目标

　　在教材分析的基础上，从课程标准对三年级学生的要求出发，分析学生已经掌握的语言知识和语言技能，确定三年级该课时的教学目标。

　　2. 设计教学过程

　　（1）根据教学目标，首先确定本课时教学内容；

　　（2）设计总结环节：结合本课时教学内容，选择合适的总结方法；

　　（3）依照设计总结环节的基本要求，完成本课时总结环节的文本设计。

　　3. 实践练习

　　（1）以学习小组为单位，讨论交流本人的设计；

　　（2）每个小组整理出一份设计文本，与其他小组交流。

案例：In a nature park 教学过程设计

∥ 本章小结与拓展 ∥

知识精练

教学环节	地位及作用	基本方法	基本要求
热身环节	课堂的序幕，为导入环节做铺垫	自由谈话，歌曲、歌谣、韵文	1.稳定学生情绪，吸引学生注意 2.具有趣味性、梯度性和生活性 3.3分钟以内为宜
导入环节	为呈现新知环节做铺垫。学生初步感知新知；调动学生学习的积极性；在创设的语境中，学生初步理解新词语	语言导入、游戏导入、直观导入、情境导入、全身反应法导入	1.导向性2.相关性3.趣味性4.启发性5.5分钟以内为宜
呈现新知环节	呈现新知，使学生感知、理解和认识新知语言项目的过程，是课堂教学过程的关键环节	语言释义、示范（演示）	1.立足教材；2.方法多样；3.语言通俗易懂；4.直观性、趣味性和启发性相结合；5.新知呈现与操练交替进行；6.以15~20分钟为宜

续表

教学环节	地位及作用	基本方法	基本要求
操练环节	将语言知识转化为语言技能的重要途径	机械操练、意义操练	1.指令明确；2.方法得当；3.循序渐进；4.兼顾全体学生；5.以学生为主体；6.10分钟以内为宜
拓展环节	复习、巩固、迁移创新的环节，也是实现"教—学—评"一体化的过程	基于单词的拓展、基于句型的拓展、基于文化的拓展、基于应用情境的拓展	1.适宜性；2.相关性3.实践性；4.拓展运用的教学内容要恰当；表现形式生动活泼；5.注意拓展内容的广度、深度和难度；6.10分钟以内为宜
总结环节	结束环节，梳理重难点、加深学生对知识的记忆和理解	儿歌总结法、游戏（竞赛）总结法、悬念总结法、情感升华总结法	1.导向性；2.全面性；3.激励性；4.启发性
作业环节	拓展学习，巩固学习效果		1.符合学生兴趣；2.结合学生生活；3.体现个体差异；4.促进学生合作；5.拓展学生知识面；6.多学科融合

深度思考

　　1. 请从关于小学英语教学的书籍或者网站中，选取一篇小学英语教学设计案例，并根据本章所学内容，试分析案例中的教学过程设计：是否符合小学英语教学过程的基本原则？教学过程中五个环节的设计，是否符合各环节的设计要求？如果不符合要求，请对案例中的教学过程进行修改。

　　2. 结合小学见习经历，你认为在设计小学英语教学过程时，如何体现《课标（2022年版）》精神？

推荐阅读

　　1. 鲁子问.小学英语教学设计［M］.上海：华东师范大学出版社，2018.

　　该书是属于核心素养导向的学科教学丛书，全面介绍了小学英语教学设计的理论基础；分析了教学设计的主要内容，从学习者、学习需求、教学内容层面展开英语教学要素的分析，说明了小学英语教学目标设计、教学策略设计、教学过程设计等；对教学实践真实案例进行了深入的分析；最后提供了评价小学英语教学设计的文本分析方法和基于课堂观察的评价方法。

2. 刘照惠，鲁子问，夏谷鸣. 英语课堂观察量表设计与运用实践［M］.上海：上海外语教育出版社，2021.

该书介绍的英语课堂观察量表将学习行为作为课堂观察的出发点，强调课堂的学习场域本质，从课堂是否促进学生学习行为的发生、发展和形成以及评价教师教学行为的有效性等方面展开研究，具有鲜明的理论特性和显著的实践价值，有助于教师把握课堂的学习本质。

第六章　小学英语教学方法设计与教学技巧运用

知识地图

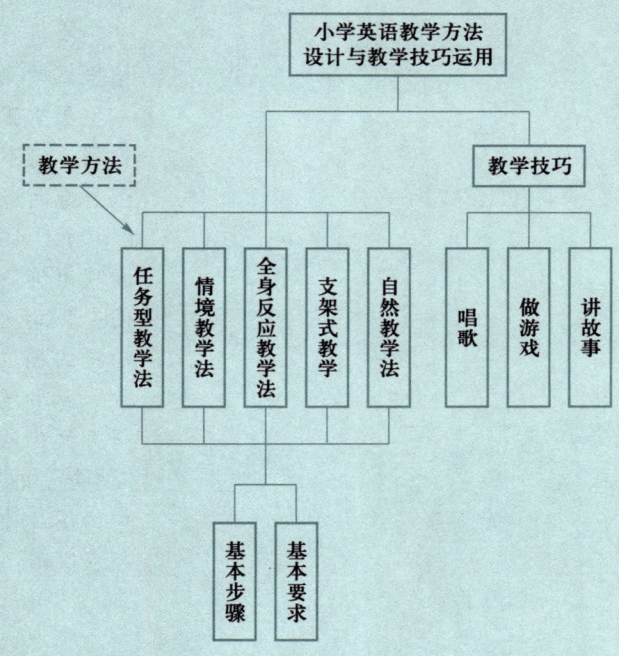

问题情境

教学的转机

本节课学生要学会运用学过的单词和句型来询问并描述人物的外貌和性格特征。牧老师计划用情境教学法和任务型教学法来完成本节课的教学任务。在使用情境教学法时，她选了几张班级任课教师的照片，准备让学生相互询问新学期的任课教师情况。在设计任务型教学时，她计划让学生调查其他班级或年级新学期任课教师的情况。

当进行到情境教学活动时，牧老师从学生的眼神里感受到了"疲倦"。她还发现位于教室后排的一位男生正在模仿她上课的样子。顿时，牧老师意识到：何不让学生来"演一演"他们心中的老师呢？于是她问道"What's your math teacher like? Who can act like Mr. Chen?"。学生们跃跃欲试，脸上表现出抑制不住的兴奋。几个学生表演过后，她又问："Who can act like me?"这次，她特意邀请了后排的那位男同学。只见他迅速拿着自己的学习卡片来到讲台前，模仿起老师上课的样子。没想到全身反应法会如此有效。接下来，牧老师也改变了"调查"的任务，让学生以小组为单位，根据教材中的图片信息展开对话表演。这节课结束后，牧老师感叹道：课堂教学一定要选择合适的教学方法！

启发思考

关于教学方法，人们常说"教学有法，教无定法，不拘一法，贵在得法"。牧老师课前精心选择、设计教学方法，可是在课堂教学中却临时改变了原有的教学方法。对于这种改变，你是如何看待的？对于"贵在得法"在教学方法选择与运用中的重要性，你是如何理解的？

教学方法是教师和学生为了实现共同的教学目标，完成共同的教学任务，在教学过程中运用的方式、手段和办法的总称。它包括教师的教法、学生的学法、教与学的方法。在教学的目标、任务、内容确定以后，教师恰当地选用教学方法，就成为其能否完成任务、实现预期目标的重要因素。采用什么样的教学方法，不仅影响学生对知识和技能的掌握，而且对学生智能和个性的发展也有重要意义。

本章将主要介绍一些小学英语课堂教学中常用的方法：任务型教学法、情境教学法、全身反应教学法、支架式教学、自然教学法。常用的教学技巧：唱歌、做游戏、讲故事。了解和掌握不同教学方法的特点和操作要求，是设计教学方法的基础。

第一节　任务型教学法设计

微课：任务型教学

 学习目标

1. 掌握任务型教学法的基本概念；
2. 能够按照任务型教学法的基本步骤和基本要求设计小学英语教学；
3. 会设计真实、有趣、有利于输出的任务。

任务型教学法（Task-based Instruction Approach）是一种主张基于任务展开教学的交际语言教学形态。[①] 在小学英语课堂教学实践中，任务型教学是教师常用的一种教学方法，是教师预设任务并引导学生用所学语言完成任务而进行语言教学的一种教学过程形态，是培养学生核心素养的有效的教学方法。基于小学生学习英语的特点和学习目的，我国的英语教学倡导任务型教学，使学生在教师的指导下，通过感知、体验、实践、参与和合作等方式，实现任务目标，达到为用而学，用中学，学了就用的学习目的。

一、任务型教学法的基本步骤

任务型教学法以完成任务为主要课堂教学活动，使学生在完成任务的过程中学习语言。任务型教学法的基本特点为：第一，任务要涉及真实的语言运用过程；第二，学生要自主完成任务并明确其任务的交际性结果；第三，强调学生通过自主学习与合作学习完成任务。在实际教学操作过程中，运用任务型教学法一般分为任务前、任务执行和任务后三个步骤，每个步骤的要点如表6-1-1所示：

---

① 鲁子问.英语教学论［M］.2版.上海：华东师范大学出版社，2011：21.

表6-1-1   任务型教学法的基本步骤

主要步骤	目的	要点
任务前 （pre-task stage）	任务呈现 任务准备	教师引入任务情境，明确任务要求，提供完成任务的语言知识
任务执行 （while-task stage）	任务完成过程	学生运用语言解决各种问题：制订计划、实施计划、完成并提交任务； 教师扮演组织者（organizer）、监督者（supervisor）、促进者（prompter）和伙伴（partner）等角色，帮助学生完成任务
任务后 （post-task stage）	任务展示 任务评价 任务提升	学生汇报或展示完成任务的结果； 教师对任务的完成情况进行评价，指出有待提高的地方，例如学习策略、语言运用、合作学习等，同时鼓励学生相互评价

三个步骤任务明确，教师为学生布置任务，提供完成任务的基本条件；指导学生执行任务，帮助学生解决执行任务的困难；组织学生展示任务的完成情况，及时评价，布置新任务。学生在教师的指导下完成任务又不断接受新任务，在体验成功的快乐中学习语言知识，练习语言技能，不断发展核心素养。

二、任务型教学法的基本要求

任务型教学要体现"以学生为主体、以任务为中心和以活动为方式"的思想。教师在设计任务时要做到以下几点。

（一）分清"任务"与"练习"的区别

许多教师在运用任务型教学法时，由于没有搞清楚"任务"与"练习"的区别，因此所设计的任务还是传统的"课堂练习"。任务活动与语言练习有着本质的区别，任务活动不是机械的语言训练，它侧重培养学生独立运用语言完成任务的能力，重视学生在完成任务过程中的参与和在交流活动中所获得的经验。表6-1-2总结了任务与练习的区别。

表6-1-2   任务与练习的区别

区分项	任务	练习
侧重点	意义	形式
活动目的	运用语言交流，解决问题	检查知识的掌握情况，复习和巩固语言知识，操练语言形式
活动情境	现实生活情境	无需创设情境
活动内容	有语境的、相对完整的真实的语言材料，需要综合运用多项语言知识和语言技能	脱离语境的语言材料，往往涉及单项语言知识和语言技能
活动形式	分析、讨论、协商，通常有交际、完成任务的过程，需要小组合作完成	填空、改写、翻译，核对或检查答案，通常由学生独立完成

续表

区分项	任务	练习
语言控制	自由	严格控制
教师纠错	观察、分析原因、纠正	立即纠错
信息流向	双向或多向	单向
活动结果	语言或非语言的呈现形式，如图、表、报告、表演等，各小组的结果不要求完全一致	一般只有语言形式的结果
结果评估	任务是否完成	语言形式是否正确

从表中可以看出，只有真正的任务才能保证学生进行有意义的语言输出活动，才能促使学生获取、处理和使用信息，用英语和他人交流，发展用英语解决问题的能力。下面是三位教师设计的教学任务。

案 例

Unit 3 My weekend plan (Part A Let's Try & Let's talk)
人教版小学英语（义务教育教科书）六年级上册

教学目标：

1. 能够在图片和教师的帮助下理解对话大意，并回答读后问题。

2. 能够按照正确的语音、语调及意群朗读对话，并能进行角色表演。

3. 能够在情境中运用句型 "What are / is ... going to do?" "I'm going to ... " "He / She is going to ..." 表述自己在将来的某个时间里准备做什么事。

设计 1 "Make sentences with be going to."。

设计 2 "The city's primary school sports meeting is going to be hosted in your school. What will you and your classmates do to help make the sports meeting a success? Discuss with your group members. Each group should make a list about all the group members' plan for the meeting. Please write complete sentences with be going to."。

设计 3 "Read the dialogue and try to answer questions on the blackboard."。

在上述案例中，"设计2"是任务，"设计1"和"设计3"都是没有任何语境的课堂练习。

（二）准确把握任务的度和量

任务的难易程度和数量的多少要符合学生水平。教师在设计任务时，要遵循维果茨基的"最近发展区"理论，既不降低教学要求，也不超出学生的语言水平。任务太难或者太多，学生无法驾驭；任务太容易或太少，学生又会感到枯燥。所以，在教学过程中，教师所设计的任务应形成由简到繁、由易到难，再由高级任务覆盖初级任务的循环。整个教学过程应是由数个微型任务构成的"任务链"串联起来的。

（三）设计真实、有趣、有利于"输出"的任务

真实，即贴近现实生活。教学中使用的任务是对现实生活中活动过程的模拟和演练。学生通过完成不同类型的任务，掌握相关的语言交际能力和解决问题的技巧，同时也为把这些能力和技巧运用于现实生活中做准备。任务的"真实"性要求教师设计的任务来源于学生的日常生活，从而让学生在自然、真实或接近真实的情境中演练，在演练中体会并掌握语言的运用。

小学阶段是培养学生英语学习兴趣的关键时期。因此教师在设计任务时，可依据他们的年龄和心理特征，设计符合他们兴趣的形式多样、内容新颖的任务活动。例如，以师生互动、生生互动、小组合作等形式完成角色扮演、采访调查、手工制作、讲故事等。

案例：设计能够"输出"的任务

教师设计的任务应该是真实的、符合学生语言水平的输出活动。任务要有利于"输出"，要能够以"说、写、译"这种"语言输出"方式呈现。

综上所述，教师设计任务时，要考虑的是如何让学生在完成任务的过程中自然地使用英语。完成任务并非任务型教学法的主要目的，让学生在完成任务的过程中使用英语才是任务型语言教学的核心。请看下面案例中的课堂任务设计。

案　例

Unit 3 My friends (Part A Let's talk & Let's play)
人教版小学英语（义务教育教科书）四年级上册

图6-1-1为教材示例。

图6-1-1　教材示例

（一）教学目标

1. 能够在图片、录音和教师的帮助下理解对话大意，完成相应的练习。

2. 能够按照正确的语音、语调及意群朗读对话，并能进行角色表演。

3. 借助 "What's his / her name?" "He / She is ..." "His / Her name is ..." 等重点句型来介绍朋友的特征，做到发音清楚，语词达意。

（二）任务设计

• Task 1: Make a survey (Students describe their friends to deskmates).

Name	thin	strong	quiet	long hair	short hair

Step 1: Fill in the form.

Can you describe your friends? Look at the form. Fill in the form according to your friends' character.

Step 2: With the help of the form, introduce your friends in pairs.

Step 3: Choose some groups to show.

• Task 2: Guessing game (Students describe one of their classmates to the whole class).

Step 1: Teacher makes an example.

T: There is a student in our class. She is thin. She has long hair, big eyes and a small nose. Who's she?

S: She is...

Step 2: Students' turn (3 minutes to prepare).

S1: Describe.

Ss: Guess the name of the exact student.

　　英语课程要让学生逐步实现语言知识的内化，教师在设计任务时，要考虑如何让学生在完成任务的过程中自然地使用英语。

　　Task 1 要求学生在教师提供的表格的指引下，用英语描述自己的朋友。这项任务是对本课时语言技能和语言知识掌握的初步操练，其中表格的设计降低了任务的难度，也使学生的描述有了针对性。为了落实教学目标，在 Task 2 中，运用小游戏 Guessing game 来操练句型。虽然 Task 1 为 Task 2 运用语言进行了铺垫，但教师还是先做了示范，并给学生留出了准备的时间。在这两项任务中，无论是介绍朋友还是猜同学，都能够激发学生的学习兴趣。同时，任务的设计围绕"介绍朋友的特征"由易到难地进行。在课堂教学中，如果学生能够很好地完成这两项任务，教师还可以进一步提高任务的难度，让学生描述教师或敬仰的中外历史名人、科学家等，这对学生更具有挑战性，也更加凸显英语课程的育人价值。

（四）教师承担多重任务

虽然英语教学强调以学生为主体，但是教师在课堂中的作用也是不容忽视的。在教学中不能忽略教师的主导作用而一味地追求学生的主体作用。教师在任务型教学中所要承担的任务主要有：

（1）设计真实且符合学生水平的任务；

（2）提供完成交际任务的输入材料并帮助学生理解；

（3）对学生的输出提供帮助；

（4）对学生的输出结果提出针对性的反馈。

案例：任务
型教学设计

课堂实录：
任务设计

　　　　任务型教学以学生用英语执行任务为中心，学生是语言的交际者、任务的沟通者。教师不但要做好课堂交际任务的参与者、助学者、组织者、引导者和评价者，即教师要积极地参与学生的任务，在学生需要帮助时，充当学生的"活字典""资料库"；还要组织和控制好课堂，同时对任务的完成给予评价。有些教师在学生执行任务前说明了完成任务所需的信息和要求后，就把课堂完全交给了学生，自己则像一个局外人一样，在一旁等待着结果。这样的任务型教学结果势必不容乐观。

　　　　任务型教学法被广大小学英语教师应用于小学英语的课堂教学中，但由于受到各方面因素的限制，例如任务难度的判断、英语环境的缺失、"大班现象"的存在、自主学习能力的不足、师资力量的薄弱等，任务型教学法在实施中仍存在着一些问题。这就需要大家在教学中积极学习、研究，认真开发、运用任务型教学法，让其在小学英语课堂中发挥出更大的作用。

实践探索

　　以人教版小学英语（义务教育教科书）为例，任选一课时教学内容，根据本节所述任务型教学法，完成一份任务型教学设计。以学习小组为单位，讨论交流各自的设计，并进行微格教学训练。

第二节　情境教学法设计

📍 学习目标

　　1. 掌握情境教学法的基本概念；

　　2. 能够按照情境教学法的基本步骤和基本要求设计小学英语教学；

　　3. 理解情境创设在小学英语课堂教学中的作用。

　　情境教学法（Situational Language Teaching Method）是指为了达到既定的教学目标，教师在教学过程中有目的地引入或创设与教学内容相适应的具体、形象、生动的情境，以引起学生的情感体验，从而帮助学生理解教材，达到在情境中获得知识、培养能力的一种教学方法。

一、情境教学法的基本步骤

情境教学法的核心在于激发学生的情感。运用情境教学法，教师要根据
教学内容和学生特点，引入和创设具有情绪色彩的、形象生动的具体情境，在情境中启迪
并指导学生发现问题和解决问题。

情境教学法在小学英语课堂教学中的运用一般归纳为情境创设、语言训练和情境运用
三个步骤（表6-2-1）。[①]

表6-2-1　情境教学法的实施步骤

主要步骤	目的	要点
情境创设 （situation construction）	呈现问题	教师借助各种媒体和手段创设特定情境，向学生提出问题
语言训练 （language practice）	分析、准备问题	呈现解决问题所需要的相关语言知识，设计基于情境的语言训练，为学生完成任务做准备
情境运用 （situation application）	解决问题	教师重新呈现开始的场景，学生在实际的场景中运用语言解决问题； 教师观察学生的表现，给出评价

第一步，情境创设多用在教学的导入环节。在小学英语课堂教学中，根据教学的需要，
教师可以创设不同的情境，例如：

（1）呈现一个孩子迷路的场景，让学生为其指路；

（2）呈现购物的场景，让学生买东西；

（3）呈现一个人不舒服的场景，让学生询问其情况；

（4）呈现野餐的场景，让学生相互询问喜欢吃的食物；

（5）呈现旅游景点，让学生讨论如何到达；

（6）呈现家庭聚会的场景，让学生通过阅读发现人物之间的关系。

创设情境的目的是运用情境，为语言教学和第二步的语言训练做准备。

第二步，语言训练即语言教学环节。例如"买东西"这一情境，教师需要向学生呈现"购
物"涉及的日常对话："How much is it?" "It's ninety yuan." "I will take it."。

然后学生通过阅读课文、演练对话，了解买卖双方在购物中的语言表达。

第三步，情境运用环节，教师可以重新呈现商店的场景，让学生通过角色扮演的方式
"买东西"。教师创设的情境一直贯穿在教学活动之中，或者说，教师的课堂教学要在创设
的情境中进行，否则，情境就失去了意义。

---

① 王笃勤. 小学英语教学策略［M］. 北京：北京师范大学出版社，2010：20.

二、情境设计

如何创设恰当的情境是设计情境教学的关键。教育家赞可夫说过，教学方法一旦触及学生的情绪和意志领域，触及学生的心理需要，这种教学就会变得高度有效。在小学英语课堂教学中，教师要善于运用各种教学媒体、手段创设教学情境，多方面地调动学生的感官，让学生多渠道地获得信息，用心去体验学习内容，在情境中交流、掌握所学的知识。创设情境的途径主要有以下几种。

（一）利用实物

课堂实录：
利用实物创
设情境

小学生以直观形象思维为主，教师利用实物教学最容易引起小学生的兴趣，而且教学所展示的形象越鲜明、越具体，就越能激发学生的认知兴趣，提高教学效率。小学英语中的大部分单词是表示具体事物的，所以，在学习有关学习用品、动植物、交通工具等单词时，教师应该尽量利用实物或者实物模型来呈现单词。例如关于学习用品的单词，就可以利用学生书包里的铅笔、橡皮、尺子、书等。

小学英语教材中的每个单元都是围绕某一个主题展开的，所呈现的知识主要涉及日常生活中的事物和行为。所以，利用实物教学更容易促进学生对新知的理解。例如学习日期的表达时，把挂历带进教室，问学生：

T: What day is today?

S: Tuesday.

T: Good. Would you please answer with a complete sentence?（必要时教师给予帮助。）

S: It's Tuesday.

T: Very good. Thank you.

例如，学习"Where are you from?"，教师可以准备一张彩色的世界地图，并把China、America、England、Japan、Canada、France、Russia 等词汇告诉学生，然后让学生在小组内自编对话进行训练：

S1: Hello!

S2: Hello! Who are you?

S1: I'm Mike. I'm from America. Where are you from?

S2: I'm from England. I'm in China now. Nice to meet you.

S1: Nice to meet you too.

在英语词汇与实物之间建立直接的联系，不仅能够吸引学生的注意力，激发学生的学习兴趣，还能够促进学生理解、记忆所学知识。

（二）运用图画

图画是展示形象的主要手段，用图画再现课文情境，实际上就是把课文内容形象化。课文插图、特意绘制的挂图、剪贴画、简笔画等都可以起到呈现形象、再现课文情境的作用。尤其是学习一些抽象名词、不易找到对等实物或不易带进教室的名词，可以利用图片、简笔画或图景来展示。图画能给学生提供认识和练习的生动情境，使学生产生对语言环境的亲切感、新鲜感，能激发学生的学习热情和参与活动的积极性。

图6-2-1是教师在讲授"龟兔赛跑"的故事时，用简笔画呈现的故事场景。教师用一个时间轴，边讲边画，形象地展示出"兔子"和"乌龟"在不同时间点的活动。教师教学中的简笔画不仅呈现了故事的主要情节，有效地促进学生对故事的理解，也为学生复述故事提供了帮助。

图6-2-1 运用简笔画创设情境 [①]

《课标（2022年版）》在对语言技能内容二级要求的理解性技能中提出，"理解多模态语篇（如动画、海报、图书及其他印刷品的封面和封底等）传达的意义，提取关键信息"，对表达性技能提的要求是"根据需要，运用图表、海报、自制绘本等方式创造性地表达意义"。从中我们可以看出，图画在课堂教学的各个阶段都是帮助师生理解意义和表达意义的重要途径。

（三）使用多媒体

英语教学一直坚持视、听、说领先的原则。因此，在课堂上，教师利用视频、音频、课件能为学生创造一种悦目、悦耳、悦心的英语交际情境。学生在具体生动的情境中眼看、耳听、手写，积极参与语言交际活动，更容易加深对语言知识的印象。例如讲授人教版小学英语（义务教育教科书）五年级下册Unit 6 Work quietly!（Part A Let's learn & Look and say）时，教师可以用多媒体方式呈现读书、跑步、打乒乓球、踢足球等情境（如图6-2-2所示），也可以从学生喜欢的动画片中下载一些片段，让学生根据生动的画面回答问题"What is he/she doing?""What are they doing?"，这样的方式不仅真实、信息量大，而且寓教于乐，学生学起来也不会感到枯燥无味。但是，在课堂教学中，教师也不能过多过滥地使用多媒体，因为一方面，多媒体容易喧宾夺主，将学生的注意力从教学目标转移到其他无关的事物上；另一方面，小学英语的教学目标是培养学生的核心素养，多媒体技术永远代替不了学生的阅读以及师生、生生之间的语言交流。

图6-2-2 多媒体创设情境示例

（四）表演

在交际活动中，动作和表情等也起着重要的作用。它不仅具有直观性，便于学生理解；还具有趣味性，能够激发学生的兴趣。英语教师在课堂上要积极运用各种生动传神的表情、

---

① 图片由河南省实验中学思达外国语小学张昕老师提供。

形象的语言和动作来呈现事物，力求逼真，帮助学生理解，逐步培养学生用英语进行交流的能力。例如学习smile，教师可以做一个微笑的动作；学习laugh，可以做一个夸张的大笑动作——动作可以吸引学生，让学生轻松愉快地记住这两个单词。

　　小学英语课堂上的表演有两种：一种是就课文内容进行表演，如分角色朗读；另一种是结合课文内容，利用所学句型进行创造性的表演。前者可以使教学情境真切地再现在学生面前；后者将学生引入"生活"，让学生自己创造情境，积极思考。例如教师在讲授人教版小学英语（义务教育教科书）四年级下册Unit 6 Shopping时，可以让学生带一些衣服到学校，把教室布置成一个服装店，进行简单的情境表演：

A: Can I help you?/What can I do for you?

B: I want to buy a shirt (a coat/a dress/a pair of trousers).

A: Here you are.

B: How much is it?

A: Ninety yuan.

B: I'll take it. Here is the money.

A: Thank you.

B: You are welcome.

　　每位学生都可以扮演顾客和售货员，在真实的语言环境中既学会了新单词，又操练了句型，还激发了运用英语进行表达的兴趣。

（五）语言描述

　　情境教学十分注重直观手段与语言描述的结合。情境出现时，教师的语言描述将使情境更加明确，学生主观感受得到强化。随着学生年龄的增长，直观手段在小学英语教学中逐渐减少，用语言创设情境的频次逐渐增多。

　　有一位教师在讲授英语童话剧《小猪找朋友》之前，为了让学生更好地进入情境，她一边用幻灯片呈现森林的图片，一边播放悠扬的音乐，然后绘声绘色地说："Long long ago, there was a beautiful forest. Many animals lived there. There were cats, ducks and rabbits. They were singing and dancing. How happy they were! "。学生们看着画面，听着老师的讲述，完全置身于"森林"之中。

　　在学习动物词汇时，教师也可以用英语来描述动物单词，让学生猜。例如，在讲授人教版小学英语（义务教育教科书）三年级上册Unit 4 We love animals（Part B Let's learn）时，教师这样描述每一种动物：

Duck: I am small. My color is yellow. I can swim. Quack, quack. I can swim. Who am I?

Elephant: I am big. My color is gray. I have a huge body with four strong legs. And my ears are big. I live in the forest. But you can see me in the zoo.

Monkey: I am lively. I like playing around. My color is brown. I have a long tail. I like climbing trees.

Panda: I am big. My color is black-and-white. I live in the bamboo forests of China. I like eating bamboo.

Rabbit: I am small. I have long ears and short tail. I have red eyes. I like eating carrot.

三、情境教学法的基本要求

情境教学法符合小学生的认知特点，小学英语教师运用情境进行课堂教学较为广泛。创建情境、运用情境是情境教学的关键。因此，基于情境的教学设计是决定一节课效果和效率的重要因素。但是，在教学中教师重形式轻实效，为了创设情境而创设情境的情况也时有发生。教师要正确运用情境教学法，在设计过程中要做到以下三点。

（一）紧扣教学目标，创设情境

情境创设是教师将教学目标外化为一个学生容易接受的情境的过程。然而，许多教师在教学中过分注重情境的创设，对于创设情境的目的却不够明确，致使情境中出现太多与教学目标无关的干扰信息。所以，教师在创设情境时，首先必须认真研究教材，理解教学的重点、难点，然后紧扣教学目标创设情境。创设的情境要体现出教材的特点，突出重点、突破难点，从而促进小学生的英语学习。请阅读下面的教学设计案例。

案　例

Unit 2 Ways to go to school (Part B Let's learn & Role-play)
人教版小学英语（义务教育教科书）六年级上册

- 教学目标：会问路，会用 "Slow down and stop!" "Stop and wait!" "Let's go!" "go straight" "turn left" "turn right" 等短语指路。
- 教学过程：新课导入环节。

T: After school, a little rabbit is walking together with his friends on their way home. They are singing and dancing. Let's read what they are singing.

Left left right right go turn around go go go

Jumping grooving dancing everybody

Rolling moving singing night and day

...

left left right right go turn around go go go

left left right right go turn around go go go

Ss: Read the song.

T: Now let's listen to the song and dance together with me.

Ss: Dance with the teacher. (two times.)

T: They play so happily that they forget the time. Soon it turns dark. They cannot find the way home. They get lost. Now, please look at this map.（教师出示一张地图。）This is the place where they are waiting for help. This is the street on which they all live. Who can help them find the way home?

Ss: ...

在上述案例中，教师选择用"兔子舞"来学习left、right，形式上确实新颖、活泼，但是，事实上有必要为了学习两个简单的单词，而花费几分钟时间跳"兔子舞"吗? 这节课的重点是让学生学会问路，会用 turn left、turn right、go straight 这些短语来指路。所以，在这个环节中，教师没有必要加入"兔子舞"，把简单的知识复杂化。教师可以用 "listen and do" 的简单教学形式帮助学生掌握本节课需要重点学习的单词、短语，而"兔子舞"则可以放在课堂结束时，让学生伴随音乐节奏，在"跳"中再次复习知识，结束新课。

（二）情境贴近现实，贴近学生生活

《课标（2022年版）》指出，语言应尽可能真实、鲜活，内容应贴近学生生活，情境和任务应为学生所熟悉，体现交际的真实性。否则，教师精心创设的情境，可能导致学生不知所以然。英语教学应该在"真实"二字上下功夫，这样才能使学生真正学会和运用语言。只有当所创设的情境与学生的生活经验相符合时，才能激起学生的生活体验，使他们从各自的生活背景出发，迅速投入到所创设的情境中，准确地体验和理解语言。请阅读下面的教学案例。

案　例

Unit 4 Where is my car? (Part A Let's learn)

人教版小学英语（义务教育教科书）三年级下册

● 教学目标：

1. 能够听、说、认读新词：on、in、under、chair、desk。

2. 能够在图片、实物或情境的帮助下运用句型 "Where is..." "It's in/on/under..." 询问并描述物品位置。

● 教学过程：呈现新知环节。

设计1：

T: Look! This is my room. (The teacher shows the picture of his bedroom.) I have many things in my room. This is my desk. This is my chair. The bag is on the desk. The book is in the bag. And a box is under the bed. Please work in groups and describe your room to each other. (Some students have taken the photos. Some have drawn the pictures.)

设计2：

The teacher puts a pencil in a student's pencil-box, looks for it everywhere, and says: "Where is my pencil?"

在设计1中，无论是教师描述自己的房间，还是学生相互间描述自己的房间，情境均来自大家的生活。如果在描述中能够增强语言的交际性就更好了。设计2中的情境创设，教师充分利用了教室里的实物，让学生从教师的表演中理解语言。这种情境创设虽然简单、方便，但基本是从教师的主观愿望出发的，不符合真实的生活。教师刚把铅笔放入学生的笔盒，就开始寻找铅笔，这不符合真实性原则。

对于设计1，在学生描述完各自的房间后，教师可以让学生在小组内根据各自房间的照片或图片，展开问答对话。为了对话顺利进行，教师可以让全班同学或某一小组同学为全班做示范。

  T: Where is my bag?

  Ss: It's on the desk.

  T: Where is my book?

  Ss: It's in the bag.

  T: Where is the box?

  Ss: It's under the bed.

总之，问题尽量涉及 on、in、under 三个介词。

对于"设计 2"，教师可以这样设计：

Dong Dong: Mum, I want to play football.（课件或表演。）

Mum: OK, but you should come back before 7:00 pm.

Dong Dong: Where's my football?（画面：冬冬满头大汗地寻找足球，边找边说。）

Mum: It's under the desk.

Dong Dong: Thanks, Mum. Oh. Where is my cap?

Mum: It's on your bed.

…

  这个情境，是现实生活的真实再现，符合学生已有的生活经验，因此学生能够理解"Where is my football?"的意思，并且随着对话内容的继续，对三个介词的理解也逐渐清晰。

（三）建立情境之间的联系

  教师设计的情境要能够在教学中自然延伸。也就是说，随着教学活动的开展，情境之间不能彼此孤立，没有联系。这就需要教师把握整节课的重点，设计一根主线（或大情境）将各个小情境串联起来，使各个教学环节紧密结合、环环相扣。所以，教师在创设情境时，还需要考虑到情境的连续性，使教学过程始终伴随着学生的情感活动向前推进，并一步步得到深化。

  在人教版小学英语(义务教育教科书)中，学习完三个单元后有一个复习单元(Recycle)，这一单元将针对前面单元中的三个话题和重要知识点进行系统的复习。那么，教师在讲授复习单元时，如何创设情境才能够将前面三个单元的话题联系起来呢？请看下面的情境创设。

案　例

Recycle 1①

人教版小学英语（义务教育教科书）五年级上册

  ● **教学目标**：能够综合运用各单元的重点句型进行对话练习，并且能灵活地运用到真实的情境中。

―――――――――――

  ①　本案例由河南省郑州市金水区柳林中心学校朱茜茜老师提供。

● 情境设计:Zoom和Zip绘制了属于他们自己的Dream School图片,同学们想看看吗?请根据图片提示回答他们的问题,在小组内完成闯关游戏。(出示一张显示Dream School的空白图片。)

第一关: Please guess and describe their teachers.(显示教师办公室门外场景。)

T: This is the teachers' office. There are some teachers' photos outside the wall of the teachers' office. Please answer their questions. If you can answer well, you will enter into the teachers' office.

Zoom: Who is our math teacher?/What's he like?...

Zip: Who is our English teacher?/What's she like?...

(闯关成功,图片显示教师办公室内设计画面。)

第二关: Please guess what they have on the days of one week?(显示教室门外场景和室外活动场景。)

T: This is their classroom. There is one picture of their class timetable. Please read it and answer their question.

Zoom: What do we have on Mondays?

T: There are some pictures about the weekend activities. Please look and answer Zip's question. The best performer will enter into their classroom.

Zip: What do we often do on the weekend?

(闯关成功,图片显示教室内设计画面。)

第三关: Please guess what do they like to eat or drink?(显示学校餐厅外场景。)

T: This is their dining hall. There are some pictures of food and drinks. Please look and answer their questions. If you can get the final success, you will enter into their dining hall.

Zoom: What do I usually have for lunch?/What's my favorite food?...

Zip: What do I usually have for lunch?/What's my favorite drink?...

(闯关成功,图片显示餐厅内设计画面。至此,显示出他们设计的Dream School的全部画面。)

请同学们根据以上提示在小组内进行角色表演。

案例:情境教学设计及其分析

在复习单元中,学习要点分别以"闯关"的形式逐渐呈现了出来。

小学生学习英语与学习母语的最大差异就是,学习英语没有真实的语言环境。小学英语教学最好能做到教学内容与语言环境相匹配。现在的小学英语教材使用了大量与小学生生活相联系的主题,还带有许多形象直观的插图,有助于学生在情境中学习,在情境中理解,在情境中运用。

✎ 实践探索 -

以人教版小学英语(义务教育教科书)为例,任选一课时教学内容,根据本节所述情境教学法,完成一份情境教学设计。以学习小组为单位,讨论交流各自的设计,并进行微格教学训练。

第三节 全身反应教学法设计

> **学习目标**
>
> 1. 掌握全身反应教学法的基本概念；
> 2. 能够按照全身反应教学的基本步骤和基本要求设计小学英语教学；
> 3. 会设计符合学生认知特点和兴趣爱好的课堂操练活动，并做好课堂管理。

全身反应教学法（Total Physical Response，TPR）是美国心理学家詹姆士·阿歇尔于20世纪60年代创立的一种教学方法。这种方法倡导把语言和行为联系在一起，通过身体动作教授外语。它的特点是教师发出指令，学生通过身体动作对教师的指令做出反应。教师的指令可以是简单的一个词，例如sit、stand、stop、turn and run，也可以是较长的句子，例如"Stand up and walk to the door."，或者更长的句子"Stand up, walk to the door, touch the door and open the door."。

微课：全身反应教学法

一、全身反应教学法的基本步骤

全身反应教学法注重互动，让学生在一个比较放松的环境中边听、边看、边模仿、边学习。在实际教学过程中，全身反应教学一般分为呈现、模仿、理解和运用四个基本阶段，这四个阶段形成一个有机整体，为学生完成学习任务提供了畅通渠道。

（一）呈现阶段

在呈现阶段教师说出指令并示范动作，学生边听边观察。如人教版小学英语（义务教育教科书）五年级上册Unit 4 What can you do?（Part A Let's learn）部分要求学生掌握一个动词和三个词组：dance、sing English songs、do Kungfu、draw cartoons。呈现这些词组时，教师在说的同时就可以辅以动作，让学生静听并理解其意。例如，在呈现do Kungfu这个词组时，教师可以一边清晰地慢慢发音，一边配上"功夫"的动作。这样，学生既听清了词组的发音，又理解了词组的意思。

众所周知，母语的学习是在轻松的环境中完成的。然而，在学习外语的过程中，学生通常会焦虑。所以，从全身反应教学的初始阶段开始，教师就要关注学生的情感体验，为学生营造宽松、民主、和谐的教学氛围。

（二）模仿阶段

在模仿阶段教师说出指令并示范动作，然后请个别学生跟着做。在学生听清词组发音、看懂词组意思后，教师就可以请全班同学跟着一起边说边做。例如，教师在呈现完上述动词和词组后，就请大家站起来，一起边说边做。

从儿童学习语言的特点来看，他们首先要发展听的能力，然后在这个基础上，逐步发展说的能力，再发展读和写的能力。所以，在模仿阶段，教师要保证让学生"先听后说"，即首先培养学生听的能力（即进行语言输入），一段时间以后，学生积累到一定程度了，就会水到渠成地开始说。这样的过程保证学生能够在"熟悉"语言材料的基础上再进行语言输出（output或production），而且说得自然、不紧张。

（三）理解阶段

在理解阶段教师说出指令，不示范动作，请学生按照教师的指令去做。例如，教师说出do Kungfu，学生做出"功夫"的动作。

儿童习得语言的过程需要成人的引导。成人首先以口头语言和肢体语言的形式发出命令，然后儿童模仿成人的动作，儿童待理解后逐渐将动作转换成语言代码，从而学会该语言。因此，在理解阶段，教师一定要注意将语言和行为联系起来，让学生在多种多样的活动中做出相应的动作，在反复的练习中轻松地学习英语。

（四）运用阶段

在运用阶段一部分学生发出指令，另一部分学生做出动作。学生不断潜意识地吸收、内化听到的语言材料，形成语感，自然开口说话，并以动作反馈、强化，进行全身反应。例如，一个学生说dance，其他学生做出"跳舞"的动作；然后再换另外的学生继续发出指令。

图6-3-1呈现了全身反应教学的步骤及其要点：

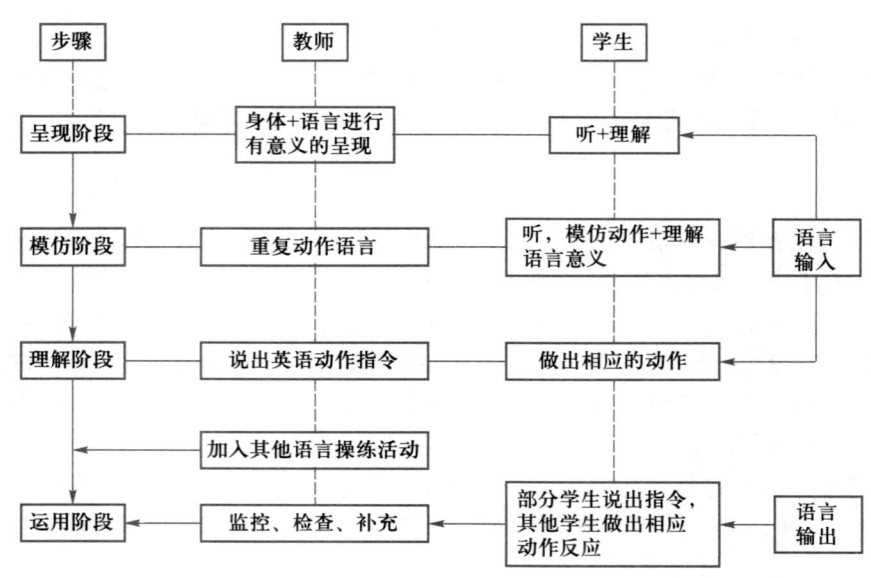

图6-3-1 全身反应教学步骤示意图

这四个阶段由呈现到运用，层层递进：呈现是为模仿做准备；模仿能够帮助学生更好、更快地理解语言结构和词汇；理解阶段的重点在于训练学生的语言技能；运用阶段旨在培养学生达到为交际而运用英语的能力，是一种着重表达意义的练习。

二、全身反应教学法的操练设计

学生学习语言是有规律的。一般认为，在语言学习中理解能力先于表达能力，理解能力是表达能力的前提和基础，所以，教师在设计运用全身反应教学法的过程中，要注意语言的意义，为学生理解、表达创造条件。全身反应教学操作简单、生动、直观，能够让学生在听中学、说中学，做中学、玩中学，大大激发学生的学习兴趣，调动学生学习的积极性。全身反应教学要充分体现语言学习的互动性，因此如何设计学生能积极参与的课堂操练是全身反应教学的关键，在小学英语课堂教学中常用的操练形式主要有以下几种。

（一）设计表演形式的操练

例如，在讲解知识后，通过 *Head And Shoulders, Knees And Toes* 的歌曲，学生边唱边用手触摸身体部位，由慢到快，由快到慢。一曲终了，所学的知识得到巩固，大脑也得到了放松。再如，学习 *Two Fat Gentlemen* 这首歌曲时，让学生与教师一起表演 fat gentlemen、thin ladies 等走路的样子。这样一边表演一边唱歌，既活跃了课堂气氛，又激起了学生的学习欲望，巩固了歌曲内容。

（二）设计模仿形式的操练

小学生的认知特点之一是专注于具体直观的事物。事物越具体，形象越直观，学生就越感兴趣。因此，生活、学习中常见的、常用的、常听的事物的名称，孩子往往更容易掌握。这也给教师的教学提供了指引，即教师的课堂"语言"（口头语言和肢体语言）越形象，越容易促进学生对知识的理解和掌握。如学习 We love animals 单元的动物单词时，教师可通过模仿动物的形态和叫声引入单词，待教师讲解后，变为教师说动物单词、学生模仿动物动作（图6-3-2）。经过反复操练，英语单词自然就被记住了。

图6-3-2　教师带领学生在课堂上模仿动物 [1]

（三）设计绘画形式的操练

小学生对于绘画非常感兴趣，教师如果能将学习内容与绘画结合在一起，枯燥的课堂

---

[1]　图片由郑州市金水区优胜路小学胡紫薇老师提供。

学习就增添了趣味。例如，学习人教版小学英语（义务教育教科书）三年级上册 Unit 4 We love animals (Part A Let's learn) 时，教师可以把第二单元学习过的"颜色"和本课时的"动物"词汇融合到一起，让学生听教师的指令给动物涂颜色，例如"Draw a black panda.""Draw a brown elephant.""Draw a blue bird."，并将画得又正确又漂亮的学生评为最佳小画家（图6-3-3）。这样眼、耳、口、手一起行动，有益于学生对知识的理解，记忆也得到了巩固与加深。

图6-3-3　小学三年级学生在英语课堂上的绘画操练①

（四）设计竞赛形式的操练

小学生不但好奇心强，而且好胜心强，竞赛形式的操练能使他们精神振奋，大大激发其英语学习的积极性。教师可充分利用学生的这一心理特点，组织学生在竞赛中训练语言技能。例如，进行小组竞赛时，可以将几个小组分别取名为 tiger、panda、rabbit、elephant、monkey 等。竞赛会使学生热情高涨，使语言学习变得更加有趣，语言的反馈也会显得更直接、更真实。

三、全身反应教学法的基本要求

全身反应教学符合小学生的特点，能使学生们会学、乐学、快学和多学，在学习中感到快乐。但如果教师在设计和实施中把握不准确，也难以取得预期的效果，所以，教师在进行全身反应教学时要注意以下几点。

（一）处理好课堂中的各种角色

1. 学生的角色

学生是教学的主体，是听者、表演者。教师在教学中应重视发挥学生的主体意识。在

---

① 选自郑州市惠济区老鸦陈中心小学三年级学生课堂操练活动。

全身反应教学中，学生的主要任务是将听到的指令用行为表现出来。

2. 教师的角色

教师既是课程的设计者，又是课程的导演。全身反应教学一个突出的特点就是教师的作用积极而直接。在全身反应教学中，教师为每个学生提供展示自己才能的机会，并对学生的表现给予鼓励和称赞。

3. 教学材料的角色

在全身反应教学中没有特定的教材，教师的语言、行为和手势为课堂活动提供了良好的课堂基础。在教学中，教师可以运用书本、笔、杯子或是课桌椅等作为辅助工具。

小学英语教学的最终目的是使学生能用英语自由交流、表达思想。全身反应教学在行为和语言之间建立联系，并通过"呈现—模仿—理解—运用"四个阶段，逐步由教师示范行为动作过渡到学生说出指令。在许多小学英语课堂上，学生的模仿都和教师示范的一模一样。在英语学习的初始阶段，教师的行为示范是打开学生思维的一把钥匙，但是一味地让学生重复模仿教师，也会逐渐减少学生进行创造性思维的机会。所以，在运用全身反应教学法时，教师应该在学生理解之后，鼓励他们进行创造性模仿。

（二）做好课堂管理

全身反应教学中包含了大量的游戏活动、角色表演、小组竞赛等，而小学生一旦活跃起来，就容易失去控制。所以，没有好的课堂管理，再好的教学方法，再丰富的教学活动也难以取得预期的效果。这就要求教师在组织课堂活动之前明确活动目的、规则和要求，并考虑班级人数、教室大小、活动形式及范围等因素，在活动过程中认真监控，及时恰当地处理问题行为，以防止活动中可能出现的混乱场面。

由于全身反应教学使行为、动作、物体之间建立了形象直接的联系，而且听一听、做一做的学习方式也符合小学生的认知和学习特点，所以它至今仍是小学英语教学中使用频率比较高的一种教学方法。而英语教师在使用全身反应教学法时，应提高自身的语言素养，能准确找到一些英语词语和句子并借助肢体传达其意思，注重语言和肢体的协调性，适当引导学生，强化教学中的重点和难点，特别要创造一种活跃和互动式的课堂氛围，让学生找到学习的乐趣，在愉悦的过程中不断提高英语水平。

案例：全身反应教学法设计及其分析

实践探索

以人教版小学英语（义务教育教科书）为例，任选一课时教学内容，根据本节所述全身反应教学法，完成一份全身反应教学设计。以学习小组为单位，讨论交流各自的设计，并进行微格教学训练。

第四节 支架式教学设计

学习目标

1. 掌握支架式教学的基本概念；
2. 能够按照支架式教学的基本步骤和基本要求设计小学英语教学；
3. 会设计符合学生学习水平的支架。

微课：支架式教学

支架式教学来源于苏联著名心理学家维果茨基的"最近发展区"理论。维果茨基认为，在儿童智力活动中，所需要解决的问题和原有能力之间可能存在差异。儿童在教师的帮助下，可以消除这种差异，这个差异就是"最近发展区"。支架式教学法应当为学习者建构对知识的理解提供一种概念框架（conceptual framework）。这种框架中的概念是为发展学生对问题的进一步理解所需要的。为此，教师事先要把复杂的学习任务加以分解，以便把学生的理解逐步引向深层次。支架式教学法展现的画面是：学生们沿着教师搭建好的支架一层一层奋力向上攀登。

一、支架式教学的基本步骤

支架式教学需要教师在对学生当前水平充分了解的基础上，为学生搭建支架，巧妙地引导学生，随后及时地"撤出"支架，学生在"从有到无"的过程中，实现知识的意义建构。支架式教学由以下几个步骤组成。[1]

（一）进入情境

进入情境指教师要通过某种方式设置情境，例如，可以通过图片等材料为学生呈现中国特色美食，让学生制作海报；或者呈现生日宴会的场景，让学生制作生日宴会食谱。

（二）搭建支架

教师围绕当前学习主题，按"最近发展区"的要求建立支架，即根据学生的知识水平和特点，设置合理的支架。例如，如果学生没有看过英语海报，对英语海报的格式、内容等不熟悉，那么学生就很难制作出满意的海报，学生也可能无所适从，这时教师就应该给学生提供海报的模板，解释海报的制作要求等。如果是为生日宴会制作食谱，学生需要询问同学喜欢什么样的食品，教师不仅要设计活动让学生了解询问饮食爱好的表达方式，同时还要呈现食谱的模板。

---

[1] 周芹芹. 支架式理论在商务交际英语网络课程设计中的应用[J]. 电化教育研究，2009（11）：48-51.

（三）独立探索

在教师的帮助和同学的启发下，学生独立探索解决问题的过程。探索开始时教师要先启发引导学生（例如，演示或介绍理解类似概念的过程），然后让学生独立分析。在探索过程中教师要适时提示，帮助学生沿着支架逐步攀升。起初的引导和帮助可以多一些，之后逐渐减少——愈来愈多地放手让学生自己探索；最后要争取做到无需教师引导，学生自己能在支架中继续攀升。例如，学生独立完成制作海报或食谱的任务。在制作过程中，教师要不断地给予提示和帮助。

（四）协作学习

协作学习是指学生合作解决问题。学生进行小组协商、讨论、对话等活动，在共享集体思维成果的基础上，达到对当前所学有比较全面、正确的理解，即完成对所学知识的意义建构。例如，学生以小组为单位，通过调查了解同学们喜欢什么食品，然后分别按照海报或食谱的样式完成任务，最后在班级呈现和班级同学分享。

（五）效果评价

对学习效果的评价包括学生个人的自我评价、师生共同评价和学生相互评价。评价内容包括：自主学习能力、对小组协作学习所做出的贡献、对所学知识的意义建构情况。

对于以上的各个步骤，教师在教学过程中可根据学生的情况，进行适当的调整。在支架式教学中，学生的学习主动性加强了，课堂评价也更加多元化，学生的语言运用能力、独立思考能力和合作学习能力也得到了锻炼。

二、设计支架的方式

建筑行业中使用的"脚手架"（Scaffolding），即支架式教学中"支架"的形象化比喻。这种支架是学生进一步理解问题所需要的，也就是说，该支架应按照学生认知的"最近发展区"来建立。教师可通过支架的支撑作用把学生的认知从一个水平提升到另一个更高的水平，真正做到使教学走在学生发展的前面。由此可见，搭建支架是支架式教学的关键，在小学英语教学中常用的搭建支架的方式有如下几种。

（一）设计范例

范例是符合教学目标要求的学习成果（或阶段性成果），往往涵盖了特定主题学习中最重要的探究步骤或最典型的成果形式。例如，教师要求学生通过制作海报或食谱来完成学习任务时，可以展示往届学生的作品范例，也可以从学生的视角出发制作范例进行展示。好的范例在技术和内容上都会对学生的学习起到引导作用。范例展示可以避免拖沓冗长或含糊不清的解释，帮助学生较为便捷地达到教学目标。例如，在学生制作食谱或海报的活动中，教师就可以先为学生展示几幅其他学生的作品（图6-4-1）。

图6-4-1　食谱^①与海报^②示例

（二）设置问题

问题是学习过程中最为常见的支架，有经验的教师会在学生的学习过程中自然地、及时地提供此类支架。当教师可以预测学生可能遇到的困难时，对支架问题进行适当设计是必要的。

案　例

Unit 2 Ways to go to school (Part B Read and write)

人教版小学英语（义务教育教科书）六年级上册

为了让学生在阅读时能够抓住文章的重要信息，教师可以为学生设计这样的问题：

(1) What are the different ways of going to school?

(2) How do children go to school in different places?

(3) Does Robin go to school?

对学生来说，教师提供的问题就像是一个个脚手架，能让学生攀登而上。而学生把问题答案串联起来，就是语篇的主要内容。

（三）提出建议

案例：阅读教学的问题设计

当学生在独立探究或合作学习的过程中遇到困境时，教师应给出恰当的建议，以引导学生顺利完成学习。当设问语句改成陈述语句时，"问题"支架就成为"建议"支架。与"问题"支架的启发性相比，"建议"支架的表现方式更为直接。

---

①　该案例由河南省实验中学思达外国语小学胡紫薇老师提供。

②　该案例由河南省实验中学思达外国语小学许晓飞老师提供。

案 例

Unit 2 Ways to go to school (Part B Read and write)
人教版小学英语（义务教育教科书）六年级上册

Suggestions about the text:

(1) Read the text quickly and find the number of different ways to go to school.

(2) You should try to get the exact ways for children to go to school in different places.

(3) You'd better find out how Robin learns.

（四）绘制思维导图

思维导图是一种图像式思维工具，或者说一种利用图像式思考辅助工具来表达思维的工具，包括概念地图、文化图、组织图、时间线、流程图、射线图、循环图、比较矩阵等。小学英语教师可以根据教学内容和目标要求选用合适的思维导图。例如，人教版小学英语（义务教育教科书）六年级上册Unit 4 I have a pen pal，教师设计的概念地图支架（如图6-4-2所示）为学生的阅读提供了清晰的指引。

可视化信息描述方式

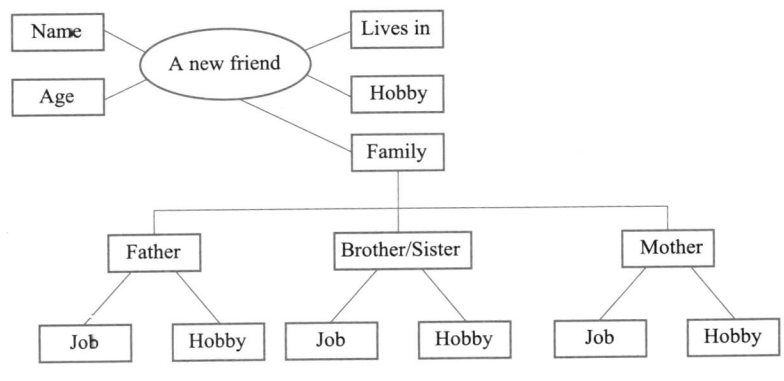

图6-4-2 概念地图支架

（五）设计谈话活动

在英语课堂教学中，谈话活动对于培养学生的听说能力起着重要的作用。教师可根据不同的课堂教学目标、不同的教学环境设计不同的讨论话题。谈话活动可以在师生之间进行，也可以在生生之间进行。它创造的是一种真实的交际环境，听者和说者在交流中产生信息差（即信息沟），双方就有了继续交流的意愿。

资源：信息沟

案　例

Unit 5 What does he do? (Part B Let's talk)
人教版小学英语（义务教育教科书）六年级上册

• Step 1：师生谈话，导入话题，复习旧知，引入新知。

T: What does your father do?

S1: He's a teacher.

T: Where does your father work?

S1: He works in the Experimental Middle School.

T: How does he go to work?

S1: He usually goes to work by bus.

（教师可以边听边在黑板上写下句型 "What does your father / mother do？" "Where does your father / mother work？" "How does he /she go to work？"。）

• Step 2：师生问答，练习用特殊疑问句讨论父母的职业特点。

T: OK, now I wonder if you have a good memory. What does S1's father do? Where does S1's father work? How does he go to work?

（教师引导学生用第三人称单数形式回答问题。）

S2: His father is a teacher.

S3: He works in the Experimental Middle School.

S4: He usually goes to work by bus.

• Step 3：小组练习，语言输出。

T: Please use the sentence patterns to ask the jobs of your group members' fathers or mothers. And tell us the information you get before class.

在这种含有信息差距的交流活动中，学生表现活跃，在熟悉的、已知的信息和未知的信息之间形成了一个自然的过渡。由第一人称到第三人称，说的同学有意识、有目的地记下新的词汇和句型，听的同学则只有认真听对方的发言才能回答问题。这种真实且轻松、愉快的情境为最后一步（分享已有信息）提供了支架。

三、设计支架式教学的基本要求

支架式教学法在小学英语教学中被广泛运用，但是，教师设计支架式教学时应掌握以下基本要求，以发挥它的优势。

（一）准确定位

教师首先要对学生的"最近发展区"进行准确定位。具体来说，以下三种方式可以帮助定位：一是课堂观察，在教学过程中，敏锐觉察学生的状态变化来判定教学内容是否合适；二是进行测试，主要是卷面测试，通过可以量化的试卷成绩来摸清班级学生的学习程度，避免课堂的观察过于主观或产生偏差；三是学生反馈，主要通过学生填写问卷来实现，问卷中要包含对教学材料的难易判定、对自己学习情况的判定以及对未来材料难易程度的期待等。

（二）适时提供支架

教师需要把握好时机为学生提供合理的支架。时机指的是教师提供支架和撤出支架的时间。教师在学生遇到困难、无法完成任务时为其提供支架，在学生能够通过独立学习或小组学习解决问题、完成任务时，及时撤出支架。《课标（2022年版）》指出，教师要及时诊断学生在学习过程中的问题，根据需要提供必要支架和及时反馈，帮助学生达成预设的教学目标。教师要在学生需要的时候为其提供支架，并在学生能够开展任务时撤出支架，给学生充分的探索空间。

案例：支架式教学设计

> **实践探索**
>
> 以人教版小学英语（义务教育教科书）为例，任选一课时教学内容，根据本节所述支架式教学，完成一份支架式教学设计。以学习小组为单位，讨论交流各自的设计，并进行微格教学训练。

第五节　自然教学法设计

微课：自然教学法

 学习目标

1. 掌握自然教学法的基本概念；
2. 能够按照自然教学的基本步骤和基本要求设计小学英语教学；
3. 能够营造轻松的学习氛围并设计符合学生语言习得过程的课堂活动。

自然教学法是特雷尔和克拉申在20世纪70年代提出的以克拉申的第二语言习得理论为基础的一种强调听说在前、读写在后的语言教学方法。自然教学法认为第二语言的习得如同幼儿习得母语一样，教师在教学中要注意做到：第一，最大限度地增加学生的语言输入；第二，为学生创造轻松愉快的学习氛围；第三，尽可能地运用英语交流；第四，在口头活动中不纠错，在书面作业中纠错等。

资料：克拉申的第二语言习得理论

一、自然教学法的基本步骤

自然教学法在英语教学中有以下几个特点：真实舒适的学习环境、自然积极的学习状态、学生本位的课堂管理、需求定向的教学设计。[①]在实施过程中，自然教学法可分为以下三个步骤。

（一）表达前阶段

教师在课堂上和学生自然地谈话，使用基本的词汇和句型，并且突出、重复重点词汇。教师通过身体动作、图片、实物等，帮助学生理解。只要求学生能够听懂和执行简短的英语指令，做出非语言性的反应。许多学生开口之前要经过一个"沉默"的阶段，这是正常的。在这个时候，教师要有耐心。在小学生学习英语的起始阶段，如果教师过多地运用反复操练的方法，这不仅不能带来明显的教学效果，而且还可能挫伤小学生的英语学习兴趣。

（二）早期表达阶段

教师自然地和学生谈话，使用简单的词汇和句子结构，继续注意学生是否能够对简单的英语指令做出正确的反应，包括非语言性反应和语言性反应。此时，学生已经习得了一些词汇和简单的句型，教师可以设置一些简单而有趣的问题激发学生回答问题的兴趣。例如，教师可以使用一般疑问句（Is this your pen?）、选择疑问句（Is this yours or his?）以及以 Wh- 为首的特殊疑问句（What is his name?）等进行提问，要求学生用一两个单词或短语回答问题。教师应注意这些问题在学生可理解的范围之内，并且学生有能力做出回答。

（三）表达阶段

教师使用自然、简单的语言和学生谈话，用以 How 为首的特殊疑问句提问，要求学生用短语或完整的句子做解释，表达自己的意见。教师应鼓励学生在实际生活中用英语表达思想，与人交流。教师可以设计一些能加强学生表达欲望的问题，比如，"How are you?""How is the weather today?""How to get to the museum?"等。教师也可以提供一些短语和句型，让学生扮演不同的角色，用英语来排练日常生活中的场景，比如看病、师生对话等。

二、运用自然教学法的基本要求

自然教学法强调语言材料的输入（input），认为可理解的语言材料的输入是语言学习成功的关键，这种输入通过不同的途径（如听、读、看），以不同的量和不同的方式提供给学生。所以，课堂教学必须为学生提供多元刺激方式，必须能够调动学生的多种感官，适应不同教学目标以及不同技能发展水平、不同学习风格、不同语言发展水平学生的需求。设计自然教学有以下几个方面应引起注意。

---

① 王笃勤.小学英语教学策略［M］.北京:北京师范大学出版社,2010:23-24.

（一）使用简单的英语指令

组织教学要从实际出发，尽量使用英语，适当使用母语。在小学英语课堂上常常出现学生不知教师所云的尴尬局面，例如，有一位教师让学生重复录音中的内容时用了四次repeat一词，学生还是没能明白。教师语言超出了学生的语言储备量，学生毫无反应，这大大降低了教师课堂语言输入的有效性，同时也挤占了学生语言实践的时间，使课堂效率大打折扣。此时如果教师适当地用汉语稍做解释，学生立刻就会明白应当做什么和怎么做。

（二）由浅入深

人们对事物的认识总是从简单到复杂、由浅而入深的。教材的有些内容由于语言本身体系的原因，往往知识的跳跃性较大，缺少过渡环节。这就要求教师必须按照从简到繁、从易到难的原则，以学生的接受能力为教学出发点，恰当地安排教学内容、选择教学方法，尽可能缩小知识衔接的坡度，使学生能熟练地掌握新知识。教师在处理教材时，要利用学生的现有知识，以旧知识导入新知识，通过讨论学生熟悉的话题帮助学生理解。

（三）理解在先，表达在后

在小学英语教学中，听、说、读、看、写既是学习的内容，又是学习的手段。其中，听、读和看是理解的技能，说和写是表达的技能。正确的表达必须以正确的理解为基础。在课堂教学中，教师首先要通过各种方式，使学生充分理解教师传达的信息，即为学生设计多元的"输入"活动。然后，在理解的基础上，再为学生设计多元的"输出"活动，促进学生的表达。

案 例

Unit 4 We love animals (Part A Let's learn)
人教版小学英语（义务教育教科书）三年级上册

1. 听觉活动
学生听录音、听老师或同学的描述，辨别小动物的图片（cat、dog、duck、pig、bear）。
学生通过听猫、狗、鸭子、猪等动物发出的声音来辨别它们。

2. 视觉活动
学生通过观察动物们的图片，回答问题。
学生观看动物们喜欢吃的食物，选择动物。
学生观看动物身体的局部图片，猜测动物。

3. 触觉活动
学生通过触摸小动物玩具来猜测是哪种动物，并回答问题，介绍自己喜欢的动物。

上述案例中的"输入"活动包括耳朵听、眼睛看和双手触摸，这些活动对学生进行了听觉、视觉和触觉方面的刺激。教师在课堂教学中可以根据学生的学习风格和学习水平选择不同的"输入"活动。针对此教学内容的课堂"输出"活动可以包括：

案 例

1. 交际练习

调查同伴喜欢哪种小动物。

2. 任务活动

调查学生去动物园见到的小动物。根据调查结果，制作同伴喜欢的小动物卡片，并赠送给同伴。加强学生之间的了解，加深同学友谊。

3. 游戏活动

行为猜测：学生A用肢体语言表达自己喜欢的动物，学生B用英语表达自己的猜测；学生在讲台前用肢体语言表达自己喜欢的小动物，不同小组猜测。

传话游戏：分小组活动。各小组第一个同学分别描述自己喜欢的小动物的特点，依次传递，至最后一名同学。如果最后一名同学猜出小动物的名称，则本小组获得奖励。

4. 绘画活动

学生根据所听、所演、所看，画出不同动物的典型特征。

上述案例中的"输出"活动即分别通过语言交际、任务调查、课堂游戏和动物绘画的不同形式检验了学生对本课时动物单词的掌握情况。教师需要根据实际教学情况选择适合的活动。

（四）以掌握为中心

自然教学的每一个阶段都应以学生的掌握为中心。在初学阶段，要创设轻松愉快的学习氛围，使学生在"无意识"状态下习得语言。在较后阶段，教师要适当强调"有意识"地学习词汇、语法、句型等语言知识，保证学生使用语言的规范性。需要指出的一点是：必要时，可以使用母语进行解释。

案 例

Unit 2 Last weekend (Part B Read and write)
人教版小学英语（义务教育教科书）六年级下册①

• Step 1: Pre-reading

(1) Free talk

T: Hello. Boys and girls! This morning I ran in our campus. Yesterday I played ping-pang with my friends. And last weekend I went to Kaifeng. It is a small but beautiful city. So what did I do this morning?

Ss: ...

设计意图：通过课前交流带领学生复习一般过去式的用法。

---

① 本案例由郑州师范学院 2022 届学生翟鲜根据河南农业大学附属中小学孟江涛老师现场教学视频整理。

(2) Lead-in

T: Now my name is Mrs. Broom. I am a housekeeper.I am very happy.（带上角色扮演的帽子进行演示。）

T: Who wants to be Mrs. Broom?（邀请学生扮演。）

T: What did Mrs. Broom do yesterday? Just guess.

Ss: She made the beds. She cooked food. ...

设计意图：通过教师以及学生的角色扮演导入课题。通过问题引导学生猜测故事情节，训练学生的预测能力。

• Step 2: While-reading

(1) Skim and answer questions

T: You know Wu Binbin and his family went to the hotel. And Wu Binibn and his family wrote a letter about their stay. Now please read the letter quickly and answer the questions. Let's go.

Q1: How was their weekend at the hotel?

Q2: Did they enjoy their stay?

设计意图：学生快速阅读文本并回答问题，了解整篇文章的大概内容，训练略读能力。

(2) Scan and answer questions

T: Wu Binbin and his family stayed at the hotel.So how was the room they live? Please read the letter carefully and answer the questions.

Q1: Which was Wu Binbin and his family's room?（出示不同环境的房间，让学生根据文本内容猜测。）

Q2: What did Wu Binbin do in their room?

设计意图：学生认真阅读文本并回答问题，掌握文章细节，训练跳读能力。

(3) Scann and describe the pictures

T: Let's read the letter for the third time and find the sentences that describe these pictures. （出示图片。）

(4) Read and select verbs: grammar consolidation

T: Now, let's read the letter for the fourth time. Please circle all the verbs and complete the table. You should make sure of the differences between the past verbs and the present verbs.（出示表格。）

设计意图：学生精读课文，探索细节，加深对课文的理解和对动词过去式的掌握。

(5) Read and make sentences with "but" : writing

T: There are some sentences with "but" in the text. Let's read the text and try to make sentences with "but" . Please write on your notebook.（呈现整篇文章。）

设计意图：引导学生关注转折词"but"，并用"but"造句，为后面写作练习做准备。

• Step 3: Post-reading

(1) Retell the passage

设计意图：运用板书的思维导图，引导学生复述文章的大致内容。学生在教师的示

> 范及引导下尝试复述整篇文章。
>
> (2) Writing
>
> T: There is a letter on our textbook but it's not finished. Let's read and finish it.
>
> 设计意图：根据文本故事内容，补全信件。巩固本课时所学内容，练习使用动词过去式描述事情。
>
> ……

在上述教学案例中，不论是Free talk环节教师与学生看似不经意的聊天，还是Lead-in环节教师与学生的对话，其实教师都在有意识地引导学生复习动词过去式。同时，Lead-in环节的角色扮演还能够快速将学生引入课文的故事情境中，为学生理解教材内容做了铺垫。教师在此部分设计中做到了有意识地把学生带入"无意识的学习"中。阅读中环节五个教学活动的设计，体现了学生在教师问题引导下一步步从"读"到"写"的能力训练过程。阅读中"写句子"的活动也为阅读后补全信件的写的活动做了铺垫。从阅读前到阅读后，所有活动的设计都帮助学生在理解教材文本内容的基础上，逐渐训练读的能力和写的能力。

（五）降低学生的情感焦虑

自然教学强调在教室里创造一个非压迫性的、非竞争性的以及完全放松的学习气氛和环境。该教学法认为，开放性的教学氛围非常重要，如果学生在使用外语时太在乎"正确"与否，或者他感到有压力、不自在，那么他就很难做到对所学语言的真正"掌握"。请看下面一则小学英语教师教学随笔摘录：

语言环境的缺乏给涉"英"未深的小学生学习英语带来了一定的困难。一句简单的英语，老师往往要领读好几遍以后，学生才能学会。另外，还有一部分学生因为性格内向，害怕别人批评或嘲笑，不敢开口，口语能力也因此得不到发展，久而久之，会渐渐对英语失去兴趣。

针对这种情况，我上课时首先会营造出宽松的课堂氛围，以鼓励、表扬为主，主动地与学生进行情感沟通，并以平等的姿态与学生进行交流。很多学生不敢说是因为怕说错而受到老师的批评或同学的嘲笑。面对这样的学生，我总是会用期待的眼神，鼓励的话语，由衷的赞赏，来调动学生说英语的积极性。课堂上很多次的发言机会我都留给了那些不敢举手的学生，无论对错，我的脸上都是充满了真心的笑容。久而久之，学生的表现会越来越好。①

案例：通过不同"输入"引导学生学习

教师可以用鼓励、赞赏的话语创设宽松的课堂氛围，还可以选用其他的形式为学生创设愉快、轻松的学习环境，缓解他们的紧张情绪。例如，一位教师在讲授完人教版小学英语（义务教育教科书）五年级上册Unit 5 There is a big bed（Part A Let's Try and Let's Talk）课时后，将教材内容改编成一首歌谣（如图6-5-1所示）。朗朗上口的歌谣不仅促进了学生对课文内容的理解，也缓解了阅读课教学为学生带来的紧张感，让学生感受到了英语学习的乐趣。

---

① 摘自郑州市二七区培育小学殷笑梅老师教学随笔《在快乐中成长，在耕耘中收获》。

Let's chant

There is a room.
It's Zhang Peng's room.
What a nice room!
There's a big bed in his room.
There is a desk next to the bed.
And a computer is on the desk.
Let's play.

There is a room.
It's a nice room.
There is a photo in his room.
Zhang Peng looks cool.
What a nice photo!
And there is a bike, a clock and a
plant in the room.

图6-5-1　Unit 5 教学中设计的英语歌谣①

实践探索

　　以人教版小学英语（义务教育教科书）为例，任选一课时教学内容，根据本节所述自然教学法，完成一份自然教学设计。以学习小组为单位，讨论交流各自的设计，并进行微格教学训练。

第六节　小学英语课堂教学技巧运用

学习目标

　　1. 了解歌曲、歌谣、韵文，以及游戏、故事在小学英语教学中的重要性；
　　2. 能够根据教学需要在小学英语教学中合理运用歌曲、歌谣和韵文，以及游戏、故事；
　　3. 能够结合课堂教学内容和学习需求为学生推荐适合的英语绘本阅读资源。

　　教学技巧与教学方法有着密切的联系，教学技巧是构成教学方法的要素，伴随教学方法而生。选择恰当的教学技巧有助于实现课堂教学目标、提高课堂效率、活跃课堂气氛、提高学生的兴趣。

　　小学英语课堂教学涉及的教学技巧有很多。虽然每种技巧的特点、作用、适用范围各不相同，但它们都能有效地吸引学生的注意力，激发学生学习英语的兴趣，有助于教学目标的实现。"学习金字塔"（The Cone of Learning）理论表明：进行主动的实践练习（practice by doing）的学习效率要高于被动的课堂

资料：学习
金字塔理论

────────────

　　① 本案例由河南农业大学附属中小学孟江涛老师提供。

听讲（lecture）、阅读（reading）和观看视频（audio visual）等活动。而唱歌、做游戏和讲故事是达到上述效果的主要兴趣活动。本节主要介绍歌曲（歌谣、韵文）、游戏和故事在小学英语课堂教学中的运用和要求。

一、唱歌

小学生十分喜欢唱歌，特别是小学低年级学生。小学英语教学中的歌曲、歌谣和韵文具有篇幅短小、结构简单、朗朗上口的特点，很容易被小学生接受。英语歌曲、歌谣和韵文的主要区别在于：歌曲有曲调，对押韵没有要求，需要唱出来；歌谣有节奏，不一定都押韵，但没有曲调，需要有节奏地读出来；韵文较歌谣稍长，且押韵，一般有节奏，要读出来。

（一）歌曲、歌谣和韵文在教学中的作用

《课标（2022年版）》将"歌曲、歌谣、韵文"纳入小学生要学习的语篇类型之中，在语言技能中还要求学生演唱所学的简单英语歌曲。歌曲、歌谣、韵文对培养学生的文化意识，具有积极的作用，《课标（2022年版）》要求学生"能在教师指导下，通过图片、配图故事、歌曲、韵文等获取简单的中外文化信息""能在教师指导下，感知英语歌曲、韵文的音韵节奏"。《课标（2022年版）》在教学提示中指出，小学3~4年级的英语教学要"突出听说，重视模仿"。课堂中"听说韵文、韵句，听唱歌曲"的活动，可以让学生模仿英语中的语音、语调和情绪表达，为学生初步形成语感奠定良好的语音基础。小学5~6年级的英语教学要注重发展学生的语音意识，通过丰富的活动，如演唱歌曲、韵文等，引导学生感知、体会英语的重音、意群、语调与节奏，为准确、得体地表达与交流奠定基础。

所以，把富有节奏感、韵律美和文化气息浓的英语歌曲、歌谣、韵文运用到小学英语教学中，既可以活跃课堂气氛、激发学生的学习兴趣，又可以帮助学生培养语感、陶冶情操，还能满足学生的求知欲和成就感，是有效、有趣的英语课程育人活动形式。现行的小学英语教材中编排了许多英语歌曲、歌谣和韵文。例如，人教版小学英语（义务教育教科书）三、四年级单元教学中的Let's chant和Let's sing板块，五、六年级教材单元教学后的Songs in each unit内容（图6-6-1）。

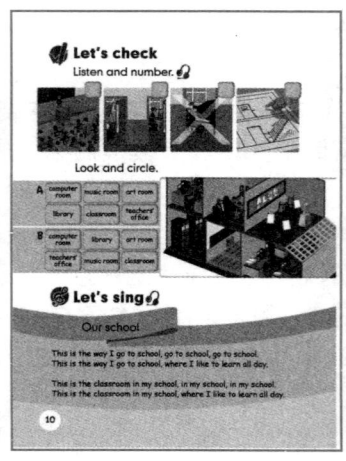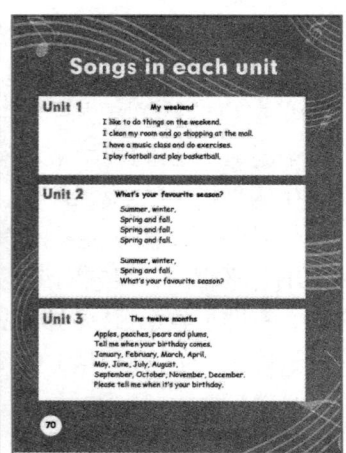

图6-6-1 教材页面样例

（二）歌曲、歌谣和韵文在教学中的运用

1. 选择或创编合适的歌曲、歌谣和韵文

歌曲、歌谣和韵文的选择不是随意的，教师要根据课堂教学内容，有目的、有针对性地选择，同时也可以根据需要合理地创编新的歌曲、歌谣、韵文。

（1）在字母教学中的运用

例如，在英语学习启蒙阶段，教师都会带领学生学唱字母歌 *Sing the ABC Song*，这首歌曲可以帮助学生有效地记忆英语26个字母。学完这些字母后，教师可以编写一些韵文或字母歌，以供学生记忆：[1]

A, A, it's an apple. It's a red apple. Apple, apple, a red apple.

B, B, it's a bird. It's a lovely bird. Bird, bird, a lovely bird.

C, C, it's a car. It's a yellow car. Car, car, a yellow car. Let's play in the car.

D, D, it's a dog. It's a black dog. Dog, dog, a black dog. Let's play with the dog.

E, E, it's an elephant. It's a big elephant. Elephant, elephant, a big elephant. We like to watch the elephant.

F, F, it's a fish. It's a small fish. Fish, fish, a small fish. We like to eat the fish.

（2）在词汇教学中的运用

为了帮助学生记忆新的单词，教师可以把新学习的单词放在歌曲里让学生进行练习。例如，学习人教版小学英语（义务教育教科书）四年级上册Unit 6 Meet my family（Part A Let's learn）时，教师可以选择歌曲 *Come and See My Family*：

Come and see my family, Under the old apple tree! This is my father. How do you do? Sit down and have a cup of tea with me!

在学完了词汇mother、father、sister、brother、grandma、grandpa后，教师和学生可以共同尝试将新学的单词编入歌曲中。

学习描述人体状态的形容词如 sleepy、hungry、tired、thirsty等时，教师可以利用学生熟悉的歌曲 *If You Are Happy* 创编：

If you are sleepy, please have a rest.（示意学生一边唱一边做出睡觉的姿势。）

If you are hungry, please have a hamburger.（示意学生做出吃汉堡的样子。）

If you are thirsty, please have a glass of water.（示意学生做出喝水的样子。）

教师示范之后，将学生分成几个小组，让学生讨论、集体创作并演唱他们的歌曲，有条件的还可以配上音乐，看哪个小组创作得又多又好，及时给予评价并进行练习。

（3）在语音教学中的运用

教师还能够选择一些英语歌谣和韵文训练学生的语音。例如，朗读歌谣 *The Little Cat Is Mad* 有助于训练音标 [e] 和 [æ] 的发音：

The little cat is mad. The little cat is sad. The little cat feels very bad. "Little cat. Little cat. Why are so mad and so sad?" "I have broken my leg. I have broken my neck. And I have a pain in my head." "Sorry, sorry, little cat. That's really too bad."

---

[1]　鲁子问. 小学英语活动设计与教学[M]. 北京: 高等教育出版社, 2008: 172.

（4）在语法教学中的运用

学习语法知识，也可以选择适合的英语歌曲使单调的语法知识变得生动、形象。例如，人教版小学英语（义务教育教科书）五年级下册 Unit 5 Whose dog is it? 单元涉及现在进行时，教师可以选择带有现在进行时句子的英语歌曲 *Sailing*。

（5）在文化教学中的运用

不但语言知识讲解与语言技能训练的课堂教学可以运用英语歌曲、歌谣和韵文，教师还可以适时地引入关于英语国家文化知识的歌曲、歌谣和韵文，以增加学生的跨文化知识和跨文化交际的意识。例如，在讲授 My holiday 一课时，教师可以选择一些与圣诞节有关的歌曲，如 *Santa Claus Is Coming to Town*、*Jiggle Bells*、*White Christmas*；如 Let's take a trip 一课，*London Bridge* 就是一首很好的介绍英国地理知识的歌曲。

2. 合理运用歌曲、歌谣和韵文

英语歌曲、歌谣和韵文教学通过让学生听、唱、演、玩等方式，让枯燥、乏味的语言教学变得丰富多彩，既能增加学生学习英语的兴趣，让紧张的课堂学习变得轻松、愉快，又能让学生获得英语学习的成就感。教师要利用好歌曲这一辅助手段，为英语课堂教学服务。在实际教学中，教师要把握好运用的时间和方式。

（1）课前热身

课前唱歌已成了英语课堂的必备环节。它能给教师带来激情，也能把学生的注意力从课间活动迅速转移到课堂学习中，让学生从心理上做好上课的准备。此外，在教师上观摩课、优质课、教学比赛课等公开课时，课前唱歌还能缓解学生的紧张情绪，为取得良好的教学效果做铺垫。

案　例

Unit 3 Look at me! (Part B Let's learn & Let's do)
人教版小学英语（义务教育教科书）三年级上册

Warm-up

T: Good morning, class. Do you know an English song *Head Shoulders Knees and Toes* ?

Ss: ...

T: Is there anyone who can sing it?

Ss: ...

T: Now let's watch the video.

T&Ss: 师生一起观看歌曲视频。

T: Now let's follow the video. This time, we try to sing and touch our body together.

T&Ss: 师生一起跟着歌曲视频边唱边模仿动作。

T: Well done. This is a song about our body. While we sing this song, we touch our head, shoulders, knees and toes.（教师边说，边指着自己的头、肩膀、膝盖和脚趾。）And today we'll continue to learn our body.

在这个案例中，学生们边唱歌，边跟着歌曲视频触摸自己的身体部位，自然而然地进入本课时关于"身体"的话题。

（2）讲授新课

英语歌曲能巧妙地融入新授课内容。把需要学生掌握的单词、句子编入学生熟悉的曲调中，学生既感到熟悉，又觉得新鲜，能轻轻松松掌握新知识。以上一教学案例为例，在进行新单词讲授时，教师可以这样设计教学：

T: Class, look at me.This is my head.（触摸自己的头。）Can you touch your head？（重读"your"。）

学生模仿老师动作：触摸自己的头。

（3）练习巩固

在练习巩固阶段，教师可以将所学词汇、句型编成歌曲。这些简单通俗的语句帮助学生在反复歌唱中复习巩固所学的词汇、句型。如上面案例中的教学内容，在复习巩固阶段，教师还可以运用 *Two Tigers* 的曲调编写英语歌曲："Is this your skirt? Is this your skirt? Yes, it is. Yes, it is. Is that your T-shirt? Is that your T-shirt? No, it isn't. No, it isn't. Is this your jacket? Is this your jacket? Yes, it is. Yes, it is...."如果找不到合适的曲调，教师还可以将所学知识编成朗朗上口的歌谣。例如，教学人教版小学英语（实验教科书）六年级上册 Unit 1 How do you go there? (Part A Let's read)时，教师编写了下面一首歌谣：

Where do they go?

They go to the park.

When do they go?

This afternoon.

How do they go?

By bike, on foot and by bus.

Where's Zhang Peng's home?

Near the post office.

Which floor?

The fifth floor.

When do they meet?

At 2 o'clock.

Happy! Happy!

They are happy!

这首歌谣将课文对话中的主要信息和知识点都进行了总结。学生通过歌谣朗诵练习，也轻松地复习了课文中的知识点。

3. 用多种手段辅助歌曲、歌谣和韵文的运用

教师在带领学生朗诵或学唱歌曲、歌谣和韵文时，要选择多种方法，促进学生的理解和记忆。

（1）创设丰富情境

情境教学法和全身反应教学法可以有效地促进学生对歌曲、歌谣和韵文的理解和知识的记忆，从而有效地增进教学效果。例如，选用歌谣 *Rain Is Falling Down*，教师可以用简笔画或者多媒体呈现一幅"下雨"的图画，同时用音响播放"哗哗"的下雨声。声音与图像

的结合，使学生宛如置身于雨中。在播放圣诞歌曲时，教师可以戴上红色的圣诞帽，戴上白胡子；演唱 *Sailing* 时，用幻灯片显示大海、船舶；演唱 *Old Mac Donald Had a Farm* 时，用幻灯片展示农场画面，课桌上再放一些动物毛绒玩具或手工制作的动物图片等。

（2）设计多种活动形式

在反复听了几遍歌曲后，教师还可以尝试将歌词中的关键词或与课文内容相关的词汇去掉，让学生边听边填空，以检查学生对词的掌握情况。如果将这项练习放在第一遍或第二遍歌曲播放的时候，那就变成了对学生听写能力的训练。此外，教师还可以设计师生对唱、学生对唱或者演唱接龙等不同的活动形式，不仅可以活跃课堂气氛，也可以强化学生对歌曲的理解和记忆。

课堂实录：
歌曲、歌谣
教学案例

小学生的自制力较差，尤其是低年级学生，无法保持40分钟全程认真听讲的状态，而活泼、轻快的歌曲既能舒缓学生的紧张情绪，又能及时吸引学生的注意力，保证课堂教学有序进行。欢快、美妙的音乐也能让学生获得愉悦的情绪体验，激活大脑的思维，在不知不觉中加强对知识的理解和记忆。

二、做游戏

英语游戏教学以辅助英语教学、用英语进行交际为目的，是小学英语课堂中广泛运用的一种教学技巧。

（一）游戏在教学中的作用

1. 激发兴趣

"游戏"属于"活动"的范畴，它能够将枯燥、单一的语言学习转变为学生乐于接受、易于理解、内容丰富、形式多变的活动形式，为学生创造丰富的语言交际情境，使学生在玩中学、学中玩。小学生大都具有好奇、好玩、好动、好胜、喜欢被表扬的特点，在小学英语课堂中引入游戏教学符合小学生的学习心理，可以有效地激发他们的学习兴趣。而游戏教学所营造的轻松愉快、和谐融洽的课堂氛围还能够有效地排除学生学习的心理压力，减轻学习负担。

2. 集中注意力

游戏教学还能够促进学生集中注意力，提高教学效率。小学生自制力较差，注意力持续时间短。因此，教师变化多样的游戏教学能有效地刺激学生的学习热情，让他们玩一玩、练一练、听一听、看一看，在不知不觉中，学生实现了知识的探索与运用。心理学家认为，人在精神兴奋时，对外界的刺激体验最强烈，对外部信息的接受也是最快的。而以学生为主体的游戏教学使知识更加形象化，能增强记忆的强度，提高课堂教学效率。

3. 培养能力

游戏是学生主动参与的活动，所以游戏教学还能够培养学生的能力，例如，英语语言运用能力、合作能力、竞争能力和表演能力等。英语游戏是以锻炼学生的英语语言运用能力为目标所设计的课堂教学活动，在活动中学生运用英语进行交际，运用英语开展活动、完成活动目标。游戏教学使学生在轻松活跃的环境中有效锻炼英语语言运用能力。许多游戏是以多人参与为特点的集体活动，伙伴之间的相互配合和支持是游戏顺利进行的保证。所以，在课堂教学中使用游戏可以在和谐愉快的氛围中培养学生的合作能力。为了最大限度地激发他们的学习和参与热情，许多课堂游戏都把学生分成不同的小组，游戏以小组竞争的形式决定胜负。这种形式既符合小学生的好胜心理，又能培养他们的竞争能力。同时，还有一些游戏需要学生进行动作模仿和角色扮演，这又能培养学生的表演能力。

（二）游戏在教学中的运用

1. 精心设计游戏

游戏是英语教学的辅助手段。教师要根据教学内容的需要有针对性地设计游戏活动。小学低年级的英语教学主要进行教师指导下的简单游戏或角色表演，小学中、高年级的英语教学可以让学生按照规则要求独立做游戏，或者在教师的帮助下完成创造性的表演。

例如，人教版小学英语（义务教育教科书）三年级上册Unit 3 Look at Me! (Part B Let's learn)学习人体五官及身体各个部位的英语单词。教师可以选用游戏Simon Says，来强化学生对这个单元词汇的理解和记忆。

案　例

游戏名称：西蒙说（Simon Says）。

目的：训练听力与反应，理解、巩固所学词汇、短语。

对象：全班学生。

方法：教师发出各种指令，如"Stand up!""Touch your nose! Smile!"，学生做出相应动作。

案例：猜物

规则：只有当教师说了"Simon Says"，学生才能执行，否则算错。教师可以让做错的学生出局，也可以罚其唱歌或背单词。

注意事项：教师可根据学生的反应情况，逐渐加快或放慢节奏。

随着学习的深入，学生的词汇量不断增加，语言表达能力逐渐增强，同学之间的合作效率明显提高，教师应该加大游戏的难度，以达到"玩中学"的效果。小学五、六年级的学生将学习一些描述行为动作的动词短语，描写事物特征的形容词也逐渐丰富起来。在游戏教学中，教师可以让学生根据所学知识，独立完成一些表演或描写的任务。例如，学习人教版小学英语（义务教育教科书）五年级上册Unit 6 In a nature park时，教师可以根据教学内容，设计锻炼学生写作能力的游戏。

案　例

游戏名称：看一看，说一说（Look and Say）。

目的：锻炼语言表达能力及小组合作能力。

对象：各个小组。

教具：教师准备几张自然公园的照片或者PPT图片。

方法：教师将自然公园的照片或图片分给各个小组，每3个小组分得同一张图片。小组成员根据图片内容，可以创编对话、景物描述或者情境故事。经过准备后，小组成员共同上台进行汇报。每个成员必须发言。在准备过程中，每小组可指定一名学生进行文稿记录。

规则：教师将从持有同一张图片的3个小组中选出合作默契、图片内容描述完整、对话新颖、有创意的1个小组，作为优胜组。小组内每个成员在活动中都要有分工，上台汇报时，每个组员都要发言。

注意事项：教师注意根据班级小组数目准备图片。

案例：寻找家庭成员游戏设计

　　学习人教版小学英语（义务教育教科书）六年级下册Recycle Mike's happy days后，小学阶段的英语学习也即将结束。经过了六年的学习、生活，学生之间已经非常熟悉，许多学生还成了好朋友。此时，教师可以为学生设计一个"寻找家庭成员"的游戏，不仅加深同学之间的友谊，也对小学阶段的英语学习做一次汇报总结。相信，当每个家庭"团聚"的时候，所有的家庭成员将收获"家"的温暖和成功的喜悦。

2. 不断更新游戏

　　小学生在课堂上的注意力主要由兴趣来维持。刚开始上英语课时，他们发现英语课与语文课、数学课不一样：老师带领着大家又唱、又跳，还时不时地给一些奖励，例如，老师会在课本上印个小红花，在胳膊上贴个小星星，甚至有时候还会发糖和巧克力。许多学生喜欢上了英语课。但随着教学的进展，课堂教学内容逐渐增多，学习难度也不断加强，一部分学生的学习兴趣开始减弱。这个时候，教师要根据教学进展和学生反馈，积极思考，更新游戏。这样才能保证英语课堂游戏的趣味性和丰富性，才能让学生对英语课堂保持好奇感和新鲜感。例如，在Simon Says游戏中可以由教师发指令变为某个学生发指令；在字母教学中，教师给每组学生发一张卡片（如图6-6-2所示），比赛哪一组最先从A走到Z。在翻新旧游戏的同时，教师还要多看、多学、多思考，不断地设计或者吸收新的游戏来充实课堂教学。

3. 灵活调整游戏

　　游戏教学几乎可以运用于从课前热身、呈现新知到巩固练习的所有课堂环节。然而要真正发挥其辅助教学的功能，达到寓教于乐的目的，教师还要加强掌控，及时地根据课堂变化，灵活调整游戏内容、规则、布局、进度以及时间安排等，使课堂教学在愉快、活泼、严谨、有序的氛围中开展。例如，游戏Simon Says就最适合运用在学生注意力不集中时。为了充分发挥这个游戏的效果，教师可以根据学生的反应，逐渐加快节奏，使学生在紧张、欢快的气氛中游戏。通过这个游戏活动的开展，那些说话、走神、做其他事情的学生自然就重新回到了课堂教学中。进行Looking for Family Members游戏时，全

A	K	R	E	L	M	J	P
B	C	P	I	S	I	C	K
H	H	D	G	F	G	H	L
Q	O	I	E	E	P	M	M
F	C	F	T	O	N	W	S
N	B	Q	P	A	W	X	V
T	X	R	U	V	K	J	Y
Z	S	T	Y	A	U	T	Z

图6-6-2　走字母迷宫

班学生都在走动，相互询问、交流，教师一定要控制好课堂秩序。如果教室太小，不方便走动，教师可以组织大家到室外进行。如果发现某些学生违反规则，例如频频用汉语交流或者在做其他事情，教师可以视情况给予提醒、扣分等。

总之，在游戏教学中，教师既是组织者、协助者，又是监督者、控制者和评价者。教师要扮演好这些角色，精心设计游戏，让全体学生都能参与，都能体验到成功的喜悦，始终保持积极性。但是，不管教师在课堂中的角色是什么，他一定是一个智慧的隐者。他懂得如何巧妙地把课堂交给学生，让学生真正成为课堂的主人。

在当前的小学英语教学中，一些教师在实施游戏教学时，常常会出现游戏内容不合理、游戏实施不科学以及学生被动参与的现象。对于游戏内容的选择，教师一定要认真研读课程标准，选择或设计贴近教材内容、符合学生学习情况和生活经历的游戏。对于游戏的实施，教师不仅要考虑实施的时间，还要考虑实施的次数。哪个游戏适合在课前、课中或者课后实施？每个游戏可以实施多长时间？一节课可以实施多少个游戏？教师一定要避免"有数量、没质量，有形式、没知识"的现象。学生被动参与游戏的现象，主要是由于教师在游戏前没有明确游戏规则，因此学生在"迷迷糊糊"的状态下就被"拉"进了游戏之中。这种情况很容易使课堂秩序失控。所以，教师必须在实施游戏前，向学生说明"玩"游戏的规则和要求，实现"学中玩"的目标。

案例：游戏教学案例应用及分析

三、讲故事

小学英语故事教学，不仅仅指英语故事的教学，同时，它也是一种教学技巧。人教版小学英语（义务教育教科书）Part C部分的Story time就是英语故事教学环节。这里，教材把故事放在各单元结束部分，作为单元学习的巩固和补充，促进学生内化新知识点。另外，这一部分也可以当作学生阅读学习的材料，用以培养学生英语阅读的兴趣和初步的阅读能力。教师还可以利用儿童爱听故事的特点，将单词、词组、短语、句子等教学内容编排进故事之中，或组织学生进行改编故事、表演故事、编写故事、讲述故事的活动，等等。

课堂实录：故事教学

（一）故事在教学中的作用

《课标（2022年版）》在学段目标描述和课程内容描述中多次提到了"故事"，具体内容如表6-6-1所列：

表6-6-1　《课标（2022年版）》的相关要求

项目		相关要求
学段目标	语言能力	一级：能借助图片读懂语言简单的小故事，理解基本信息（感知与积累）
		二级：能听懂日常学习和生活中简单的指令、对话、独白和小故事等（感知与积累）
		二级：能围绕相关主题，运用所学语言，与他人进行简单的交流，表演小故事或短剧，语音、语调基本正确（表达与交流）

续表

项目		相关要求
学段目标	文化意识	一级：能在教师指导下，通过图片、配图故事、歌曲、韵文等获取简单的中外文化信息（比较与判断）
		二级：能在教师引导下，通过故事、介绍、对话、动画等获取中外文化的简单信息（比较与判断）
课程内容	语篇类型	一级：配图故事、叙事性日记等
		二级：记叙文，如配图故事、叙事性日记、人物故事、寓言、幽默故事、童话等
	语言知识：语篇	一级：知道语篇有不同类型，如对话、配图故事
		二级：判断故事类语篇的开头、中间和结尾，辨识时间、地点、人物，以及事件的发生、发展和结局等
	文化知识	二级：简单的英语优秀文学作品（童话、寓言、人物故事等）及其蕴含的人生哲理或价值观
	语言技能	一级：大声跟读音视频材料，正确朗读学过的对话、故事和文段（表达性技能）
		一级：+ 1. 在画面的提示下，为所学对话、故事或动画片段配音；（表达性技能） + 2. 口头描述事件或讲述小故事
		二级：归纳故事类语篇中主要情节的发生、发展与结局（理解性技能） 在教师帮助下表演小故事或短剧（表达性技能） 简单描述事件或讲述简单的小故事（表达性技能）
		二级+：结合主题图或连环画，口头创编故事，有一定的情节，语言基本准确

　　从上述描述中我们可以看出，小学英语故事教学是小学英语教学的基本内容。故事教学符合小学生的认知特点，通过故事教学有利于培养小学生学习英语的兴趣。因为，故事能够为小学生创设轻松愉快的学习气氛；故事能够把枯燥的语言知识变得生动有趣；故事情节的虚构性给予了小学生广阔的想象空间；故事中性格鲜明的人物能够丰富小学生的情感体验；故事所涉及的文化知识能开阔小学生的视野。故事教学能够为小学生提供一个相对完整并有语境的语言素材。学习语言，使用有意义、有语境的语言素材，便于小学生理解语言的意义和在具体情境中运用语言。

　　（二）故事在教学中的运用
　　1. 精心选择故事
　　故事教学的一个重要功能就是激发学生学习的兴趣。所以，作为应用于小学英语课堂教学中的故事，必须经过精心地挑选或改编。判断一个英语故事是否适合课堂教学，一般可以用下面的标准进行：

（1）故事内容是否能为学生创造运用语言的环境；

（2）故事情节是否能引起学生学习英语的兴趣；

（3）故事难度和长度是否适合学生的年龄特点及接受能力；

（4）教学中的重点词汇和句子是否能够自然地穿插在故事中或反复出现；

（5）故事编排是否能引导学生参与其中。

故事教学使复杂的语言简单化。但是，教师要尽量选择知识点集中、会话内容适中，同时能给人启示的语言内容，从而使学生能够集中学习和运用相关语言知识。例如，教师可以通过下面的一则小故事让学生复习表达动作的词汇。简单的故事把学过的知识串了起来，学生在听故事中进行了复习。

案例：《卖火柴的小女孩》故事设计

由于故事教学中使用的语言与情节都具有重复性及可预测性，在课堂教学中，教师可以运用重复的语句与学生互动，还可以通过提问让学生讨论和猜测某些情节，提高学生的参与度，真正做到以学生为主体。

2. 合理编排故事

教师在编排故事时，要注意根据教学重点设计故事情节和语言。

（1）将故事运用于词汇教学

每当讲授新单词时，教师就会拿出单词卡片让学生认读、学习。这种方法虽说形象、直观，但学生缺少兴趣，学生在整个教学过程中也处于被动接受的状态，主体性得不到发挥。要让学生成为学习的主人，故事教学是一种较好的手段。听教师讲故事的时候，学生作为故事讲述的参与者，迫切地想领会教师所讲故事的含义。例如，人教版小学英语（义务教育教科书）六年级上册 Unit 6 How do you feel? Part A, Let's learn，教师可以通过编排故事导入新词汇 happy 和 sad。教师首先在黑板上画两栋大房子，里面各自画一个小女孩。一个小女孩旁边画上一个"笑脸"，另一个小女孩旁边画上一个"沮丧"的表情。

T: Who is in the houses?

Ss: Two little girls are in the houses.

T: Yes, Girl A and girl B. Are they happy?

Ss: Girl A is happy. Girl B isn't happy.

T: Why isn't girl B happy?

S1: Because she is hungry.

S2: Maybe she wants to play.

T: The house is very big. But she has no friends. So she feels quite sad. But why is girl A happy?（教师在 A 女孩的旁边再画上另一个女孩。）

Ss: Because she has a friend to play together.

T: Yes. She is playing with a friend in the big house. They are quite happy.

（2）将故事运用于会话教学

句型的学习一直是小学英语会话和阅读教学的一个重点和难点。教师可以将句型编入故事之中。在听故事、关注故事情节发展的同时，学生不知不觉中学会句子的表达。例如学习句型 "Is this your ...?" 时，教师可以为学生编排下面一则故事（图6-6-3）。

小学英语故事教学：Is this your axe?

(1) A boy goes to cut wood. He walks over a bridge. He drops his axe into the river.

(2) The boy cries. A big fish comes up. "Why are you crying?"

(3) The fish comes back with a gold axe. "Is this your axe?" "No. It's not my axe."

(4) The fish comes back with a sliver axe. "Is this your axe?" "No. It's not my axe."

(5) The fish comes back with an iron axe. "Is this your axe?" "Yes. It is my axe. Thank you."

(6) "Good boy. You are honest. You can take all three axes." "Oh. Thank you so much."

图6-6-3　故事教学运用

如上述图片所示，把句子放在生动有趣的故事中学习，学生不仅轻松记住了核心句型的含义，也明白了做人要诚实的道理。

对于不同年龄段的学生，教师可以选择或编写不同类型的故事。小学低年级学生认知水平比较低，教师可以选择或自编一些趣味性强、简单易学的小故事。小学中、高年级学生的知识结构日趋完善，心理逐渐成熟，教师可以选择内容有趣、语言活泼而又不失深意的故事材料。

3. 灵活运用故事

故事教学中不一定都是教师在讲、学生在听，教师还要根据学生在课堂的反馈情况及时地调整教学策略。具体而言，故事在小学英语课堂教学中的运用方式有以下几种。

（1）读故事，培养学生的阅读意识

图文结合的动画故事，纯正的英语、丰富的文字，既能提高学生听和读的熟练程度，又能加深学生对语言文字及故事情节的理解，促进学生英语语言能力的提高。读通、读顺故事是第一步，了解故事的语言结构固然重要，但故事中蕴藏的含义及信息同样重要。教师必须给学生机会理解这些含义与信息，因为对学生来讲尤为重要的是阅读故事后的情感体验。

（2）猜故事，激发学生的阅读兴趣

猜故事就是预测故事情节的发展，教师可以引导学生根据课题猜故事、根据关键词猜故事、根据已知情节猜故事、根据插图猜故事。教师在故事教学中，应给学生提供相应的暗示或提示，这样会激起学生的阅读愿望，并使他们成为投入的、积极的阅读者。

（3）学故事，促进学生的阅读理解

教师在指导学生学习英语故事的过程中，根据学生的年龄特点及故事特点选择合适的教学方法，帮助学生理解故事内容，为阅读活动的顺利开展提供保障。检查学生是否看懂阅读材料，有许多方法，最常见的是问答、判断是非、排列顺序、画图、填表等，教师可灵活选择。

（4）讲故事，增强学生的阅读信心

在熟悉、朗读、熟记于心的前提下，教师指导学生配上相应的表情、动作及声音效果讲故事，用比赛的形式讲故事，这有助于学生进一步挑战自我、展示自我。由于讲故事比赛是高层次的要求，教师应鼓励学生以参与为主，提倡两人合作、小组合作等多种形式，以降低讲故事的难度；奖项名称尽可能多样、有趣味，例如，故事大王、故事小能手、故事小行家等。

（5）自编、自讲、自演故事，展示学生的阅读成果

案例：故事教学案例应用及分析

如果学生已经掌握了课堂教学的重点、突破了难点，教师就可以要求他们根据所学知识自编、自讲、自演故事。学生可以根据教材中的 Story time, Read and write 或者 Let's read 的内容，进行适当的改编；也可以运用所学的新单词和新句型，将自己类似的经历编写成故事。编成的故事可以采用学生个人讲述的方式，也可以采用集体表演的方式呈现给大家。当然，对于小学生来说，编写故事是一个非常具有挑战性的任务，所以，教师应该给予帮助，或者允许学生以小组合作学习的形式完成故事的编写。在整个故事表演的过程中，学生需要付出更大的努力，通过亲身实践加深对故事的理解，真切地体会故事的内涵。

教学活动是在教师与学生的互动中完成的，而教师的实践离不开自己对教学环境、本人的素质、学生需求、社会条件以及课程要求的认识。在教学实践中，首先，教师应当根据教学实际，对所选择的教学方法、技巧进行优化组合和综合运用。其次，无论选择或采用哪种教学方法与技巧，都要以启发式教学思想作为指导思想。另外，教师在运用各种教学方法、技巧的过程中，还必须充分关注学生的参与性。

教学有法，教无定法，不拘一法，贵在得法。教师要灵活地、综合地选择与运用各种教学方法与技巧，博采众长，以求得最佳的教学效果。

实践探索

　　以人教版小学英语（义务教育教科书）为例，根据本节所述教学技巧，以小组为单位，设计一个在教学过程中运用唱歌，或做游戏，或讲故事的课堂教学活动。然后以学习小组为单位，模拟小学英语课堂教学，在全班展示教学活动。

// 本章小结与拓展 //

知识精练

1. 小学英语常用教学方法汇总

教学方法	基本步骤	设计	基本要求
任务型教学法	1. 任务前 2. 任务执行 3. 任务后		1. 分清"任务"与"练习"的区别 2. 准确把握任务的度和量 3. 设计真实、有趣、有利于"输出"的任务 4. 教师承担多重任务
情境教学法	1. 情境创设 2. 语言训练 3. 情境运用	1. 利用实物 2. 运用图画 3. 使用多媒体 4. 表演 5. 语言描述	1. 紧扣教学目标，创设情境 2. 情境贴近现实，贴近学生生活 3. 建立情境之间的联系
全身反应教学法	1. 呈现阶段 2. 模仿阶段 3. 理解阶段 4. 运用阶段	1. 设计表演形式的操练 2. 设计模仿形式的操练 3. 设计绘画形式的操练 4. 设计竞赛形式的操练	1. 处理好课堂中的各种角色 2. 做好课堂管理
支架式教学	1. 进入情境 2. 搭建支架 3. 独立探索 4. 协作学习 5. 效果评价	1. 设计范例 2. 设置问题 3. 提出建议 4. 绘制思维导图 5. 设计谈话活动	1. 准确定位 2. 适时提供支架
自然教学法	1. 表达前阶段 2. 早期表达阶段 3. 表达阶段		1. 使用简单的英语指令 2. 由浅入深 3. 理解在先，表达在后 4. 以掌握为中心 5. 降低学生的情感焦虑

2. 小学英语常用教学技巧汇总

教学技巧	作用	运用
唱歌	1. 活跃课堂气氛 2. 激发学习兴趣 3. 培养语感 4. 陶冶情操 5. 满足学生的求知欲和成就感	1. 选择或创编合适的歌曲、歌谣和韵文 2. 合理运用歌曲、歌谣和韵文 3. 用多种手段辅助歌曲、歌谣和韵文的运用
做游戏	1. 激发兴趣 2. 集中注意力 3. 培养能力	1. 精心设计游戏 2. 不断更新游戏 3. 灵活调整游戏
讲故事	1. 培养英语学习兴趣 2. 提供有语境的语言素材	1. 精心选择故事 2. 合理编排故事 3. 灵活运用故事

深度思考

1. 自21世纪初任务型教学被正式写进《全日制义务教育英语课程标准（实验稿）》以来，至今已在中国落地20余年。你认为任务以及任务型教学的宗旨是什么？为什么我国的英语教学重视任务型教学？

2. 由于英语是小学生在母语环境下学习的一门外语，所以小学英语课堂教学非常重视情境的创设。对于情境在小学生英语学习中的作用，你是如何理解的？

推荐阅读

1. 罗少茜，张玉美.任务型语言教学在中国：理论、实践与研究[J].英语学习(教师版)，2021(10)：4-9.

该篇文章系统分析了任务型语言教学引入我国20余年来的发展与实施状况，对任务型语言教学的概念进行了深入的解读，并详细梳理了任务型教学在教学和研究方面可借鉴的经验和启示。该篇文章有助于深刻理解和灵活、有效地开展任务型语言教学。

2. 埃利斯.任务型语言教学概述[M].上海：上海外语教育出版社，2019.

该书作者是国际知名二语习得研究专家罗德·埃利斯。书中结合作者本人和其他学者有关任务型语言教学的研究，结合众多具体的教学案例，从不同层面对任务型语言教学进行了介绍和分析，理论与实践并重。该书可以有效指导小学英语教师在课堂上开展任务型教学。

第七章　　　小学英语不同课型教学设计

知识地图

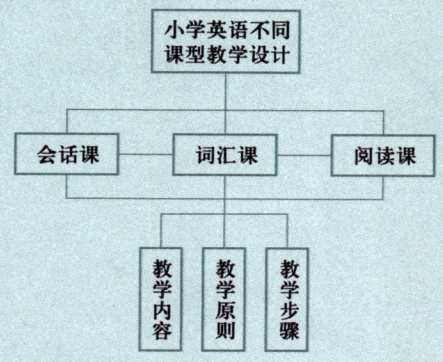

问题情境

词不离句，句不离文

一次教学观摩课的教学内容是：序数词、十二个月份的单词，以及两句对话"When is your birthday？""My birthday is …"。

授课教师是这样设计的：在导入环节，他向学生提问"What day is it today？""What's the date today？""How many students are there in your family？""How many students are there in your class?"等等。呈现新知环节，他通过魔术师的活动自然引入序数词，让学生观察序数词，并找出读音规律，进而给出一些序数词，让学生操练巩固；接着，通过袋子猜物的游戏活动，引出calendar，并呈现一年中十二个月份的单词。为了巩固日期的表达方法，同时增加语言输入，他还安排了一项听力练习活动，听力内容包括四个节日和自己的生日。在拓展环节，他安排同学们四个人一组，通过问答，各个小组填写组员的生日，并以小组为单位上台展示。在课堂教学结束的时候，他还通过提问"When is your mother's birthday?""When is your father's birthday?"进一步渗透德育。

课后，当这位教师谈到这节课的设计思路时强调：在教学过程中，即便只是教学单词，也不要忘记"词不离句，句不离文"这一原则。

启发思考

对"词不离句，句不离文"的教学原则，你是如何理解的？它在词汇教学中的作用是什么？对于序数词和十二个月份的教学内容，你会如何设计教学呢？

　　小学英语教学中主要有会话课教学、词汇课教学和阅读课教学三种基本的课型。不同课型具有不同的特点，教师掌握不同课型的设计，对提高课堂教学效率有着重要的作用，本章主要介绍不同课型的教学设计。

第一节　小学英语会话课教学设计

 学习目标

　　　　1. 梳理并阐述小学英语会话课的教学内容；
　　　　2. 能够按照会话课的教学原则和步骤开展小学英语会话课教学；
　　　　3. 能够基于会话内容和主题句型设计不同类型的活动。

　　会话课是培养学生语言输出能力的重要渠道，小学英语教材呈现的会话内容贴近学生生活，体现了语言的交际性和实践性，有利于培养学生的语言交际能力。

一、会话课的教学内容

　　会话课是以基于某一主题的对话语篇为主要教学内容的一种课堂教学形式。会话课以理解对话语篇、运用语篇中的基本句型完成交际任务为教学目标，以听、读、说的语言技能训练为课堂主要教学活动。会话课从日常的语言情境入手，是培养学生英语语言理解性技能和表达性技能的基础，是小学英语教学的关键内容。以人教版小学英语（义务教育教科书）为例，它的Let's talk部分都是针对某一主题展开的会话课教学内容。表7-1-1归纳了《课标（2022年版）》中与会话课教学相关的内容要求。

微课：设计小学英语会话课教学

表7-1-1　课标中与会话课教学相关的内容要求（一级、一级+、二级、二级+）

要素	内容要求	
	一级	二级
语音知识	• 感知并模仿说英语，体会单词的重音和句子的升调与降调	• 使用正确的语音、语调朗读学过的对话和短文； • 借助句子中单词的重读表达自己的态度与情感； • 感知并模仿说英语，体会意群、语调与节奏； • 在口头表达中做到语音基本正确，语调自然、流畅

续表

要素	内容要求	
	一级	二级
语法知识	• 在语境中感知、体会常用简单句的表意功能； • 在语境中理解一般现在时和现在进行时的形式、意义、用法； • 围绕相关主题，在语境中运用所学语法知识描述人和物，进行简单交流	• 在语篇中理解常用简单句的基本结构和表意功能； • 在语境中理解一般过去时和一般将来时的形式、意义、用法； • 在语境中运用所学语法知识描述、比较人和物，描述具体事件的发生、发展和结局，描述时间、地点和方位等
语篇知识	• 识别对话中的话轮转换； • 知道语篇有不同类型，如对话、配图故事； • 体会语篇中图片与文字之间的关系	• 利用语篇的标题、图片等信息辅助语篇理解
语用知识	• 使用简单的称谓语、问候语和告别语与他人进行得体的交流； • 在语境中使用基本的礼貌用语与他人交流； • 对他人的赞扬、道歉、致谢等作出恰当的回应	• 根据具体语境的需求，初步运用所学语言，得体表达自己的情感、态度和观点； • 在具体语境中，如购物、就医、打电话、问路等，与他人进行得体的交流； • 对他人的邀请、祝愿、请求与帮助等作出恰当的回应
语言技能	理解性技能： • 理解课堂中的简单指令并作出反应； • 借助语气、语调、手势和表情等推断说话者的情绪、情感、态度和意图； • 课外视听活动每周不少于30分钟	理解性技能： • 理解日常学习和生活中的简单指令，完成任务； • 课外视听活动每周不少于30分钟
	表达性技能： • 在语境中与他人互致简单的问候或道别； • 大声跟读音视频材料，正确朗读学过的对话、故事和文段； • 交流简单的个人和家庭信息，如姓名、家庭情况等； • 表达简单的情感和喜好，如喜欢或不喜欢、想要或不想要； • 简单介绍自己的日常起居和生活，如作息时间、一日三餐、体育活动、兴趣爱好等； • 简单介绍自己的学校和学校生活，如学校设施、课程、活动，以及同学、老师等； • 简单介绍自己喜欢的动物，如外形特征和生活环境等； • 在教师指导下进行简单的角色扮演 一级 + 在画面的提示下，为所学对话、故事或动画片段配音	表达性技能： • 运用所学的日常用语与他人进行简单的交流，如询问个人基本信息； • 围绕相关主题和所读内容进行简短叙述或简单交流，表达个人的情感、态度和观点 二级 + 结合相关主题进行简短的主题演讲，做到观点基本明确、逻辑比较清楚、语音正确、语调自然

　　在小学英语会话课中，"听"要达到理解指令、完成任务、听懂语篇的目标；"读"要达到用正确的语音、语调朗读和读懂语篇的目标；"说"要达到语音基本正确，语调自然、流畅，会在日常生活与他人交流，能围绕相关主题表达观点的目标。根据课程标准要求，小学英语会话课教学的主要内容有以下几个方面。

（一）训练听的技能

　　"听"在小学生的英语学习中占据着重要的地位。在小学生语言习得过程中，"听"是最先发展的语言技能，只有"听"的技能得到了充分发展，其他语言技能才会发展。"听"的技能训练能为学生创设英语语言学习环境，能让学生感受到标准的发音，还能为学生呈现音频形式的语篇材料。在小学英语教学中，"听"的技能训练首先以听懂语篇材料为目标。教师通常以"听录音，回答问题""听教师指令，作出相应的反应"，或者"根据教师的指令做动作、做游戏、做事情等"的方式检测学生听语篇的效果。在课堂教学中，教师可以通过变换问题、指令的难度或数量，达到提高训练难度的目的。需要注意的是，教师要尽可能提供真实有趣、发音标准的音频材料，并且整体输入，让学生感受内容完整的对话语篇。

（二）训练读的技能

　　在小学英语会话课中，"读"的技能训练首先是为了促进学生对语篇的理解，然后是保证学生正确发音。"读"通常分为默读和朗读两种形式。默读重在理解语篇，朗读重在练习发音并理解内容。默读时，教师通常会通过问题检测学生对语篇的理解。问题可以来自教师，也可以来自学生。来自学生的问题不仅能够加深他们对语篇的理解，还能够拓展他们的思维。朗读在这里有三个作用：一是培养学生的理解能力，增强学习的主动性；二是培养学生正确的语音、语调；三是促进学生的记忆。朗读也可以有不同的方式，例如跟读、齐读、自读、对读等。学生可以首先跟着教师或录音读，以确保正确的语音、语调，并掌握一些朗读技巧；然后运用不同方式分角色朗读，例如大组之间、男女生之间、同桌之间或者师生之间等；最后自读，在掌握了语音、语调和朗读技巧后，逐渐"读"出对话的意义。

（三）训练说的技能

　　会话课的最终目的是培养学生"说"的技能。"说"的技能训练主要有以下几种形式：一是基于对话内容，进行简单的角色扮演；二是简短叙述对话内容；三是围绕对话主题，进行简单交流，表达各自的情感、态度或观点。角色扮演能够让学生在情境中体会语言的运用，利于学生灵活运用新句型创编新对话，达到在表演中练习语言，在练习中运用语言的效果。简短叙述对话内容不仅能够体现学生对语篇的理解，还能够训练学生的归纳概括能力。学生围绕对话主题进行交流，能够很好地表达对该主题的态度，表现价值观和思辨能力。

　　就英语学习而言，语言的结构形式及其功能是相互依存的：结构是功能的载体，功能靠结构去表达。意义的表达必须运用一定的语言形式，也就是句型，句型表达是串联会话课教学"听""读""说"训练的主线。会话课教学就是让学生掌握表达各种主题的基本句型，在听的基础上，发展读和说的能力，将句型和词汇融入情境，为学生参与真实的语言交际打基础。

二、会话课教学原则

（一）主题与句型结合

在小学英语教学中，每一个主题都有一些对应的基本句型。句型是有限的，而以句型为依据所生成的句子和语言交际是无限的。把一个抽象的主题总结为系列直观、具体的句型，通过模仿来学习，这种方式也符合小学生的学习特点，有利于他们的理解和记忆。例如，提到"打招呼"，他们就会想起："Good morning.""How are you?""I'm fine. Thank you.",提到"购物"，学生们就会想起："Can I help you? ""I want a...""How much is it?"。

资料：Let's talk部分涉及的主题、句型及词汇

《课标（2022年版）》指出，英语课程内容由主题、语篇、语言知识、文化知识、语言技能和学习策略等要素构成。主题（theme）具有联结和统领内容要素的作用，为语言学习和课程育人提供语境范畴。义务教育英语课程内容将主题分为"人与自我""人与社会""人与自然"三大范畴。在小学英语教学中，每一个对话语篇都是围绕一个子主题内容展开的。例如，针对"人与自我"一级子主题内容中的"学校、课程，学校生活与个人感受"，人教版小学英语（义务教育教科书）三年级上册有Unit 1 Hello!，三年级下册有Unit 1 Welcome back to school，四年级上册有Unit 1 My classroom、Unit 2 My schoolbag，四年级下册有Unit 1 My school。

（二）机械操练与意义操练结合

语言学习大都从模仿开始。在学生掌握了某一主题的功能意义和结构形式后，教师必然要带领学生通过反复的操练，围绕这一主题进行交际。对话操练可分为机械操练和意义操练两种。

机械操练是简单的机械模仿，重点是模仿对话中的重点句子。这种模仿应该是重复的、大量的。教师可采用多种方式进行，例如同桌对话、小组内两两对话、全班分组对话、行与行对话、男女生对话等。通过这种反复的操练，学生要达到如下目标：读准语音、语调，掌握重点句子，记熟句型结构。在进行机械操练时，教师要鼓励学生尝试做一些简单的替换。例如，在人教版小学英语（义务教育教科书）四年级下册Unit 6 Shopping涉及"购物"主题，在Part B Let's talk & Let's act部分的会话课操练中，教师就可以提示学生将教材中的skirt换成dress、coat、cap等学过的单词，然后再进一步替换商品的"价格"。

> **案　例**
>
> 括号内词语是教师提示要替换的地方。
> S1: Can I help you?
> S2: Yes. How much is this skirt?（dress）
> S1: It's $ 89.（... yuan）
> S2: Oh, that's expensive！（OK！）

意义操练一般是在相应的情境中进行的。教师可提供一些实物、卡片、图片等，让学生在情境中运用新学的句型进行交际。因为意义操练加入了新的内容、新的词汇，学生的学习兴趣会比较高，操练活动也更具有趣味性、真实性和实用性。例如，图7-1-1 Let's act 板块呈现的情境是：天气即将变冷，衣架上挂满了秋冬季节的服装和鞋子，每件衣服都标有价格。在教材中Sarah扮演顾客，John扮演服务员，两个人模拟购物的对话交流。该部分要求学生依照图片内容，运用所学句型创编一段对话。学生可以运用操练过的句型创编对话并进行角色表演。

图7-1-1　Unit 6 Shopping Part B Let's talk & Let's act 教材图片

　　在从机械操练到意义操练的过程中，教师要鼓励学生摆脱课本边说边表演。摆脱课本，这有助于避免"小和尚念经，有口无心"的现象。为了增强学生的学习兴趣，教师还可以制作一些道具或者带一些实物进课堂。

三、会话课教学步骤

（一）导入主题

　　教师通过情境创设将学生引入对话语篇的主题中。情境创设贴近学生生活，体现语言的交际性和实践性，为学生抓住语篇主题、理解语篇内容和进行基于语篇主题的语言交际打下基础。在情境中引入主题，可以用学过的句式引入，也可以用歌曲、歌谣、简笔画、实物、挂图、卡片等引入。

微课：会话课教学步骤

案　例

Unit 2 My favorite season (Part A Let's talk)
人教版小学英语（义务教育教科书）五年级下册

T: What's the weather like today? Is it cold?

Ss: No, it's warm.

T: What season is it now?

Ss: It is fall.

T: Do you like fall?

Ss: ...

T: How many seasons are there in one year? What are they?

Ss: There are four. Spring, summer, fall and winter.

T: Which season do you like best? And why?

Ss: ...

该课时是在"人与自然"主题下，围绕子主题内容"季节的特征与变化，季节与生活"展开的。教师通过一个个问题，在不知不觉中带领学生进入这节课的主题，并引导学生思考每个季节的特点。

（二）呈现语篇

根据儿童语言认知的特征，在他们语言认知水平不高的阶段应该坚持听力领先，整体感知的原则。[①]因此，在导入主题后，教师可以通过"听"的方式呈现完整的对话语篇，让学生整体感知语篇内容，然后再用"问题"检测"听"的效果。为确保学生理解对话语篇内容，教师可以变换"视听"和"听"的方式以及问题的难易程度和数量，多次呈现对话。在小学英语课堂上，教师要关注英语语言的输入，尽可能提供大量真实有趣、发音标准的视觉和听觉材料，并且整体输入语言材料。这个环节的操练是由机械操练到意义操练的过渡。在操练环节，教师应注意以下几个问题：操练要面向全体学生，操练要注意变换形式，操练要利用身边资源，操练后要有课堂评价。

案例：导入主题

（三）阅读操练

读是理解和培养会话能力的有效方式。读有许多种方式，这里是默读和朗读。默读旨在进一步理解语篇内容和基于语篇主题的核心句型。朗读旨在训练正确的语音语调，并促进学生对语篇内容的全面理解和记忆。操练时教师可以首先让学生默读语篇，发现不理解的地方，并提炼核心句型；然后带领学生朗读语篇；最后过渡到让学生通过替换原对话语篇中的单词、词组或句子的方式，组编对话。

（四）交际运用

交际运用是会话课教学的重要组成部分。学习语言的目的在于运用。本环节将反映会

---

① RICHARDS J C, RODGERS T S. 语言教学的流派［M］. 北京：外语教学与研究出版社，2000：90.

话知识运用的效果，检验学生是否真正掌握了所学的会话内容，是否能够正确运用所学句型进行真实交际。这也是一个语言输出的过程，学生将运用已学的语言知识进行自由的语言交际活动，例如下面的案例（画线部分为主要句型）。

案　例

S1: Which season do you like best?

S2: Spring.

S1: Why do you like spring?

S2: Because all birds fly back in spring.

S1: What can you do in spring?

S2: I can climb the mountains and have picnics with my friends.

S1: What do you wear when you climb mountains?

S2: I wear sports clothes.

S1: Do you plant trees in spring?

S2: My father always plant trees in spring.

S1: Where does he plant trees?

S2: In the countryside or on the mountains.

S1: Do you plant trees with him?

S2: Sometimes, he plants trees with me.

S1: Does your father like spring?

S2: ...

在这一案例中，学生运用课文对话中的关键句型进行问答，在问答中多次引入学过的单词、词组和其他句型。这种问答形式比较灵活，内容随学生的想法自由变换，并辐射相关语句。所以，它是一种联系新旧知识、激活学生主动性、训练学生发散思维的有效练习方式。学生由"Which season do you like best?"开始对话，在提问中运用了由why和what引导的特殊疑问句，以及do引导的一般疑问句，内容涉及鸟、爬山、野餐、运动服、植树，最后询问"爸爸是否喜欢春天"。这些似乎没有联系的项目都会在学生的对话中相互关联起来。

另外，义务教育阶段的英语教学强调教师要创造性地使用教材，也就是要求教师要用教材教，而不是教教材。如果教师仅仅是处理教材中的内容，学生所学的知识就始终跳不出教材。所以，在会话课教学中，教师应根据教材中的会话内容设计一些贴近学生生活的活动，让学生将在会话中学到的语言知识运用到真实的语言情境中。除了上述两个学生之间一问一答的语言交际形式外，教师还可以组织学生在小组内开展针对相应主题的语言交际活动，例如讨论或进行情境表演。多人讨论的形式可以进一步打开学生的思路，涉及的句型和词汇也会更广泛。情境表演则是会话学习的升华，学生在所学会话主题的情境中边表演、边交流，真正将学习与生活联系起来。对小学低年级的学生来说，组织这种多人参与的讨论和情境表演会比较困难，所以教师需要做好辅助工作。例如，教师可以作为成员参与某个小组的活动，完成任务后，向全班同学做汇报表演。教师的示范会降低任务的难度。在交际运用

案例：会话课教学设计及评析

环节，教师也要注意下面几个问题：鼓励全体学生参与，巩固学习成果；把握交际活动内容，联系学生生活；控制交际活动难度，确保完成任务；参与学生交际活动，提供及时帮助；做好个体课堂表现纵向评价，关注学生发展。

> **实践探索**
>
> 　　以人教版小学英语（义务教育教科书）四、五年级教材为例，任选一课时教学内容，根据本节所述会话课教学的内容、原则及步骤，完成一份会话课教学设计。然后以小组为单位，在微格教室模拟小学英语课堂教学。

第二节　小学英语词汇课教学设计

学习目标

　　1. 掌握小学英语词汇课的教学内容；
　　2. 能够按照词汇课的教学原则和步骤开展小学英语词汇课教学；
　　3. 能够设计促进学生思维能力发展的词汇记忆活动。

　　在小学英语教学中，词汇课是必不可少的一个环节。词汇课是以词汇为教学内容，以词语的理解和应用为教学目标的教学过程和教学活动。根据小学生的年龄特点，小学的英语词汇课应以学生的心理需要、认知规律为依据，让学生全面地感知、理解单词，正确地模仿单词发音，灵活运用单词，科学地记忆单词，合理地复习单词。学生通过单词的学习轻松快乐地学习英语，掌握良好的学习方法，为以后进一步学习英语打下坚实的基础。

一、词汇课的教学内容

　　《课标（2022年版）》对小学生需要掌握的词汇内容要求如表7-2-1所示：

表7-2-1　课标中与词汇课教学相关的要求（一级、一级+、二级、二级+）

要素	内容要求	
	一级	二级
语音知识	• 识别并读出26个大、小写字母； • 感知字母在单词中的发音； • 感知简单的拼读规则，尝试借助拼读规则拼读单词； • 感知并模仿说英语，体会单词的重音和句子的升调与降调	• 借助拼读规则拼读单词

续表

要素	内容要求	
	一级	二级
词汇知识	• 知道单词由字母构成； • 借助图片、实物理解词汇的意思； • 根据视觉或听觉提示，如图片、动作、动画、声音等，说出单词和短语； • 根据单词的音、形、义学习词汇，体会词汇在语境中表达的意思	• 在语境中理解词汇的含义，在运用中逐步积累词汇； • 在特定语境中，运用词汇描述事物、行为、过程和特征，表达与主题相关的主要信息和观点； • 能初步运用500个左右单词，就规定的主题进行交流与表达，另外可以根据实际情况接触并学习三级词汇和相关主题范围内100~300个单词，以及一定数量的习惯用语或固定搭配
语言技能	表达性技能： • 正确书写字母、单词和句子	表达性技能： • 正确使用大小写字母和常见标点符号，单词拼写基本正确

对比《课标（2011年版）》，表7-2-1一级词汇知识内容里的第1、4条要求是原二级标准中的要求；二级内容词汇知识第3条要求"能初步运用500个左右的单词"比原有课标"400个"增加了100个，其中"学习三级词汇和相关主题范围内100~300个单词"表明学生在小学段将累计学习600~800个单词，总体词汇量也增加了100个。

基于《课标（2022年版）》对词汇教学的要求，小学英语词汇课教学内容主要可分为词形与读音、词义、用法、词汇信息和词汇记忆五个方面，具体如图7-2-1所示：

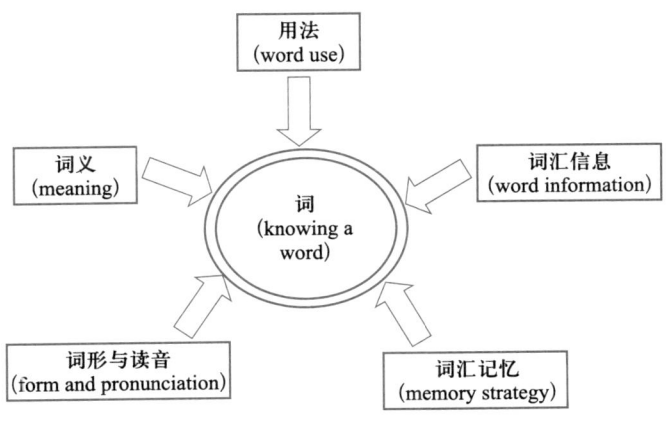

图7-2-1　小学英语词汇课教学内容

（一）词形与读音

词形与读音是英语词汇的外在形态。在词形方面，由于小学生的思维从以具体形象思维为主逐步过渡到以抽象逻辑思维为主，而且这种抽象逻辑思维仍具有很大成分的具体形象性，所以对于由字母组成的英语单词，小学生在学习、理解和记忆上存在着很大的困难。在读音方面，由于受到汉语拼音字母的影响，a、o、e的读音给他们留下了深刻的印象，他们常常将汉语拼音字母a、o、e与英文字母a、o、e的读音混淆。在听力与发音方面，由于小学生的听觉未发育完善，他们模仿单词发音时容易漏发单词结尾处的辅音，常常将hat念成［hæ］，name念成［nei］。而英语词汇中的音形不一致现象（例如write, eight等）和同音异形单词（例如deer 和dear, here 和hear, right 和write）等，都会影响小学生词汇学习的效果。

（二）词义

词义包括词的词汇意义和语法意义。词汇教学要让学生明白所学单词的词汇意义。英语和汉语中很少有意义完全相同的词语，所以词汇教学还应让学生掌握词的语法意义。有时汉语中的一个意思在英语中会出现很多个词语表达形式，例如，汉语中的"看"在英语中有下面许多种表达：see —— see a film看电影，see a doctor看医生；read—— read a book看书，read a newspaper看报纸；watch —— watch TV看电视；look at —— look at the blackboard看黑板；look after —— look after children看孩子；visit/call on—— visit a friend看朋友；keep an eye on—— keep an eye on my luggage看行李；等等。

而有时候，同一个英语单词在不同的上下文中又具有不同的汉语表达，例如，have在下面句子中有不同含义：有——"She has beautiful eyes."她有美丽的眼睛；吃——"I had a hamburger for my breakfast."我早餐吃了一个汉堡包；喝——"I had a cup of coffee."我喝了一杯咖啡；等等。

在小学英语词汇教学中，能由一个词扩展到一串词的情况并不多。许多教师仅限于为学生呈现和讲解某个单词在课文中的词义，对于该词在其他情况下的词义或者与该词同义的其他单词，教师很少涉及。这就会使学生运用词语时出现混乱的现象，例如把"看电影"说成 look a movie，把I had a hamburger for my breakfast译成"我的早餐中有一个汉堡包"等。

（三）用法

词的用法包括词的搭配、短语、习语和句法。比如，有的形容词修饰女性（如beautiful），有的形容词修饰男性（如handsome）；有的动词后面只能搭配to do（hope to do），有的只能搭配doing（suggest doing），也有的动词既可以搭配to do，也可以搭配doing（like to do，想做某事；like doing，喜欢做某事）。如上所述，小学阶段单词的用法多为单词的句法结构，即词与词之间相互联系、相互作用的方式。而小学阶段所学的单词也多为具体非正式词语，例如在关于"孩子"的词语中，children 为中性词，kids 为非正式用词，offspring为正式用词。

是否掌握词的用法将影响学生在交际中输出语言的准确性和有效性。虽然小学英语教学不强调语法教学，但是教师还是有必要让学生清楚单词使用的要求和场合，保证学生能够合理地选用单词。

（四）词汇信息

词汇信息包括词性、词的前后缀、词的拼写和发音等。这些是词的最基本的信息，也是学习者应该掌握的最基本的内容。关于词汇信息的掌握，教师需要在课堂教学中给予系统的指导。例如，关于"职业"的名词，多数是以"-er"、"-or"、"-man"、"-ist"结尾的：

（1）以 -er 结尾的职业词：teacher（教师）、worker（工人）、driver（司机）、farmer（农民）、writer（作家）、waiter（男服务员）、singer（歌手）、dancer（舞蹈家）、reporter（记者）、cleaner（清洁工）等。

（2）以 -or 结尾的职业词：doctor（医生）、tailor（裁缝）、actor（演员）等。

（3）以 -man 结尾的职业词：policeman（警察）、postman（邮递员）、fireman（消防员）、businessman（商人）等。

（4）以 -ist 结尾的职业词：dentist（牙医）、artist（艺术家）、scientist（科学家）等。

词汇信息的掌握不仅影响单词的理解和记忆效果，还影响词汇量的扩充，甚至阅读能力的提升。因此，教师在词汇教学中不仅要教会学生掌握词形和发音，还要教给学生单词中所蕴含的词汇信息。

（五）词汇记忆

词汇教学的目的不仅仅是帮助学生掌握单词的意义和用法，还要帮助学生掌握学习单词的方法，所以培养学生的单词学习方法同样是词汇教学的内容之一。而在单词学习方法中，单词记忆尤为重要。如图7-2-2所示，单词记忆是英语学习的基础。特别是到了高年级，英语单词量增加，如果学生仍未掌握科学有效的单词记忆方法，那么他们的英语学习效果将会受到影响。

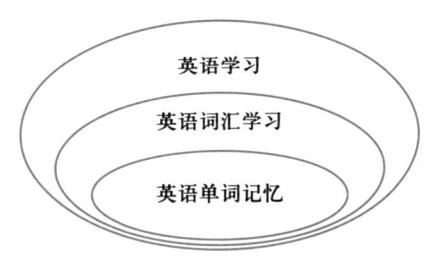

图7-2-2　单词记忆是英语学习的重中之重

在小学阶段，学生需要学习500个左右的单词。另外，可以根据实际情况接触并学习三级词汇和相关主题范围内100~300个单词，以及一定数量的习惯用语和固定搭配。学生能够识记这些单词，是语言交际的关键。小学生的记忆特点是短时记忆容易，长时记忆难，也就是学得快，忘得快。英语又是在非母语环境下学习的，课堂的学习时间也很有限，所以教师必须教给学生单词记忆的方法，帮助他们自主、有效地记忆单词。在教学中常用的单词记忆方法有以下几种。

1. 语音法

英语是拼音文字，所以将单词的读音与词形有机地结合起来，对记忆单词是很有帮助的。英语里有些单词中的字母组合发音相同；也有些单词读音相同或字母组合中读音相同，但词形却大不相同。例如下面这些字母组合和单词的发音：

- wait、rain、paint、train 等词中的字母组合 ai 都发［ei］；
- bear、wear、swear、pear 等词中的字母组合 ear 都发［εə］；
- tree、three、green、sheep、meet、beef、see 等词中的字母组合 ee 都发［iː］；

- eat、tea、meat、leave、lead、teacher、team、mean、speak、clean、please等词中的字母组合 ea 也发 [i:]；
- two、too、to 都读作 [tu:]；
- sea、see 都读作 [si:]；
- meet、meat 都读作 [mi:t]；
- for、four 都读作 [fɔ:]。

语音法还体现在利用那些有韵律的谚语、俗语、歌谣等记忆单词的语义。这些句子通常都很押韵，读起来朗朗上口，自然也容易被人记住。例如大家都很熟悉的："An apple a day keeps the doctor away.""A friend in need is a friend indeed."。在教学中，教师应该有意识地关注英语语言的这种特征，并创造性地加以运用，例如："Put away our paper and pen, don't read and write, just look and listen."。这句话中教师很好地运用了头韵的方式，在三个短句中分别重复出现了辅音：[p]、[r]、[l]。

2. 归类法

英语单词都有不同的词性。把单词分门别类地进行归纳，有助于记忆。分类的方法因人而异，因爱好而异，灵活多样，例如：

（1）按语义归类

表示"看"：look、see、watch；表示"听"：listen、hear；表示"秋天"：autumn、fall。

（2）按搭配归类

名词后接 to：answer to the question、key to the door 等。

go 后面接 doing：go shopping、go swimming、go fishing 等。

（3）按用法归类

接 to do 的动词：want、hope、like、plan 等。

特殊疑问词：why 为什么，when 什么时候，which 哪一个，where 在哪里。

（4）按主题归类

月份（month）：January、February、March、April、May、June、July、August、September、October、November、December；季节（season）：spring、summer、fall、winter；性格（character）：smart、shy、quiet、lively 等；家庭成员（family members）：grandfather、grandmother、father、mother、aunt、uncle、brother、sister、niece、nephew 等；工作（jobs）：teacher、nurse、policeman、fireman、driver、doctor、worker 等；体育运动（sports）：basketball、football、volleyball、badminton、table tennis 等。

3. 联想法

只有将新单词与旧单词建立起紧密的联系，学生才有可能花最少的时间记住新单词。例如，词汇图（word-map）是小学生运用联想策略掌握词汇的一种方法，它以某一个词为中心，扩展出与该中心词有关的单词。学生可以从语义、功能或形式等方面进行联想，如图7-2-3所示。

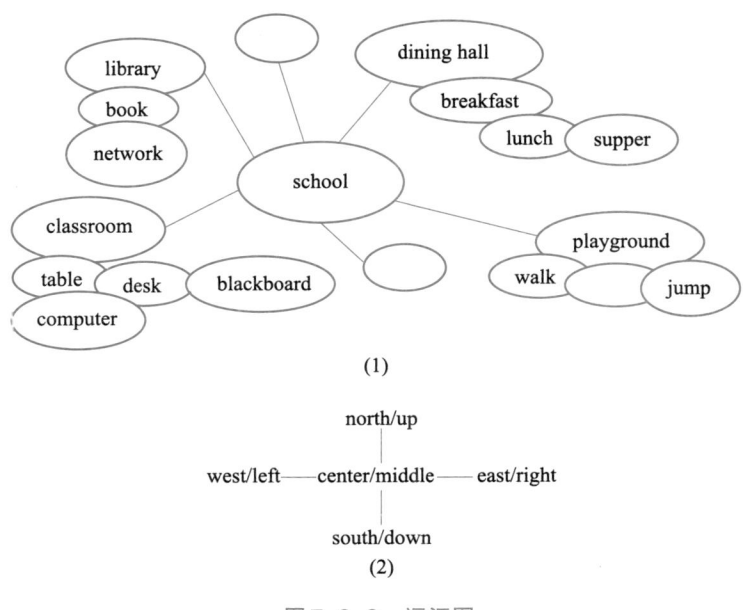

$$north/up$$
$$west/left ——— center/middle ——— east/right$$
$$south/down$$
(2)

图7-2-3　词汇图

另外，教师还可以引导学生通过其他方式来记忆单词：

• 事物的特征："Birds fly in the sky. Fish swim in the sea. Man lives on the land." "It's warm in spring. It's hot in summer. It's cool in autumn. It's cold in winter."。

• 先后顺序："Today is Monday. Tomorrow is Tuesday. The day after tomorrow is Wednesday."。

"遗忘"是词汇学习的最大障碍。学得快，忘得快，是小学生英语学习的特点。德国心理学家艾宾浩斯的实验证明，遗忘的规律是先快后慢，最初几个小时内遗忘的速度最快。如果四至七天内不复现，记忆将受到抑制，甚至完全消失。所以，不管采用哪种记忆方法，教师在教学中一定要注意：一是及时复习，巩固所学。及时复习是提高学生记忆效果的有效方法，教师要充分利用课堂的有效时间，设计恰当的活动，复习巩固所学单词。二是有针对性地设计教学活动，加深学生对单词意义的理解，尽可能做到词不离句、句不离篇。三是听、说、读、写并用，强化对单词意义的掌握。四是定期复习，减少遗忘，达到记忆的目的。

二、词汇课教学原则

结合小学生英语学习的特点，小学英语词汇课教学的原则主要有以下三点。

（一）音、形、义结合

英语词汇自成系统，有其内部规律。词汇课教学要向学生展示英语词汇的系统性、联系性，使学生掌握英语词汇变化的规律；引导学生观察、发现词与词之间在音、形、义上的联系，从而化机械记忆为理解记忆。

1. 形音联系

根据读音规则、字母组合发音，将单词词性与读音联系起来，并归类在一起。例如：

wood—foot   fast—last—past   book—look—cook   wall—tall

talk—walk   an—hand—stand—understand—and

2. 形义联系

根据词根、词缀及合成词的特点，发现构词法。例如：

student—study   headache = head + ache

stand—stay   playground = play + ground

词汇教学要尽早讲授基本的英语构词知识，引导学生既可以快速地记住新词，又可以及时地巩固旧词，甚至还可以形成生成单词的能力。

3. 用法联系

利用词与词之间的同义关系、反义关系、从属关系以及词义搭配和句法搭配等来分析、理解和掌握单词的记忆规律。例如：

同义关系：bright、clever、smart；

反义关系：rich、poor；

从属关系：dog、cat、sheep、tiger、lion 等都属于 animal 这个概念范畴；

词义搭配：look at，see；

句法搭配：like to do，想做某事；like doing，喜欢做某事。

（二）创设语境

学习语言的目的是交际。单词与语境结合，产生意义。如果语境不足，单词意义就不能自现。词汇教学不能孤立地讲授词汇，教师需要为学生创设语言的交际环境，让学生在真实的或模拟的交际情境中使用单词，单词和句型在情境中自然出现。学生在交际中，能加深对单词的理解、掌握单词的用法和功能，加强对单词的记忆，同时也锻炼语言表达能力。

（三）文化传递

语言是文化的载体，词汇在各个阶段的社会文化发展中都留下了印记。词汇教学要活起来，就要以文化为背景。党的二十大报告指出，要"深化文明交流互鉴"，所以教师不能只教授词汇的字面意义，还要引导学生了解文化意义，必要时还要涉及跨文化知识，进而培养学生的跨文化沟通与交流意识。词汇的文化背景可分为：特殊文化背景、一般文化背景和英汉相通文化背景。[①]

特殊文化背景词汇如 china（瓷器），China（中国）；black（黑色的；黑人）；Washington（人名、城市名、州名）；等等。一般文化背景词汇如 letter（字母；信件）；paper（纸；论文）；see（看见；明白）；等等。英汉相通文化背景词汇如 fish（鱼，鱼肉），head（头；负责人），foot（人脚；山脚）；等等。

---

①   胡春洞. 英语教学法［M］. 北京：高等教育出版社，1990：85.

三、词汇课教学步骤

小学英语词汇教学可分为以下三步。

（一）呈现词汇

每个教师呈现词汇的方法各不相同，但都应考虑词汇特点以及学生的年龄和水平。英语词汇教学，应尽量避免直接板书的方式，要努力地创设情境，让学生置身于情境中学习并掌握单词。

1. 情境教学

教师可以通过为学生创设情境的方法展示新词。例如，教师可以创设购物的情境，引出购物相关的词汇。

情境教学呈现词汇①

T: Do you often go shopping?

S: Yes.

T: Where do you often shop?

S: Supermarket/Shop.

T: Who serves you?

S: Salesgirl/Shop assistant.

T: What do they usually say to you?

S: Can I help you?/What can I do for you?

T: How do you tell him/her what you want?

S: I'm looking for.../I'd like.../I want to buy...

T: How do you ask the price?

S: What's the price...?/How much is?/How much does... cost?

T: Where do you pay?

S: The cashier's.

在这个案例中，教师通过对话提问的方式为学生创设购物的情境。购物所涉及的单词和日常用语在这个对话中都呈现了出来。通过这种把单词直接放到具体情境中进行教与学的活动，学生可以理解单词的意义、掌握单词的用法。课堂与生活联系在了一起，生动活泼。

小学英语单词大多是最基础的，它们在生活中使用频率极高，因此，小学英语词汇教学也最适合使用情境教学法进行教学。同时，小学生作为英语语言学习的初学者，也需要大量真实、直接的语言情境来感受。教师可以在词汇教学开始之前，布置环境；也可以在呈现词汇时，创设情境，使学生乐于接受、易于掌握词汇。运用情境呈现词汇时需要注意以下几点：

① 王笃勤.小学英语教学策略［M］.北京：北京师范大学出版社，2010：85—86.部分词汇有所更改.

（1）在情境中要出现所学词汇；

（2）在情境中要呈现所学词汇的典型用法；

（3）情境要利于对所学词汇的理解和运用。

　　2. 实物教学

　　巧用实物可以增强词汇教学的直观性。小学生活泼好动、自制力弱，注意力容易分散，但他们对具体形象的东西感兴趣、容易接受。把实物带进课堂，直观地进行讲解，他们很快就会把实物与英语单词联系起来，头脑中也留下深刻的印象。实物教学直观、简便，能起到事半功倍的效果。请看下面的课堂教学片段。

课堂实录：
利用实物呈现词汇

案　例　

实物教学呈现词汇①

T: Today I brought in some bugs. They're in my bag. Do you want to see them?

Ss: Yes!

T: OK. Who wants to come here and pick up a bug?

Ss: Me. Me.（教室里所有的学生都举起了手。）

T: All right, Tiho, you can pull one out.

S1: Ooh.（取出一只塑料的蜘蛛。）

T: Does anyone know what it is?

S2: Spider.

T: Yes, that's right. Every one. What is it?（教师强调，提问。）

Ss: It's a spider.

T: That's right. It's a spider. Everyone.

Ss: It's a spider.

T: Now I need someone else. OK. Lily.

S3: Ooh. I know. Ladybug.

T: Very good. Everyone. What is it?

Ss: It's a ladybug.

T: All right. Who's the next?

...

　　在这个教学片段中，教师用一个"包"（bag）激起了学生对所学词汇的兴趣。她在包里放了不同的"虫子"，让学生主动"探索"。教师用完整的英语句子提问，并要求学生用完整的句子回答问题；接着，再让学生跟读，以加深印象。这样逐渐递进的教学方式不仅抓住了学生的注意力和学习兴趣，而且保证了词汇教学的质量。

　　基于小学生的年龄特点，实物词汇教学总能给他们带来深刻的印象。虽然实物教学的局

---

① NUNAN D,林立. 儿童英语实用教学技巧［M］. 南京：译林出版社，2007：105.

限性比较大，但如果教师善于使用这种方法，很多词汇课还是可以使用实物教学的。譬如：教授单词whale，教师可以拿鲸鱼玩具或模型出现；教授单词red，教师可以拿一面国旗或其他红色物品；教授单词slow，教师可以拿一只蜗牛或蜗牛玩具。运用实物教学呈现词汇应注意以下几点：

（1）实物不能华而不实，为教而教；

（2）实物利用要充分；

（3）实物使用不应过于频繁。

3. 图画、简笔画教学

在课堂教学中，有些实物是无法被带进课堂的，例如tiger、bus、sun等。在这种情况下，教师可以用图画、简笔画的方式来表示这些实物。图画、简笔画是实物教学的有效补充。其中，简笔画比图画显得更简单、快捷、形象直观。图画和简笔画是英语教师直观教学的重要辅助手段，也是在没有多媒体教学设备的情况下有效的教学手段。将图画和简笔画应用于教学可以使课堂妙趣横生。

图画、简笔画教学对教师的绘画基本功要求比较高。尤其是在课堂简笔画教学中，教师要边画边讲，否则将会影响整个教学进程，学生的学习兴趣也会逐渐减弱。

4. 卡片教学

在课堂教学中，教师可以用卡片讲授单个的单词或短语，也可以将一张张单词卡片组合成不同的句子。有的教师还会在卡片的背面粘上小磁铁，这样卡片就可以通过教师的手"自由"地"游走"在黑板上了。卡片教学不仅让学生学习了单词，也让学生学会了如何用一个个单词组成句子。学生既掌握了单词的意义，也掌握了单词的用法。

5. 多媒体展示

多媒体是优化课堂教学效果的一种教学辅助手段，是一种图、文、声并茂的展示方法。多媒体多渠道的信息输入，有助于学生对新学词汇的理解和记忆。多媒体展示词汇的操作步骤如下：[①]

• 播放图像和解说材料，使学生对材料有一个感性认识；

• 再次播放，在预学词汇之处停顿，提问学生，要求其重复语言材料，猜测其含义；

• 教师根据学生的回答提供帮助，展示文字材料，然后解释。

教师在具体教学中，可以根据课堂教学情况的变化，对上述步骤进行必要的调整。

6. 体态语教学

体态语能传情达意，是一种很好的课堂教学辅助手段。教师形象的肢体动作、夸张的面部表情，能够将单词的语义快速地传递给学生。例如，教师"跑""跳""走"等动作，可以引出run、jump、walk等词；丰富的面部表情可以帮助学生认识happy、sad、angry等词。例如：

T: What am I doing? I am walking.

T: Stand up. Walk.

T: What is she doing?

S: She is walking.

T: Stop walking. Sit down, please.

---

① 王笃勤. 英语教学策略论［M］. 北京：外语教学与研究出版社，2002：86.

以上讲述了呈现词汇的六种基本教学方法。在小学英语实际教学中，还有很多词汇呈现方法。一节课，教师要有意识地选择不同的方法呈现不同的词汇，给学生新鲜感，让学生自始至终保持较高的学习兴趣。

（二）练习巩固

在练习巩固阶段，教师可以循环使用呈现环节的教学方法，进一步巩固所学；也可以基于所学，设计新的教学活动。对许多学生来说，巩固所学单词要比学习新词难得多。作为教师，就应引导学生通过各种途径练习、巩固、运用新学词汇。下面介绍几种课堂上练习巩固词汇的方法。

1. "缺了哪个单词" 活动

教师把10~20张单词卡片贴在黑板上。给一分钟的时间让学生记住这些单词，然后让学生闭上眼睛，教师此时悄悄地拿走一张卡片。接着教师问学生：哪张卡片不见了？如果要增强游戏的挑战性，教师可以增加卡片的数量或缩短学生记单词的时间，甚至还可以要求学生不直接说出单词，而是用英语描述缺少的那个单词。这个活动既适合全班整体进行，也适合以小组为单位采取竞赛的形式进行。学生在活动中集中注意力寻找缺少的单词，思考如何描述该单词。在整个过程中，学生都处于积极思考的状态，该单词的语义在学生的大脑里也逐渐被强化。

2. "神秘的单词" 活动

教师大声读出一个句子，故意遗漏句中的某个单词，让学生猜出这个遗漏的单词，也就是这个神秘的单词究竟是什么。例如：

T: I like to put＿＿on my bread.

S1: You want to put butter on your bread.

T: Great. Thank you.

　　Now, I wear a＿＿on my head.

S2: You wear a cap on your head.

T: Your answer is good. But "cap" isn't the word I want.

S2: Oh. You wear a hat on your head.

T: Quite good. You are so excellent.

如果学生说出的答案不是教师设想的单词，教师仍要鼓励学生，并继续启发学生思考，直至找到那个 "神秘的单词"。在这个活动中，教师给出的句子就是一个情境，学生思考答案的过程就是厘清这个 "神秘的单词" 的语义和用法的过程，甚至还包括了它与其他近义词的区别。

3. "单词冲刺" 活动

整个活动的操作程序如下：

• 教师课前制作20张以上的单词卡片，每个卡片上写上一个单词。

• 将全班分成若干小组，每个小组派一名组员到教师处看教师手中的卡片。教师一次只出示一张卡片。

• 该组员跑回自己小组，将单词画出（不能写，不能说）。先认出所画单词的小组得分。

● 下一轮开始，直到单词卡片用完。得分多的小组获胜。

这个活动具有竞争性，不仅能检测学生的单词理解情况，也能了解小组成员之间的合作能力。

4. "单词编故事"活动

教师将学过的单词写在黑板上，让学生从中选择四到七个单词编成一个故事。如果发现学生完成任务有困难，教师可以让学生两个人一组或四个人一组来共同完成"单词故事"。

这个活动没有把单词独立起来，而是将单词组合成句子，再由句子构成完整的故事，实现了由单词到句子、再由句子到语篇的逐层递进。学生在活动中锻炼了语言组织能力和创新思维能力。

5. "自编歌谣"活动

简单的词句、生动的内容和优美的韵律使儿歌深受小学生的喜爱。教师可以将词汇编写成朗朗上口的歌谣，带领学生练习巩固词汇。比如在学习了动物的词汇后，教师就可用中英文夹杂的形式编一首儿歌。

6. "单词连线"练习

单词连线也是小学英语教师经常使用的词汇练习巩固手段。教师给出英语单词、实物或图片，让学生做连线练习。如图7-2-4所示，教师在讲授完新词之后，在幻灯片上呈现出所学单词及其实物图片，让学生用线条将单词和其对应的图片连接起来。如果教师准备了单词表达内容的纸质图片，也可以将单词写在黑板上，再让学生将图片粘贴到对应的单词旁边。若要提高这项练习的难度，教师还可以先把图片粘贴到黑板上，然后让学生在图片旁边写出其对应的英语单词，如图7-2-5所示。

7. 猜谜游戏

这个活动主要巩固学生对单词语义的理解。教师结合新学过的单词，给每个单词设计一个问题，让学生来猜。例如下面的一些问题：

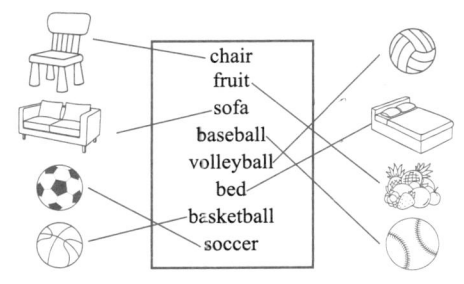

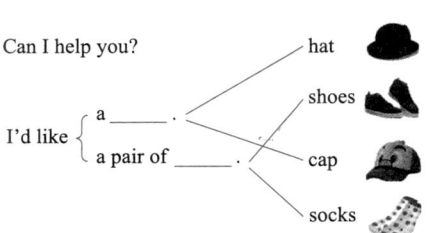

图7-2-4　小学英语词汇教学：单词连线（1）　　图7-2-5　小学英语词汇教学：单词连线（2）

Q: My mother works in a hospital. She often takes care of the sick. What's she?

A: She is a nurse.

Q: My grandfather often tells me interesting stories. He teaches Chinese at school. What's he?

A: He is a teacher.

设计猜谜游戏首先向教师提出了挑战。因为教师必须设计出既能表达单词语义，又符合

案例：词汇练习巩固及评析

学生认知水平的问题。例如，hill、river、lake、mountain、backpack、flashlight、fishing pole、sleeping bag、campfire、tent、go swimming，这些是学生在学习"野营"时会涉及的单词。

　　猜谜游戏能够激发学生的学习兴趣，发展学生的高级思维能力。将猜词游戏与图片结合在一起，让学生在图片呈现的情境中猜词，词语的意思变得更加明确，也会有更多的学生愿意参与游戏。

　　练习巩固是为了强化新学词汇的语义和用法，同时为学生在交际中运用所学词汇打基础。练习巩固的教学效果将直接影响学生运用词汇进行交际的效果。

（三）交际运用

　　交际运用是检验课堂教学效果的重要环节。教师应该多为学生创设运用新学词汇造句，再由句子扩展到对话，甚至由对话扩展到故事的语言交际活动。

1. 造句

　　在句子中运用和记忆单词是理解单词语义和提高单词记忆效果的有效手段。一个单词与其他不同的单词搭配将组成不同的句子。如果把一个单词放进几个在逻辑上有一定联系且呈递进关系的句子之中，学生对单词的理解也会更深入。

案　例

词汇交际运用：造句

　　运用单词door造句："Go to the door. Open the door. Close the door."。

　　运用单词father造句："This is a man. The man is my father. My father is a police."。

　　运用单词beautiful造句："This dress is beautiful. Your dress is more beautiful. My dress is the most beautiful."。

　　运用单词run造句："I am running. I am running on the playground. I am running fast on the playground. I am running fast on the playground with my father."。

　　运用单词monkey造句："This is a monkey. The monkey is little. The monkey is clever. The monkey is in a tree. The monkey is in a banana tree."。

　　在句子中运用单词，还可以把单词教学与句型教学结合起来，在新句型中练习已学单词的用法，在旧句型中练习新单词的用法。在造句运用中，教师还要特别注意词义与其用法的对比练习。如：

　　与句型be going to（"我将要……"）结合："I'm going to school. I'm going to London. I'm going to see a movie."。

　　在比较中运用单词、句型："I have a book."，单词"have"表示拥有。"There is a book on that table."句型中的"There is..."表示存在。

2. 对话

　　在对话中运用词汇是造句运用词汇的延伸。有句子就有可能有对话，有了一问一答，就有可能产生再问再答。例如上个案例中的句子，就能够扩展为下面的对话：

案 例

词汇交际运用：对话

- 关于单词door的对话：

Teacher: Someone is knocking at the door. Who can answer it?

Zhang Peng: Let me do that.

Teacher: Thank you.

Zhang Peng: Oh. It's Li Fang.

Teacher: Open the door. Let her come in.

Zhang Peng: Come in, Li Fang.

Li Fang: Sorry teacher, I'm late.

Teacher: Go to your seat. Zhang Peng, please close the door.

- 关于单词beautiful的对话：

Li Fang: Mother, I want to buy a beautiful skirt.

Mother: Which one, do you think, is beautiful?

Li Fang: I think this one is beautiful.

Mother: Don't you think that one is more beautiful? Maybe, you should see more skirts before you buy.

...

Li Fang: Mother, this one is the most beautiful.

在对话中运用单词要注意单词的重复率，以增强学生对单词的理解及用法的掌握。这个活动适合小学高年级的学生，教师要多示范和指导。对于有困难的学生，教师还要帮助他们完成对话练习。

案例：词汇课教学设计及分析

实践探索

以人教版小学英语（义务教育教科书）四、五年级为例，结合第四章教学目标设计和第六章教学方法设计的内容，根据本节所述词汇课教学的内容、原则及步骤，完成一份词汇课教学设计。然后以小组为单位，在微格教室模拟小学英语课堂教学。

第三节　小学英语阅读课教学设计

　学习目标

1. 掌握小学英语阅读课的教学内容；
2. 能够按照阅读课的教学原则和步骤开展小学英语阅读课教学；
3. 能够设计促进学生阅读能力发展的课堂活动。

微课：设计
小学英语阅
读课教学

阅读是英语学习最主要的语言输入方式，也是英语学习的基本技能之一。而小学阶段又是阅读教学的重要阶段。因此，在小学阶段尤其是中、高年级，开展阅读教学、培养阅读能力是小学英语教学的重要任务。

一、阅读课教学内容

小学三、四年级是发展英语阅读能力的准备阶段，主要涉及词和句的认读活动。《课标（2022年版）》对此学段有关阅读的目标要求是：能借助图片读懂语言简单的小故事，理解基本信息。以人教版小学英语（义务教育教科书）为例，四、五年级的阅读教学主要注重培养学生听、说、读、看、写的基本语言技能。Let's talk模块除了训练学生读、看的技能外，还训练听和说的技能，Read and write模块则训练学生读和写的技能。在这五项语言技能中，听、读和看是语言的输入形式，是理解性技能，说和写是语言的输出形式，是表达性技能。

从四年级到五年级，小学英语教学开始通过培养学生"读"的技能引导学生形成"写"的技能。《课标（2022年版）》对此学段有关阅读的目标要求是：能读懂语言简单、主题相关的简短语篇，获取具体信息，理解主要内容。人教版小学英语（义务教育教科书）Read and write模块就体现了以"读"引"写"的教学目的。教材六年级Let's read部分的阅读开始偏向真正意义上的篇章阅读教学。《课标（2022年版）》对此阶段阅读教学的课程内容要求如表7-3-1所示：

表7-3-1　课标内容中与阅读课教学相关的要求（一级、一级+、二级、二级+）

要素	内容要求	
	一级	二级
语音知识	● 感知并模仿说英语，体会单词的重音和句子的升调与降调	● 使用正确的语音、语调朗读学过的对话和短文

要素	内容要求	
	一级	二级
语法知识	• 在语境中感知、体会常用简单句的表意功能； • 在语境中理解一般现在时和现在进行时的形式、意义、用法； • 围绕相关主题，在语境中运用所学语法知识描述人和物，进行简单交流	• 在语篇中理解常用简单句的基本结构和表意功能； • 在语境中理解一般过去时和一般将来时的形式、意义、用法； • 在语境中运用所学语法知识描述、比较人和物，描述具体事件的发生、发展和结局，描述时间、地点和方位等
语篇知识	• 知道语篇有不同类型，如对话、配图故事； • 体会语篇中图片与文字之间的关系	• 判断故事类语篇的开头、中间和结尾，辨识时间、地点、人物，以及事件的发生、发展和结局等； • 发现语篇中段落主题句与段落内容之间的关系； • 利用语篇的标题、图片等信息辅助语篇理解
语言技能	理解性技能： • 根据图片和标题，推测语篇的主题、语境及主要信息； • 在听、读、看的过程中有目的地提取、梳理所需信息； • 推断多模态语篇（如动画、图书及其他印刷品的封面和封底、邀请卡及贺卡）中的画面、图像、声音、色彩等传达的意义	理解性技能： • 在听和读的过程中，根据上下文线索和非文字信息猜测语篇中词汇的意思，推测未知信息； • 归纳故事类语篇中主要情节的发生、发展与结局； • 课外阅读量累计达到 4 000~5 000 词 二级＋ 阅读有配图的简单章节书，理解大意，对所读内容进行简单的口头概括与描述
	表达性技能： • 用简单的语句描述图片或事物； • 根据图片或语境，仿写简单的句子 一级＋1. 在画面的提示下，为所学对话、故事或动画片段配音； 二级＋2. 口头描述事件或讲述小故事	表达性技能： • 完整、连贯地朗读所学语篇，在教师指导下或借助语言支架，简单复述语篇大意； • 在教师帮助下表演小故事或短剧； • 简单描述事件或讲述简单的小故事； • 围绕图片内容，写出几句意思连贯的描述； • 模仿范文的结构和内容写几句意思连贯的话，并尝试使用描述性词语添加细节，使内容丰富、生动； • 根据需要，运用图表、海报、自制绘本等方式创造性地表达意义 二级＋ 结合主题图或连环画，口头创编故事，有一定的情节，语言基本准确

表7-3-1显示，课标要求三、四年级的学生能够感知语篇的不同类型，体会语篇中常用简单句表达的意思，理解简单的语法现象；对于"读"的能力，课标要求学生能够预测并提取信息；对于"写"的能力，课标要求学生能够仿写简单句。课标要求五、六年级学生能够判断故事类语篇的开头、中间和结尾，能够发现语篇中段落主题句与段落内容之间的关系，还要能够利用语篇的标题、语篇中的图片等信息辅助语篇理解；对于"读"的能力，课标要求学生能够推测未知信息、归纳故事的主要情节，学有余力的学生还可以阅读有配图的简单的章节书；对于"写"的能力，课标要求学生能够围绕图片或模仿范文写话并正确使用字母大小写和标点符号等。此外，五、六年级的英语教学还要让学生养成按意群阅读的习惯。根据课标要求，小学英语阅读课教学的主要内容有以下几个方面。

（一）阅读方法

英语阅读方法包括朗读（reading aloud）与默读（silent reading），二者在英语学习中被广泛地使用。但是由于它们在读的方式、速度、目的和技巧上都存在区别，英语学习者和教师都应该充分意识到两者的区别，然后有针对性地开展阅读活动。第一，它们读的方式不同。朗读是清晰响亮地把文章念出来，默读则是不出声地读。第二，它们读的速度不同。朗读的速度要远远低于默读的速度。朗读要求一字一句、抑扬顿挫、声情并茂地读；默读则既可以一字一句地读，也可以一目十行地读，还可以不断回头看看。第三，读的目的不同。朗读是为了纠正和提升个人的英语发音，并和大家分享、交流阅读材料信息，而默读则是为了理解阅读材料并从中获取信息。在多数情况下，朗读是群体间信息的传递，例如教师朗读某位学生写的优秀作文，让其他学生学习；或者学生朗读报纸上的一则新闻给父母听。而默读则主要是一个人的活动。第四，读的技巧不同。朗读需要在理解阅读材料的基础上，准确把握感情色彩，运用语音、语调和停顿等技巧和大家分享信息。默读则需要读者掌握常用的阅读技巧，例如预测、略读、寻读，能够在阅读中迅速准确地提取信息。

在朗读教学方面，教师可以采用下面的课堂训练方法：

1. 范读：教师、录音示范朗读

范读即教师示范朗读或播放录音。范读的目的是让学生感受正确的语音、语调，以供他们模仿。教师做示范朗读时，要做到语音准确、语调优美、情感丰富，努力给学生美的享受，让学生产生朗读的欲望。同时，教师要让学生注意观察自己的口形，在处理连读、重读以及升降调的时候，还可以借助手势引起学生的注意。教师播放录音时，最好选取母语使用者（native speakers）朗读的材料，以保证学生在起始阶段就接触到纯正的英语发音。

2. 跟读：跟教师、录音齐读

跟读即学生跟着教师或录音齐读。小学生的朗读以模仿为主，在模仿过程中教师要做必要的指导，如句子朗读中的重音、连读、爆破、升降调等；同时要注重培养学生按意群朗读的习惯，帮助学生纠正不良的朗读习惯，例如拖音、无节奏、无轻、重读等。因此，在朗读训练中，教师要更多地指导学生如何"听"、如何"模仿"，并及时发现学生的问题，提出改进的办法。此外，在领读时，教师还可以适当地加入对阅读材料的讲解，这样可以把朗读技巧的训练与思维能力的培养结合起来。

3. 轮读：轮流朗读

轮读即学生在教师的指导下，以不同的形式轮流朗读，例如男女轮读、小组轮读等。

教师不要将课堂朗读仅仅当作一种检查学生是否完成任务的手段，而是要采用形式丰富多样的朗读练习，给学生提供展示的机会，满足他们的表现欲望。

在默读教学方面，教师要强调学生做到"三不三到"。"三不"即"不出声、不动唇、不指划"，"三到"即"眼到、心到、手到"。默读是无声的阅读，但有些学生还是习惯了不出声地用嘴唇"默默地读"，或者用手指指着阅读材料一行一行地默读。这样会大大降低默读的速度，也达不到默读训练的目的和效果。"眼到、心到"指的是默读时，眼睛看到哪里，脑子就要想到哪里，一边默读，一边不断提出"为什么"的问题，通过"阅读"和"思考"领会文章的内容。"手到"指的是默读时要拿着笔，做到边读、边画、边写，即画出重点词句、写出自己的疑问和看法。此外，默读时教师还要训练学生学会抓住关键词，如事物（what）、地点（where）、人（who）、时间（when）、怎样（how）、原因（why）等。这些关键词有助于学生理解文章的大意。

加强朗读训练，引导小学生声情并茂地朗读，不仅可以使他们在朗读中感受英语的语音、语调和节奏，在朗读中培养听力和思维能力，更可以使他们感受英语语言的优美，激发"读"英语的兴趣，进而树立"说"英语的信心。默读训练则强调学生对阅读材料的理解。学生在默读的时候，不用一字一句地读，而是力求抓住主要的词和句子，跳跃前进。同时，由于省去了发音步骤，学生也就有了更多的注意力来理解文章的内容。所以，朗读和默读在阅读教学中分别起着不同的作用。

（二）阅读技能

在英语阅读中最常用的阅读技能主要有：预测、略读和寻读。

预测（predicting）是指在阅读前和阅读中对阅读材料进行猜测。小学英语阶段涉及的猜测内容包括猜测生词、语篇内容、故事的发展、作者的写作意图等。其中猜测生词的词义是阅读者必须掌握的一项基本的阅读技能。猜测生词主要是通过上下文和构词法知识完成的。通过上下文猜词，一是可以寻找上下文中有没有生词的另一种说法，即找同义词。有时下文会对上文中出现的词做解释，或者提供一些暗示。二是看看同一生词是否在上下文的其他地方出现，把两处的语境相比较，也许能准确地猜出词义。构词法知识需要教师在平时讲授单词时就融入教学，例如通过词形判断词性，通过前缀和后缀判断词义等。有时候，教师还可以让学生利用文中所附的插图等直观线索猜测词义。

略读（skimming）是通过快速浏览方式来抓住文章的主要内容和中心思想的。这个概念呈现了略读的两个特点：一是略读要有较快的阅读速度；二是略读对阅读精度的要求较低，阅读者只需掌握文章的大意即可。因此，学生不需要细读全文，不需要逐字逐句地阅读，只需要集中阅读，快速把握文章主题的关键信息，其他信息则可有选择地跳过。在小学高年级的阅读材料中生词较少，而且通常情况下不会影响学生对内容的理解。所以，学生在阅读中千万不要纠缠文章中的细节而影响掌握全文大意。教师要引导学生紧紧围绕五个"W"（即when，where、what、who、how）迅速查找需要了解的信息。为了确保学生能够在略读中掌握文章大意，教师还可以在学生阅读前设计几个简单的问题。如人教版小学英语（义务教育教科书）五年级上册 Unit 6 In a nature park (Part B Read and write)（如图 7-3-1 所示），教师可以根据课文内容设计两个问题："Where is Robin? What would Robin like to draw?"，以帮助学生大致理解课文内容。当然教师还可根据不同的语篇分段设置简单任务，让学生浏览一遍就可以找到答案。

案例：判断
题练习

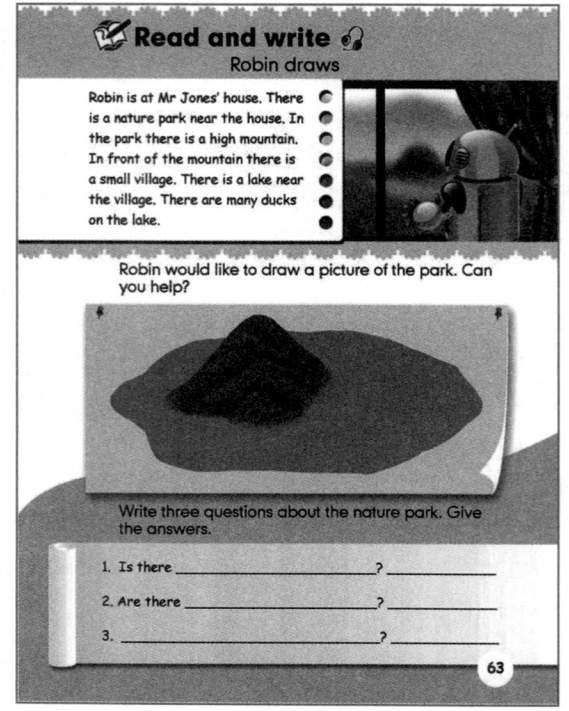

图7-3-1 Unit 6 In a nature park (Part B Read and write) 教材内容

寻读（scanning）也称"查读"或"跳读"，是指在阅读过程中忽略不相关或次要的内容，寻找出某个特定事实或具体的细节信息。与略读不同的是，它带有明确的目的，有针对地寻找问题的答案，例如人物、事件、时间、地点、数字等。在寻读时学生可以把整段的文字直接映入大脑，一目十行地寻找与问题内容相关的词句，无关的内容则很快掠过。运用这种方法，学生就能在最短的时间内找到所需要的信息。寻读是阅读教学中常用的技巧之一。根据这种方法的特点，在阅读短文时，教师可以为学生设计出多种多样的练习活动，如是非判断题、填空题、选择题、问答题等。

为了保证寻读的有效性，教师应注意以下几点：针对具体信息设计问题，避免概括性的问题；活动前应让学生明确任务；设置时间限制，或等到2/3的学生完成任务时再结束。

（三）流畅阅读

流畅阅读指快速地、有目的地、交互地、理解性地、灵活地阅读[①]，是学生通过长期努力不断发展的结果。流畅是准确、快速阅读文章能力的表现。阅读教学的目的是培养流畅读者。流畅读者有如下特点：首先，流畅读者词汇量多，能够自动识别词汇，即使有不理解的单词，通常会跳过而不是利用上下文等策略猜测词义。其次，流畅读者能够根据自己的生活经验和背景知识预测文章的发展和作者的态度。他们会利用预测的信息评估已读信

---

① 王笃勤. 英语教学策略论［M］. 北京：外语教学与研究出版社，2002：96.

息，判断其是否有价值。最后，流畅读者能够有效地运用各种阅读策略监控其阅读过程、理解阅读材料。

从上述对流畅读者特点的分析中可以看出，教师在日常教学中要有意识地引导学生从以下几个方面做起：扩充词汇量、增加生活经验和背景知识、培养阅读策略。词汇量的大小直接制约着阅读能力的高低，缺乏背景知识是造成阅读困难的主要原因之一，阅读策略是有效阅读的保证。

二、阅读课教学原则

开展有效的阅读课教学，要做到既能激发和保持学生的阅读兴趣，又能培养和提高学生的阅读能力。教师需要做到以下几点。

（一）做好"三个结合"

做好"三个结合"指的是教师要引导学生做好朗读与默读、精读与泛读、课内阅读与课外阅读的结合。

首先，教师要根据朗读与默读的方式、目的、速度和技巧等方面的区别，合理地安排学生的阅读活动，做到"因材施教"。

其次，教师要根据小学生的阅读特点合理安排精读与泛读训练。这里的精读与泛读是两种不同的阅读理解程度。对于小学生来说，他们在课堂上集中精力听讲的时间是有限的，如果教师一味地进行精读、精讲、精练，他们就有可能认为英语阅读原来是如此乏味的一件事情，从而逐渐减弱了英语学习的兴趣。总的说来，小学阶段的阅读还是应以精读为主，辅之以简易的泛读。

最后，教师要注重教材与阅读材料的有机结合，拓宽英语阅读渠道。教师应精选与教材内容匹配的课外读物，激发学生学习英语的兴趣，帮助学生更好地掌握语言知识、提升语言技能。针对学生朗读能力的培养，教师可以选取一些与教材内容或学生生活贴近的英文诗歌或歌谣。对于默读能力的提升，教师可以筛选适合小学生英语语言水平的英文小故事，例如 *The Little Match Girl*、*The Fisherman and His Wife* 等。这些童话或寓言故事小学生都耳熟能详，读起来有亲切感，且容易理解。

（二）选用"三种模式"

选用"三种模式"指的是教师在阅读教学中要引导学生使用"自下而上""自上而下""互动式"的阅读模式。

"自下而上"的模式要求阅读从最小的语言单位入手，即从对字母和单词的理解，再到对短语、句子的理解，最后到对段落和篇章的理解，直至把握作者的意图，理解全文。

"自上而下"模式要求阅读是读者带着先前的知识和经验对文本进行预测、验证预测、修正预测的过程。读者预测能力的高低直接关系到阅读理解的成功与否。而阅读者进行预测的依据则来源于他们原有的关于阅读材料的背景知识和概念知识。

"互动式"模式认为阅读过程是双向的。只有当"自下而上"和"自上而下"两个过程相协调，即文章本身提供的信息与读者固有的知识及预测相吻合时，读者才能达到对文章较为透彻的理解。

根据以上三种阅读模式的特点，在小学英语教学起始阶段的阅读教学应以"自下而上"模式为主；学生积累了一定的语言知识、背景知识后，教师可以尝试应用"自上而下"模式，带领学生进行积极主动的思考和预测；而"互动式"模式实施与否就取决于前两者的实施效果的好坏，尤其是后者的课堂教学效果。总之，教师要根据教材内容和学生情况，灵活选用合适的阅读模式，不仅注重扩展学生的语言知识，也注重提升学生的语言技能，让学生在阅读体验中既看到"木"，又看到"林"。

（三）培养"三种策略"

培养"三种策略"指的是教师要在阅读教学中培养学生预测、略读和寻读的策略（技能）。小学英语教师应该在小学生刚开始英语阅读时，就让他们感受到每种阅读策略带来的不同阅读体验。根据这三种阅读策略的特点，小学英语教师要能够在阅读教学中努力让学生做到：在略读中理解文章大意、在寻读中把握文章细节、在预测中思考文章脉络。

案　例

Unit 6 How do you feel? (Part B Let's read)
人教版小学英语（义务教育教科书）六年级上册

第一，在略读中理解文章大意。教师通过设计几个简单的问题，引导学生快速浏览完课文并理解文章的主要内容。

What is Robin going to do when he hears "Wait!"?

Who says "Wait!"?

Does Robin sit on the ant?

Why is Robin worried?

Who helps Robin?

How do they help Robin?

Is everyone happy?

学生把上面问题的答案结合到一起，就得到了这篇文章的主要内容：Robin is going to sit on the grass when he hears "Wait!". It is a little ant. Robin doesn't sit on the ant. Robin is stuck in the mud. The ant and all of his friends help Robin. They pull him out of the mud. Everyone is happy! 在这些问题中，每个问题是针对文章的每一个段落提出的。

第二，在寻读中把握文章细节。教师让学生跳读寻找相关信息，这些信息可以是课本上的练习，也可以是教师另外给学生设计的一些关于文章细节的问题。

How is the weather like on the first day?

How does the ant feel, when Robin is going to sit on the grass?

How is the weather like on the next day?

How does Robin feel when he is stuck in the mud?

How are the little ant and his friends?

　　上面的问题涉及文章中的主要细节，寻找到这些问题的答案后，学生就对文章有了更为全面和具体的理解。

　　第三，在预测中思考文章脉络。对文章的预测发生在开始阅读文章之前和阅读文章的过程中。在阅读之前，学生可以根据文章题目对文章的内容进行猜测；在阅读之中，学生可以猜测文章的发展变化、下面将会出现哪些内容、作者这样写作的目的是什么、某个生词的意思是什么等，所有的这些猜测都将在阅读之中一一得到证实。

　　从学生阅读之前对文章内容的整体猜测到阅读过程中对后出现内容的提前预测，再到对遇到生词的猜测，在整个阅读过程中，学生始终处于积极主动思考的状态。通过不断的提问—解答、猜测—证实的过程，文章的结构在学生头脑中变得越来越清晰，同时他们也逐渐体验到了积极思考给阅读带来的快乐和成就感。

案例：阅读课教学原则——在预测中思考文章脉络

三、阅读课教学步骤

英语阅读教学的一般步骤，如图7-3-2所示：

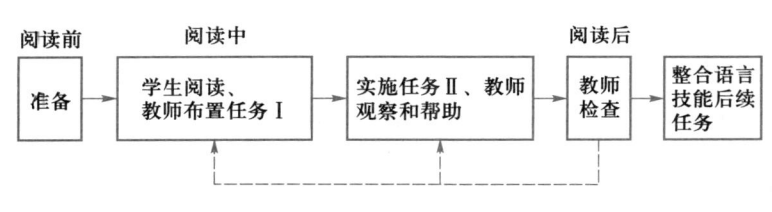

图7-3-2　英语阅读教学的一般步骤

课堂实录：阅读课教学步骤

上述英语阅读教学分为三个阶段。

（一）阅读前

阅读前的活动主要是指对新单词、短语、语法结构等的预习以及相关背景知识的介绍，以及对有关阅读材料主题内容进行的铺垫等。设计阅读前的活动的主要目的是：

（1）激发学生的阅读动机；

（2）激活和提供必要的背景知识；

（3）引出主题；

（4）为进一步阅读扫清语言障碍。

在阅读前活动中，教师要努力做好的工作是：

（1）根据阅读材料确定适当的教学目标，并且告之学生；

（2）通过主题引入或者关键词讲授的方式设置语境，激活学生的背景知识和语言知识；

（3）通过各种方式激发学生的阅读动机（看标题、图片，预测文章内容；设计关于文章大意的判断题、问答题；等等），展开预测。

（二）阅读中

阅读中是指学生阅读的时段。为了保证阅读的有效性，教师必须向学生明确阅读的任务，图7-3-2中任务Ⅰ指边阅读边做的任务，主要指教师给学生设计的在阅读中需要解答的问题或任务。阅读中的活动以训练学生的阅读技能为目标，从中让学生体验"理解的过程"。教师具体可支持学生开展如下活动：

（1）略读课文以掌握文章大意；

（2）寻读课文以捕捉具体信息；

（3）将信息图表化（表格、树形图、时间顺序、流程图等）以简化语言材料；

（4）记录文章的要点和具体信息以把握文章内容；

（5）划分文章的结构以明确作者思路；

（6）回答问题以确保对文章的理解；

（7）根据上下文猜测词义。

在阅读中教师可以设计六个层次的阅读理解问题[①]：

（1）从材料中找到现成答案的问题；

（2）解读和重组信息的问题；

（3）推理材料中暗含意义的问题；

（4）评价和判断作者的问题；

（5）个人回应材料内容的问题；

（6）关注作者如何用语言表达意义的问题。

前面五个层次的理解性问题，与布卢姆提出的知识目标的层次（识记、理解、分析、应用、综合、评价）是吻合的；第六个层次的问题，有助于帮助学生增强对材料的理解，提高他们综合分析、归纳和评价的能力。不过对于词汇量和阅读理解水平都有限的小学生而言，第六个层次的问题对他们无疑是个挑战。

（三）阅读后

图7-3-2中任务Ⅱ指的是在阅读的过程结束后才能够实施的任务，如Read and discuss、Read and debate等。从"教师检查"一项中引出的虚线表明，如果学生执行任务不成功，教师就可以重新分配任务，或让学生再阅读一遍。整合语言技能后续任务（Follow-up work）是指组织练习其他语言技能，即开展听、说、写活动，并且这种活动一定要基于此前使用的阅读材料内容展开。

设计阅读后的活动的目的有两个：

（1）根据阅读内容进行各种思维活动。

（2）鼓励学生将阅读内容与自己的经历、知识、兴趣和观点相联系。

对此，教师可以设计的活动有：

（1）小组讨论、辩论或报告（篇章的结构特征、作者的观点及写作意图）；

（2）个人学习总结（总结篇章中的语言知识、复述文章内容、讲故事、介绍自己类似的经历）；

---

① 转引自朱晓燕.英语课堂教学策略［M］.上海：上海外语教育出版社，2011：121.

（3）小组角色扮演（学生可按照教材内容分角色表演，或根据生活经历对教材进行改编，汇报表演）；

（4）自评、互评、教师评价阅读活动表现（评价自己的阅读方式、阅读效果，也可通过写读书笔记的形式进行）；

（5）个人写作练习（根据课文话题，模仿文章结构、选择话题关键词，进行模仿写作）。

案例：阅读课教学设计及分析

对于学有余力的学生，还可以开展以下活动：

（1）结合三题进行简短的主题演讲；

（2）结合主题或连环画，口头创编故事。

图7-3-2中的教学步骤只是给教师提供了一个阅读教学的参考模式，每位教师要根据自己所面对的具体情况进行相应的调整。

实践探索

以人教版小学英语（义务教育教科书）六年级为例，任选一课时教学内容，结合第四章设计教学目标和第六章教学方法设计的内容，根据本节所述阅读课教学的内容、原则及步骤，完成一份阅读教学设计。然后以小组为单位，在微格教室模拟小学英语课堂教学。

// 本章小结与拓展 //

知识精练

课型	教学内容	教学原则	教学步骤
会话课	1. 训练听的技能 2. 训练读的技能 3. 训练说的技能	1. 主题与句型结合 2. 机械操练与意义操练结合	1. 导入主题 2. 呈现语篇 3. 阅读操作 4. 交际运用
词汇课	1. 词形与读音 2. 词义 3. 用法 4. 词汇信息 5. 词汇记忆	1. 音、形、义结合 2. 创设语境 3. 文化传递	1. 呈现词汇 2. 练习巩固 3. 交际运用
阅读课	1. 阅读方法 2. 阅读技能 3. 流畅阅读	1. 做好"三个结合" 2. 选用"三种模式" 3. 培养"三种策略"	1. 阅读前 2. 阅读中 3. 阅读后

1. 胡春洞老师认为，广义的词汇教学就是整个英语教学——教词汇＝教文化，教词汇＝教交际，教词汇＝教思考，教词汇＝教学习，教词汇＝教语言。对此，你是如何理解的呢？

2. 心理学专家认为，阅读和智力有着十分密切的关系。阅读是读者和作者相互交际的言语活动，是获取知识、发展智力情感的重要途径和高级神经系统的心理活动。那么，你是如何理解小学英语阅读教学的意义的？

1. 罗晓杰，张璐，洪艳. 小学英语优质课例：新设计，新说课［M］. 上海：华东师范大学出版社，2019.

该书主要面向在职英语教师和师范院校学生，着重探讨不同类型的英语说课的内容、方法与艺术问题。书中有关于会话课、词汇课、阅读课的说课实录，有助于读者全面且深刻地理解小学英语不同课型设计和实施的要点。

2. 黄远振. 英语阅读教学与思维发展［M］. 南宁：广西教育出版社，2019.

该书研究英语阅读教学和思维发展，从理论和实践层面探究学思结合的理据、方法与途径。该书对全面把握阅读及阅读教学的意义，提高教师在阅读教学中培养学生的思维品质有积极的意义。

第八章　　小学英语教学评价设计

知识地图

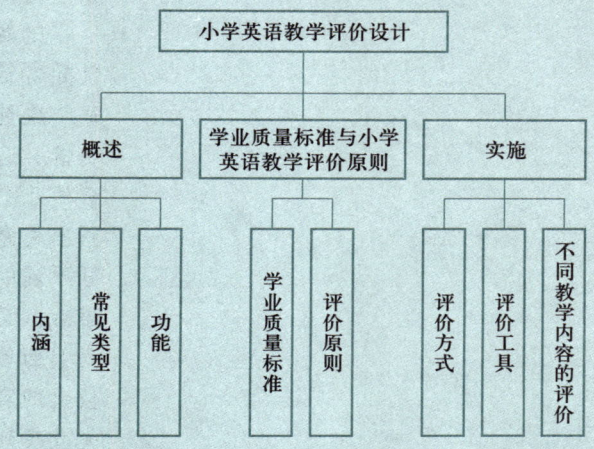

问题情境

"好偏心的老师！"

在教学中，我发现小学生好胜心很强，乐于参加竞赛性的游戏。

在新授环节，由于单词较多，且稍微复杂，学生不易记忆。为了调动学生学习的积极性，我设计了这样一个竞赛环节：A、B、C、D四个小组开展拼读单词比赛，看哪个组拼得又快又多，获胜小组的每个成员都能得到一颗星。

比赛开始了，同学们个个争先恐后，课堂气氛异常活跃……最后，B组获得了胜利，我给他们每个成员一颗星，冠军组的同学们脸上洋溢着喜悦之情。这时，我环视四周，发现其他小组回答很积极的几个学生因为组内其他成员的配合不默契而流露出失意的神情。这时，冷不丁有一个小小的、十分不满的声音飘进了我的耳朵："好偏心的老师！"随后，又有声音说："B组里不回答的同学也能加星，我们回答了多次却没星，不公平！"我的内心受到极大的震动。是啊，孩子们说得对极了！我怎么事先没想到这一点呢？

启发思考

按照上述规则进行比赛，获胜组里没有回答问题的学生也能得到奖励，而其他小组积极回答问题的学生却没有得到奖励。该如何修改比赛规则，才能做到既激发获胜组学生的积极性，又能提高其他小组学生的主动性呢？

2020年10月中共中央、国务院印发《深化新时代教育评价改革总体方案》，这是深化新时代评价改革的纲领性文件。随着教育从外延式发展向内涵式发展转变，人们对教育质量更加关注。教师确定的教学目标是否合理，教学过程是否有效以及教学结果是否良好，最终都需要评价衡量。因此评价是教学活动的重要环节。本章内容有助于英语教师实施评价、增强评价的有效性，实现以评价促进学生发展和教师成长的目标。

第一节　小学英语教学评价概述

 学习目标

　　1. 理解教学评价的内涵；
　　2. 了解教学评价的类型与功能；
　　3. 学会根据教学评价类型设计多样的小学英语评价方式。

《课标（2022年版）》指出："教学评价应贯穿英语课程教与学的全过程，包括课堂评价、作业评价、单元评价和期末评价等。教师要充分理解评价的作用，明确评价应遵循的原则，基于评价目标选择评价内容和评价方式，将评价结果应用到进一步改进教学和提高学生学习成效上，落实教—学—评一体化。"教师只有通过评价才能发现教学中存在的问题；才能促进学生的发展。那么，什么是教学评价？其常见类型有哪些？教学评价有何功能？本节将逐一对这些问题进行详细探讨。

一、小学英语教学评价的内涵

教学评价是以教学目标为依据，按照一定的标准，运用科学可行的方法，对教学要素、教学活动和教学结果进行测量，并给予价值评判的过程。教学评价一般包括对教学过程中教师、学生、教学内容、教学方法（手段）、教学环境、教学管理等要素的评价。

目前评价领域有三个常用的英语词语：evaluation、assessment、measurement。虽然很多评价者经常不区分地使用这三个词语，但从三者的词源上来看，它们的评价对象是不同的，evaluation更多的是指向课程、教学计划或与之相关的问题；assessment评价的对象是人，如对学生的学习进行评价；measurement主要指评价或评定的一种方法手段。

教学评价有两个核心环节：一是对教师教学的评估，主要表现为对教师的教学设计、组织、实施等的评价；二是对学生学习效果的评价，主要表现为考试与测验。

由此可以看出，教学评价的内涵包括以下几点：

第一，教学评价要基于一定的标准。作为小学英语教师，要实施教学评价，首先要认真领会由教育部颁发的《课标（2022年版）》。

第二，教学评价要采用科学的评价方法。

第三，教学评价是一个价值判断过程。这个过程是为教学目标服务的。

第四，教学评价对象包括：学生的学习状况、教学目标、教学效果和课堂管理等。比如，对教学中教师所设计的诸如听、说、读、写，游戏，歌曲等环节的教学效果进行评价。

小学英语教学评价是对学生的学习情况和教师的教学情况进行价值判断的过程。其目的一是通过评价使学生在学习英语的过程中不断体验进步与成功，认识自我；二是检查英语教学是否达到教学目标，帮助教师获取英语教学反馈信息，及时反思和调整自己的教学行为，不断提高教学质量。科学合理的评价，可以激励学生学习英语的积极性和兴趣，使学生们成功，增强自我效能感；可以帮助教师调整自己的教学，实现成长。

二、小学英语教学评价的类型

教学评价工作具有复杂性，分类标准不同，结果也不同。根据评价的规范程度，教学评价分为正式评价和非正式评价。如教师在教学过程中以口头或书面形式进行的评价属于正式评价，对学生的一般印象或者看法属于非正式评价。根据解释评价结果的标准，教学评价分为相对评价和绝对评价。相对评价的衡量标准是相对的，选拔考试等都属于相对评价。绝对评价是指与预定的标准相比较，只要达到了标准，就认定为合格的一种评价方式。例如，在进行学生全面发展评价时，可以设计一个固定的评价标准来衡量学生的发展状况。根据教学评价在教学过程中所处的时间段，教学评价分为准备性评价、形成性评价和终结性评价。下面主要介绍这三种评价方式。

（一）教学前：准备性评价

准备性评价，又称诊断性评价，是指教师在一门课程和一个学习单元开始之前对教学背景及学生所具有的认知、情感和技能等方面的条件进行的评价。

教学背景主要是指实际的教学环境（包括物质条件）及教师具有的理论基础、教学能力等。教师实施准备性评价，不是为了给学生贴标签，而是为了识别出处于不同水平的学生，把他们分置在最有益的教学序列中。根据评价结果，教师可以审视教学目标是否定得太高或太低，教学内容选择得是否恰当，是否适合学生的水平及兴趣，并可根据不同的教学内容和学生的不同特点，选择相应的教学方法和组织形式。

准备性评价可以是认知能力评价、对新教学内容的准备性学习（预习等）评价。教师可以根据需要采取"摸底"检测形式、课堂问答形式、课前问卷形式、前期作业分析形式、教师自我分析判断等形式。涉及内容有：教学所面临的问题及相应的基本教学要求；学生前一阶段学习中语言知识的储备总和，语言技能所处的水平；学生的性格特征、学习风格、能力倾向及对英语学习的态度；学生对学校学习生活的态度；学生身体状况及家庭教育情况；等等。

（二）教学中：形成性评价

形成性评价，又称过程性评价，是在英语教学活动过程中，为了能更好地达到教学目标，取得更佳的教学效果而不断进行的评价。形成性评价伴随教学过程始终，教师能及时了解一节课或一个阶段教学的结果、学生学习的进展情况以及存在的问题，并据此及时调整和改进教学工作。形成性评价是日常教学中由教师和学生共同参与和实施的评价活动，主要是通过学生学习过程中表现出的兴趣、态度、参与活动的程度以及他们的语言发展状态进行判断。教师应对他们的学习尝试进行肯定，以提高学生学习的积极性。形成性评价的本质是把学生所取得的进步尽快告诉他们。[①]

形成性评价可采用多种方式进行，比如学生自评、小组互评、教师课堂观察、家长评价等；也可以采用非正式考试或单元测验来进行，测验时应考虑单元核心教学目标。通过形成性评价，教师可以随时了解学生的学习情况，获得教学中连续的反馈，从而为调整教学计划、改进教学方法提供参考。

（三）教学后：终结性评价

终结性评价又称"事后评价"，一般是在教学活动告一段落后，为获得教学活动的最终效果而进行的评价。一般来讲，终结性评价主要在课堂教学结束、单元结束或者期末进行。在学期或学年结束时进行的考试、考核都属于终结性评价。其目的是检验学生的学习是否达到了预期的教学目标。通过终结性评价，教师可以检验本学期教学目标的实现程度，从而判断教学效果，并据此对教学进行改进，以及为制订新的教学目标提供参考。

在小学英语教学中，终结性评价主要考查学生的综合语言运用能力。教师可以根据教学的阶段性目标来确定评价的内容和形式，包括口语、听力、阅读、写作和语言知识运用等。

《课标（2022年版）》在评价建议中指出，应通过形成性评价与终结性评价相结合的多元评价方式，检测和衡量学生在相关学段的学业成就，为改进教育教学提供指导。终结性评价是在某一相对完整的教学阶段结束后对学生学习结果和整个教学目标实现程度的评价。小学英语教学终结性评价主要检测学生综合语言运用能力的发展程度。

资料：三种评价类型的评价比较

三、小学英语教学评价的功能

《课标（2022年版）》指出教学评价对促进学生核心素养的发展具有重要作用。教学评价是小学英语课程的重要组成部分，科学的评价方式和方法是实现课程目标的重要保障。在不同教学时段实施的教学评价功能有所不同，但是，教学评价本身的功能是显而易见的，一般来说，教学评价有以下几个功能：

第一，监控功能。全面客观的评价不仅有助于判断学生的成绩在多大程度上实现了教学目标，而且有助于找到学生成绩不良的原因。通过评价，教师能够及时监控教学过程，了解教学中的问题，改进教学方式方法；学校和教育行政部门也能够及时掌握课程的实施情况，改进教学管理。

---

① 布卢姆. 教育评价［M］. 上海：华东师范大学出版社，1987：134.

第二，反馈功能。评价信息可以帮助师生了解教和学的情况。教师可以根据反馈信息修订教学计划，调整教学行为，从而有效地工作，以达到所规定的教学目标。学生则可以调整学习行为，从而有效地学习。

第三，激励功能。评价结果能在一定程度上刺激被评价者的竞争意识，激励被评价者按教学目标规范自己的行为。

第四，促进功能。评价本身也是一种教学活动。在这个活动中，学生的知识、技能将获得提高，智力和品德也将得到发展。在这个活动中，教师的教学工作不断改进，教学能力得到提高。

实践探索

结合所学小学英语教学评价类型，请访问两所学校，了解"双减"政策背景下小学英语教学常用的评价方式。

具体要求如下：

（1）以调查问卷、直接谈话法为主要调查方法。

（2）客观陈述调查结果。

（3）实践练习：总结当前小学英语教学评价的实施情况和主要实施方法。

第二节 学业质量标准与小学英语教学评价原则

学习目标

1. 了解《课标（2022年版）》学业质量标准的要求；
2. 能够识记小学英语教学评价的设计原则；
3. 能够设计发挥教学评价作用的教学设计。

小学英语教学评价应遵循《课标（2022年版）》提出的学业质量标准要求和有关原则展开。

一、学业质量标准

《课标（2022年版）》指出学业质量是学生在完成课程阶段性学习后的学业成就表现，反映核心素养要求。学业质量标准是以核心素养为主要维度，结合课程内容，对学生学业成就具体表现特征的整体刻画。英语学业质量标准以学生在语言能力、文化意识、思维品质和学习能力等方面的核心素养及其学段目标为基础，结合英语课程的内容和学生英语学习的进阶情况，从学习结果的角度描述各学段学生学业成就的典型表现。

一级（3~4年级）的学生能够在本学段要求的主题范围内，围绕相关主题群和子主题，根据规定的语言知识和文化知识等要求，初步运用听、说、读、看、写等语言技能和学习策略，依托一级内容要求规定的语篇类型，感知不同的语言和文化现象，获取基本信息，与他人进行简短交流，具有初步的问题意识，尝试反思学习情况，对英语有好奇心，积极参加课堂活动，愿意与同学合作交流。一级学业质量描述如表8-2-1所示：

表8-2-1 一级（3~4年级）学业质量标准

序号	学业质量描述
1-1	能听懂日常生活中的问候并进行回应，用语基本得体
1-2	能与他人互动交流，对赞扬、道歉、致谢等作出回应，用语礼貌
1-3	能借助图片、手势等，听懂简单指令并作出反应
1-4	能通过简单的动画、配图故事等语篇材料了解世界主要国家的风土人情
1-5	对英语有好奇心，在阅读配图故事、对话等简单语篇材料时，能积极思考，尝试就不懂之处提出疑问
1-6	在跟读简短的音视频材料时，能模仿说话者的语音、语调
1-7	能用简单的语言介绍自己的基本情况和熟悉的事物（如个人喜好、学校生活等）
1-8	能通过读、看等方式，认读或说出典型的中外文化标志物
1-9	能正确书写所学的单词和句子
1-10	能参照范例，仿写简单句
1-11	乐于观察生活中的语言和文化现象，尝试从不同角度看待事物
1-12	愿意参与课堂活动，与同伴一起通过模仿、表演等方式学习英语

二级（5~6年级）的学生能够在本学段要求的主题范围内，围绕相关主题群和子主题，根据规定的语言知识和文化知识等内容要求，有效运用听、说、读、看、写等语言技能和学习策略，依托二级内容要求规定的语篇类型，了解不同的语言和文化现象，比较信息的异同，围绕相关主题进行口头或书面交流，具有问题意识，能反思学习情况，学习中遇到困难时主动与他人探讨，寻求帮助。二级学业质量描述如表8-2-2所示：

表8-2-2 二级（5~6年级）学业质量标准

序号	学业质量描述
2-1	能对他人的邀请、祝愿、请求等作出回应，用语得体
2-2	能借助关键词语推测说话人的观点和态度
2-3	在听或看简单的音视频材料时，能获取有关人物、时间、地点、事件等基本信息
2-4	能通过简短语篇了解世界主要国家的生活习俗、饮食习惯、文化传统等，初步比较文化异同
2-5	能借助图片、上下文线索尝试推测语篇中生词的含义

续表

序号	学业质量描述
2-6	在阅读相关主题的语篇材料时，能梳理人物、场景、情节等信息，独立思考，提出个人见解
2-7	能流利地朗读课内所学语篇，发音清晰，语音、语调基本正确
2-8	能围绕相关主题与他人交流，表达自己的情感、态度和观点，基本达到交际的目的
2-9	能用简单的句子描述与中外文化有关的具体现象和事物，语句基本通顺
2-10	能运用所学词句讲述简单的小故事，表意基本清楚
2-11	进行书面表达时，能正确使用大小写字母、标点符号，拼写基本正确
2-12	能参照范例仿写简单的贺卡、邀请卡等，语言基本准确
2-13	能用简单的语句描述图片内容，意义连贯，句子形式基本正确
2-14	愿意通过阅读等方式了解不同的语言和文化现象，尝试从不同角度分析问题
2-15	对英语学习有兴趣，主动参与课堂活动，与同伴一起围绕相关主题进行讨论，合作完成学习任务

二、小学英语教学评价原则

教师在充分了解学情的基础上，可以根据教学需要，运用不同类型的教学评价，发挥教学评价的多重功能。一般来说，设计教学评价应遵循以下原则。

（一）目标性原则

《课标（2022年版）》指出教师教学评价以学生核心素养的全面发展为出发点和落脚点。评价目标和评价方式应与课程目标一致。教学评价的设计要以教学目标为依据。教学任务完成后，学生在语言能力、文化意识、思维品质以及学习能力各方面，是否达到了教学目标的预期，需要通过教学评价来验证。离开了明确、具体的教学目标就无法进行教学评价。例如，针对本书第四章案例的教学目标，侯洁老师设计的教学评价如下：

案　例

Unit 6 How many? (Part B Let's learn)
人教版小学英语（义务教育教科书）三年级下册

● **教学目标**

1. 在图片的帮助下，能说出数字sixteen、seventeen、eighteen、nineteen、twenty，做到发音清楚，语调正确；

2.借助图片和板书，能听懂、会说句子"How many ... can you see? I can see ...",并能正确朗读和在游戏中灵活操练对话。

● 评价设计

针对教学目标1，通过观察学生的口型、指名提问、分角色读，判断学生是否能够清晰、正确、熟练地朗读课文。

针对教学目标2，通过趣味游戏、问答接龙、同伴合作、自我展示等，确定学生是否能够正确、灵活地运用句型询问数量。

教师只有明确了通过一节课、一个单元或者一本教材的学习，学生要达到的目标，才能够依据教学目标恰当地设计评价方案。因此，教学评价方案应与教学目标相匹配，保持其内容的一致性。教师设计教学评价方案时应注意以下几个问题：

（1）评价目标与教学目标主题一致，即评价目标的主题与教学目标的主题是一致的。

（2）评价目标与教学目标有一致的认知要求，即完成评价任务所需的认知要求与教学目标是一样的，在期望学生"应当知道什么"和"应当做什么"的目标上是匹配的。

（3）评价方法与教学目标是匹配的。不同的评价方法有各自的优势与局限。例如，纸笔测验很难用来评价技能型教学目标；笔试主要考查语言知识，很难用来评价学生的口语、听力等语言能力；口试重点考查学生的口头表达能力和交际策略的运用；听力则着重考查学生理解和获取信息的能力。

（二）客观性原则

教师在设计教学评价时，从评价标准、评价方法到评价中所持的态度，特别是最终结果的评价，都要符合客观实际，不能主观臆断或掺杂个人情感。否则，评价不仅失去了本身的功能，也失去了意义。

案　例

没有结果的"小红花"评价

王老师为了激发学生参与课堂活动的积极性，设计了这样的活动评价方式：把全班同学分成两组，课堂上积极主动发言并能正确回答问题的学生都可以为本组获得一朵"小红花"。开始，为了给自己的小组挣到"小红花"，学生都很积极。王老师很随意地挑选学生回答，根据她的主观判断给予奖励。在整个教学活动中，两组回答问题的学生人数不同，获得的"小红花"的数量差别很大。课堂结束的时候，学生期待老师宣布结果，王老师好像忘记了她上课时宣布的竞赛规则，也没有总结"谁"是"获胜者"。黑板上的"小红花"被忽略了。

从上述案例可以看出，教师设计的教学评价缺少具体的评价标准，也没有明确的测量方法，只是凭教师本人的主观判断确定奖励的对象，这样的教学评价往往有失评价的客观性。表8-2-3是一位教师设计的课堂作业书写评价表。

案　例

表8-2-3　课堂作业书写评价表

姓名：

	U 1	U 2	U 3	U 4	U 5	U 6
等级						
等级						
等级						
等级						

注：横排U1~U6代表一个学期的第1~6单元，竖排的四次等级为一个评价范围。

① 连续四次得A可获得两枚小印章。

② 经改正无误后连续四次得A，可获得一枚小印章。

③ 评价标准：

书写无误而且干净美观——A；

书写有误但是干净美观——B；

书写无误但不干净美观——C；

书写有误且不干净美观——D。

④ 家庭作业：评价标准同课堂作业一致，连续四次也可获得一枚印章。

从上述案例可以看出，该教师设计的课堂作业评价表包含了一本教材的六个单元，是一学期的作业评价。通过这个表，教师可以清晰地掌握学生一学期课堂作业和家庭作业的书写情况。而且，教师给出了明确的评价标准，这样不仅有利于进行客观评价，还有利于调动学生写作业的积极性。

（三）多元化原则

教师要对教学活动的各个方面进行多角度、全方位的评价，不能以点代面，以偏概全。为此，教学评价应具多样化，实现评价主体、内容、方式、对象、标准的多元化和评价过程的动态化。

案　例

学期教学评价方案
人教版小学英语（义务教育教科书）五年级上册

一、形成性评价

1. 课堂上：将集体吟唱的歌曲和歌谣融入课堂学习。

2. 课前三分钟：利用每周1~2次的课前时间，检测个人吟唱情况，每人至少会吟唱每项中的6首和4首，成绩计入 I can sing。

3. 本学期：学生完成的手抄报、手工制作或异域风情卡，共计不少于4个，成绩计入 I can do。

二、终结性评价

1. 单元测试和期中测试（1~3单元内容）。测试内容包括听力、基础知识、阅读理解、口语交际四大部分。注重学生的自我反思和总结，以此培养学生积极参与的信心、提高他们课堂表现的能力。

2. 期末非笔试测试评价：能完成"I can read、write、do、play、sing and talk"（基础知识闯关表），成绩评定为优秀、优良、良好、及格四个等级。

3. 期末笔试测试评价：独立完成一份试卷，成绩评定为优秀、优良、良好、及格四个等级。

三、评价主体

（一）教师评价

1. 对全班的评价：教师依据学生课堂齐读等集体活动的整体表现，发现全班掌握较弱的内容，并找出原因，在全班进行纠正和强化。

2. 对部分学生的评价：教师根据不同水平的学生的实际表现，优秀学生有突出表现者，当堂加盖一枚印章；后进生有进步者，口头表扬并加盖一枚印章。

3. 对小组的评价：同伴之间能互相帮助，互相监督，互相提醒，完成教师布置的各种任务，教师为本组加分或盖印章；组长充分发挥小老师的作用，协助教师把关作业完成情况。在每月的"英语之星"中评选出"优秀小老师"的称号，并发给他们奖状。

4. 对学生个人的评价：参照教师平时所记录的量表，分层次、有重点地进行形成性评价（见表8-2-4）。

表8-2-4 学生个人评价

学号	姓名	玩演唱	课堂作业	家庭作业	背诵默写	小组评比	课堂表现

（二）家长评价

家长根据学生完成I can read、I can write、I can talk、I can sing、I can do的情况和阶段性成绩，有侧重地为自己的孩子写评价语，同时给出综合性评价。

（三）学生评价

1. 学生自评：学生在表格8-2-4中如实填写个人情况，并写出自我反思。

2. 小组内互评：小组内每位成员在表8-2-4上认真、公平地为本组组员填写评价等级和评语。

该教师的教学评价设计充分体现了多元化原则，评价方式多元化，评价主体多元化。这样的评价调动了所有参与者的积极性，使评价的功能得以有效发挥。

（四）统一性原则

统一性原则是指既要评价教学结果，也要评价教学过程和方法，实现过程与结果的统一，达到"教—学—评"一体化要求，坚持以评促学、以评促教，将评价贯穿英语课程的教学的全过程。另外，信息技术环境下的教学设计，还要重视对学生在学习过程中的态度、兴趣、参与程度、任务完成情况进行形成性评价。

> **实践探索**
>
> 　　以人教版小学英语（义务教育教科书）为例，任选一课时教学内容，并结合"教—学—评"一体化理念，参考第四章设计教学目标和第五章设计教学过程内容，完成该课时的教学评价设计。具体需要如下：
> 　　1. 每人设计出一课时教学内容的评价方案。
> 　　2. 以小组为单位，讨论交流各自的设计思路与设计方案。
> 　　3. 每个小组整理出一份设计文本与其他小组交流。

（五）指导性原则

指导性原则是指在进行教学评价时，要把评价和指导结合起来，在指出学生的长处与不足的基础上提出建设性的意见。不仅使学生了解自己的优缺点，而且为其之后的学习指明方向。如果评价不能指明存在的问题和前进的方向，就可能使学生陷入盲目状态。如果学生只看到自己的优点，就可能骄傲自满；或者只看到问题而丧失前进的动力和信心。因此，要对评价的结果进行认真分析，从不同角度查找因果关系，并通过信息反馈，使学生明确今后的努力方向。

第三节　小学英语教学评价的实施

 学习目标

　　1. 能够灵活运用不同评价方式和工具；
　　2. 掌握不同教学内容的评价。

评价方式是解决"怎样进行评价"的问题。教师设计评价方式的指导理念是兼顾量化评价和质性评价。基于此，评价方法、工具的选择应力求多样化，并充分利用语言、教态进行评价。

一、评价方式

（一）学业水平考试

义务教育英语学业水平考试是以学业质量标准、课程内容为依据，由省级教育行政部门组织实施的考试，旨在检测和衡量学生在义务教育阶段结束时的学业成就，为判断学生是否达到国家规定的毕业要求提供主要依据，为高一级学校招生录取提供重要依据，为评价区域和学校教学质量提供参考，为改进教育质量和教学方式提供指导。

1. 命题性质

教师在命题时要强化英语课程的育人导向，注重考试命题的素养立意，以课标为依据，着重考查学生在解决真实问题、完成真实任务的过程中体现出的语言能力、文化意识、思维品质和学习能力；紧密联系社会实际和学生的生活、学习经验，重点考查学生的价值观、文化意识、思维过程，以及综合运用英语解决问题的能力；创造条件组织听力和口语考试，逐步加大听力和口语测的比例综合性、探究性，采用真实情境和真实任务，试题具有基础性、代表性、和开放性。

2. 命题原则

为了保证测试实现合理化，达到测试的目的，依据《课标（2022年版）》、课程内容和学业质量标准等进行命题，在设计试题时要遵循导向性、科学性、规范性和适宜性等原则。

案 例

试题举例①

1. 根据对话内容选择图片（图8-3-1）：

Which picture are May and Sam looking at?

A   B   C

图8-3-1 试题（1）

2. 观察图片（图8-3-2），回答问题。

图8-3-2 试题（2）

---

① 案例来源：程晓棠，2022 年义务教育英语课程新向。

（1）The two boys are _____

（2）The woman is wearing a _____

（3）What is the man with a yellow hat doing? _____

（4）Where are these people? _____

（5）What's the weather like in this place? _____

　　上述两个案例综合性的题目都是基于真实情境下，考查学生的语言能力、观察能力以及综合运用英语解决问题的能力。

（二）日常测试

　　测试是日常教学常见的评价方式。设计测试评价，教师应当注意以下五个方面。

　　（1）把握测试内容的难易度。教师选择测试评价方式的目的是及时了解教与学的信息，为学生学习和教师教学提供反馈，用于改善教学。教师在实施测试评价时不能仅侧重对学生学习结果的评估，测试内容设计的难易度要适中，能够反映出教学中存在的问题。

　　（2）精心设计测试题型。测试题型的设置应满足测试目的，题型要能充分体现测试的目标，做到要求明确。

　　（3）注意发挥测试的诊断、调节、激励和甄别的功能。

　　（4）准确把握测试的时机。测试的时机对测试的效果影响很大，教师实施测试应根据课程需要，恰当安排时间，确保测试的效果。

　　（5）提高设计与实施测试的专业化水平。小学英语教师在设计测试评价时，科学设计不同类型的测试题目，全面测试学生听、说、读、写、玩演等语言知识和语言技能。

案　例

测 试 评 价

First, fill in the blanks with the following words.

eating　　　happy　　　studying
watching　　watering

（1）My father is _____ the flowers in the garden.

（2）My Grandpa is _____ TV in the living room.

（3）I'm _____ in the room.

（4）What's my cat doing?

It's_____ a fish in the kitchen.

（5）Everyone is _____.

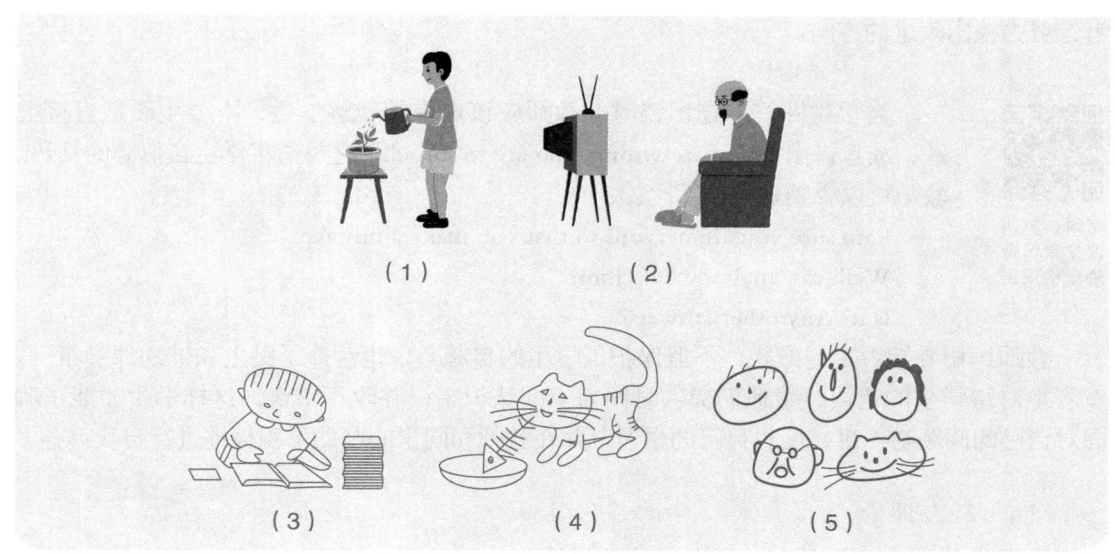

（1）　　　　　　　　（2）

（3）　　　　　　　（4）　　　　　　　（5）

该案例主要考查学生认词、认图、观察、思考、书写及理解的能力。根据课标对二级读和写的要求，该题考查学生认读和抄写单词的能力，学生应根据短文和图片提示，将相应的单词写在横线上。

（三）语言评价

课堂评价语言广泛地运用于小学英语课堂教学中。有效的评价语言有利于提高课堂教学效果。教师要准确运用课堂评价语言，做到评价用语多样化，真正实现评价在激励学生和提升教学效果方面的作用。

作为课堂教学的重要组成部分，英语教师的课堂用语可以为学生提供良好的可理解的语言输入。一般来说，在教学过程中，常见的教师评价语言分类如下。

1. 充分肯定

教师运用充分肯定的语言，能使学生精神振奋，学习信心高涨，从而激发学生的学习积极性，这便于营造积极的课堂气氛。心理学家威廉·詹姆斯说过：人性最深刻的原则就是希望别人对自己加以赏识。对于学生来说，一句表扬可能会带来无穷的力量，使他们信心百倍，也会增强学习兴趣。比如以下激励性表扬用语：

You are great. I'm proud of you for your progress.

You have made fabulous improvement and I don't doubt that you will succeed sooner or later.

2. 部分肯定

尽管每个学生都喜欢得到教师的表扬，但是在课堂上教师不能一味地脱离实际。表扬应基于事实，如果学生回答问题不完全正确，教师可以采用部分肯定的方式对学生的回答给予回应。比如：

You are reasonable, but you need a complete answer.

It's much closer to the right answer.

Almost, but change another standing point.

部分肯定既不伤害学生的自尊心，又委婉地指出了学生的不足之处，启发学生认真思考，努力找出改进的方向。

资料：英语课堂常用评价反馈用语

3. 委婉否定

当学生回答问题出错时，教师应该尊重并理解学生，不要生硬地直接批评，或者讲出 "You are wrong, you are so stupid!" 之类伤害学生自尊心的话语。教师可以委婉地评价，比如：

I am sure you are nervous so that you make a mistake.

Well, can anybody help him?

Is it? Any other answers?

教师运用委婉否定的方式，不但保护了学生的自尊心，也营造了民主和谐的课堂氛围。宽容地对待学生的错误，给他们提供时间与空间认识错误并改正错误，这样学生才能正确面对自己的问题与不足，反思自己的学习，并在教师和同学的帮助下积极地进行自我调控。

（四）教态评价

在课堂教学中，教师在关注有声的教学评价的同时，还要重视教态在教学中的作用。这种非语言的教学艺术，是教师上课时在学生面前表现出的整体形象，主要包括面部表情（其中主要是眼神）、手势和身体姿势三项。在英语课堂教学中，恰当运用教态语言向学生传递反馈信息，对引发学生的求知欲、调节课堂氛围、创造温馨的学习环境等会起到积极的作用。这些有形无声的体态语言，可以直接表示某种意义，也可以增强有声语言表达的效果，甚至能传递有声语言所不能表达的意义。

美国心理学家艾伯特·梅拉别恩通过实验指出，人们获得信息的7%来自文字，38%来自有声语言，55%来自面部表情[1]。由此可见，教态语言在信息传递中起着重大的作用。富有表现力的面部表情，恰当、自然的动作，都可以创造丰富多彩的语言环境，给学生深刻的感染和启迪。[2]在英语课堂上，教师对学生的表现给以赏识的目光，在学生不能回答问题时给一个温暖的微笑，都会消除学生的紧张感。另外教师爱抚地摸摸学生的头、亲切地握手或者深情地拥抱等，都会给学生带来内心的安宁和愉悦。

二、评价工具

在小学英语课堂教学中，尤其是在中、低学段教学中使用评价工具能有效地激励学生的学习积极性，提高教学效果。下面介绍一些评价工具。

（一）评价表

1. 核查表

教师将自己期待的具体行为以列表方式提供给学生，以学生为评价主体，可以学生个人、两个人小组或多人小组的方式，让学生依据自己的表现细节在检查表中进行勾画（见表8-3-1）。

---

① 刘新春.巧用课堂语言,提高语言实效[J].小学时代（教师）,2011（5）:31.

② 孙菊如,陈春菊,谢云,邹花香.课堂教学艺术[M].北京:北京大学出版社,2006:14.

表8-3-1　核　查　表

学号	姓名	玩演唱	课堂作业	家庭作业	背诵默写	小组评比	课堂表现

2. 评定量表

评定量表使用数字表示学生课堂行为（已发生的）的等级。如我们可以用5、4、3、2、1五个等级来确定期待行为的程度，5为最高等级、1为最低等级。（见表8-3-2）。

表8-3-2　学生课堂行为表现评定量表

姓名	举手次数					回答正确率					专注度					小组合作				
	5	4	3	2	1	5	4	3	2	1	5	4	3	2	1	5	4	3	2	1
A																				
B																				
C																				
D																				
E																				
F																				

3. 连续表

学习失败最重要的原因是学生缺乏持之以恒、继续努力的动机。因此，教师有必要使用连续表格来记录学生的学习变化（表8-3-3），这些记录也可以转变为学生的成长记录袋资料（标上学生的姓名、日期）。[①]通过记录，教师能够准确地评价学生的学习情况，为改善教学提供参考。

表8-3-3　连　续　表

Gives up a task at the first sign of difficulty	Sticks at a task as long as there is some reward	Keeps trying even if difficult but success is likely

（二）成长记录袋

成长记录袋作为一种在实践中诞生的学生评价工具，在教育实践中已经有几十年的历

---

① BREWSTER, ELLIS, DENIS. 小学英语教师教学指南［M］. 王晓阳, 译 . 北京: 高等教育出版社, 2005:230.

史。学生成长记录袋是指显示有关学习成绩或持续进步信息的一连串表现、作品、评价结果以及其他记录和资料的汇集。根据记录的内容不同，成长记录袋可以分为成果性记录袋和过程性记录袋。成果性记录袋主要记录学生的优秀作品，可作为终结性评价的参考。过程性记录袋主要记录学生的问题、说明、草案、草稿、修改稿、最终作品以及对作品的自我评价，主要用于监控、调整。

成长记录袋可以作为一种信息来源，让教师和学生把握学习的实际情况，帮助学生持续进步与发展，以便对下一步的学习方式进行调整。在对学生进行档案袋评价时，教师要尽可能地收集能够反映学生英语学习进展的材料。教师可设计反映学生学习的成果性和过程性的各种卡片，例如最快进步卡、阶段性评价卡、英语课文朗读精彩卡、背诵大王卡、角色表演出色卡、助人为乐卡等。请看下面的进步卡和阶段性评价卡（表8-3-4、表8-3-5）。

表8-3-4　进　步　卡

姓名　　　　班级　　　　日期

标准	等级
1. 能学习积极、好动、充满好奇心、乐于尝试	1 2 3 4 5
2. 能在与教师的交流中放松、自然，不害羞	1 2 3 4 5
3. 能乐于在小组中与同学合作学习	1 2 3 4 5
4. 能对学习内容和活动表现出持续的兴趣	1 2 3 4 5
5. 能认真完成作业而且有创造力	1 2 3 4 5
6. 能主动对课堂外的英语现象进行了解	1 2 3 4 5

注：1分为最低，5分为最高，每两星期累计一次。

表8-3-5　阶段性评价卡

内容	评价标准	学生自评	小组评价	教师评价
游戏	a. 积极主动参与合作，应变能力很强 b. 主动参与，能够合作，有一定的应变能力 c. 不愿意参与，并拒绝与同学合作			
歌曲	a. 语音、语调准确，节奏及韵律感强 b. 语音、语调基本准确，有一定的节奏 c. 语音、语调不准确，没有节奏感			
诗歌	a. 语音、语调准确，吐字清晰，很有感情 b. 语音、语调较准确，吐字清晰，有感情色彩 c. 吐字不清晰，不带感情色彩			
表演	a. 能灵活运用语言材料，在虚拟的情境中进行真实的交流 b. 能恰当地运用语言材料，在虚拟的情境中进行真实的交流 c. 不能用语言材料进行交流			
总分				

注：a为2分，b为1分，c为0分。

（三）贴纸

贴纸是中、低学段教学过程中使用得较多的一种评价工具，如动物贴纸、人体部位贴纸、颜色贴纸、饮料贴纸、食品贴纸、水果贴纸、玩具贴纸、文具贴纸、交通工具贴纸等。教师可以根据教学内容选择合适的贴纸作为评价工具。

（四）标志

在小学英语课堂教学中，教师们经常画一些标志，如笑脸、平脸、哭脸、五星、花朵、彩旗、奖章、胸章等作为评价工具，这些评价工具在评价过程中的应用能较好地激发学生学习的积极性。

在日常教学工作中，可以选用的评价工具很多。教师要考虑学校的教学环境，根据教学内容的需要，结合学生的学习特点以及学生的学习风格等，恰当选择教学评价工具，发挥课堂教学评价的功能。

三、不同教学内容的评价

教学内容不同，评价的重点也不同。小学英语教学评价内容主要包括听力、口语、读写三个方面。

（一）听力评价

听力是学生语言能力的重要组成部分，是学生运用语言交际的基础。听力评价主要考查学生的听力水平，应着重考查学生理解和获取信息的能力，避免脱离语境的题型。

1. 听力评价的主要方法

听力测试的题型主要有：听录音，涂颜色；听录音，排顺序；听录音，辨正误；听录音，写单词等。请阅读以下案例。

案 例

听 力 测 试

听录音，涂颜色。根据听到的英语，给下面的图画涂上相应的颜色。

录音材料：

She is Mary. She wears a red cap and a yellow coat. Her trousers are green. Her shoes are brown. Look at her school bag. It's blue.

以上案例考查学生通过听音和看图辨认服装和颜色词汇的意义，再通过动手涂颜色展示听的能力，符合二级目标对听力技能的要求，形式活泼，与日常生活接近。

2. 听力评价参考标准

在小学英语听力评价中，教师除了关注学生在测验（练习）中的正确率外，还应尽可能了解学生在这些活动过程中的表现，如听音次数、反应速度、参与程度、需要帮助的程度等。这些信息有助于教师全面了解学生在学习过程中的表现，为反馈和调整教学提供参考依据。

资料：听力活动表现性评价参考标准

（二）口语评价

口语是语言技能的重要组成部分，口语评价主要考查学生组织语言和连贯表达能力。在小学阶段的英语学习中，口语既是学习内容，又是学习手段。模仿听到的对话、朗读课文、表演歌曲或短剧、看图讲故事、教师与学生就个人信息及熟悉话题等内容进行问答等都是小学阶段口语评价的主要形式。

口语评价的主要组织方式有三种，分别是单人口试、双人口试和小组口试：单人口试由一名教师对一名考生进行考核；双人口试由学生两人一组进行口头交际，教师观察并评分；小组口试则是发生在多名学生之间的对话或角色扮演，由教师或全体学生观察并给出评分。

案　例

口　语　测　试

根据以下图片，给你的朋友讲一讲下面的故事。

asked... to...　　　　　ran to...

资料：口语活动表现性评价

这个口语测试采用学生喜爱的图文故事形式，主要考查组织语言和连贯表达的能力。

实施口语评价时，教师不仅要选择灵活多样的评价形式，还应注意把握评价标准，根据标准以适当的形式记录学生在口语活动中的具体表现，并将其作为调整教学的参考依据。

（三）读写能力评价

"读"属于理解性技能，"写"属于表达性技能。读写能力评价主要考查学生读懂短文、理解故事顺序、看图写话等能力。

案例

写 作 评 价

仿照范例，看图写话。

范例：

看图写话：

This is a cat.

It's my pet.

Her name is Lylie.

She likes fish.

I like her very much.

This is a monkey.

该题适合一级水平的学生，旨在考查学生仿照例子看图写话的能力。

实践探索

以人教版小学英语（义务教育教科书）六年级上册为例，根据本节所述设计终结性评价的方式，设计对应学期的期末考试试卷。具体要求：

（1）题型选择合理，符合《课标（2022年版）》提出的教学评价要求。

（2）试题的考点明确，指示语简介洁明了，分数分布合理。

（3）实践练习：以小组为单位，讨论、交流试卷平均难易度，以及试题是否符合《课标（2022年版）》的有关要求。

// 本章小结与拓展 //

知识精练

1. 教学评价是以教学目标为依据，按照一定的标准，运用科学可行的方法，对教学要素、教学活动和教学结果进行测量，并给予价值评判的过程。根据教学评价在教学过程中所处的时间段，教学评价分为准备性评价、形成性评价和终结性评价。教学评价的功能主要有监控、反馈、激励、促进等。

2. 学业质量标准是以核心素养为主要维度，结合课程内容，对学生学业成就具体表现特征的整体刻画；设计教学评价应该遵循目标性原则、客观性原则、多元化原则、统一性原则、指导性原则。

3. 常见小学英语评价方式包括：学业水平考试、日常测试、语言评价、教态评价等；评价工具包括：评价表、成长记录袋、贴纸、标志等。

4.教学内容不同，评价的重点也不同：听力评价主要考查学生理解和获取信息的能力，口语评价主要考查学生组织语言和连贯表达的能力，读写能力主要考查学生读懂短文、理解故事顺序、看图写话的能力。

深度思考

1. 教师实施评价时怎样体现学生的主体性？
2. 你能回忆起来你所经历的英语考试试卷的题型吗？请尝试举例。你是否想过每一道题的设计都有一定的评价目的？我们又该怎样判断考查目的的合理性呢？

推荐阅读

1. 刘道义，何安平.英语教学资源的开发、利用与评价［M］.南宁：广西教育出版社，2020.

20世纪末，许多国家已把教材发展纳入大学课程，但我国相关著作寥寥无几。作者特选此题开展研究，试图填补学术空白。该书从英语课堂实践的角度出发，介绍了课堂评估的概念、目的、种类、原则以及内容，具体介绍了评估的几种工具，重点介绍了行为表现评估，强调了教学评估当中的道德准则以及教师职责也是不容忽视的问题，最后提出了英语教学课堂评估不应只停留在评估的层面上，而是应该超越评估，尊重学生，发掘他们的多方面潜能。该书对广大中小学教师开展课堂评价有非常实际的帮助。

2. 李箭，周海明.基于学科核心素养的英语教学课例研究［M］.上海：华东师范大学出版社，2020.

英语学科的核心素养主要由语言能力、思维品质、文化意识和学习能力四方面构成，对学生核心素养的培养应在英语课堂上通过英语学习活动得到落实，因此优秀课例有极高的借鉴价值。该书采取实践取向的视角，以课堂教学案例为载体，为教师如何在英语课堂上培养学生的语言能力、思维品质、文化意识和学习能力提供了参考。同时，书中所选优秀课例具有典型性和可操作性，便于读者从中参透新课程改革下英语课堂应有的样子，并择其善者而从之。

第九章　　小学英语教学媒体设计

知识地图

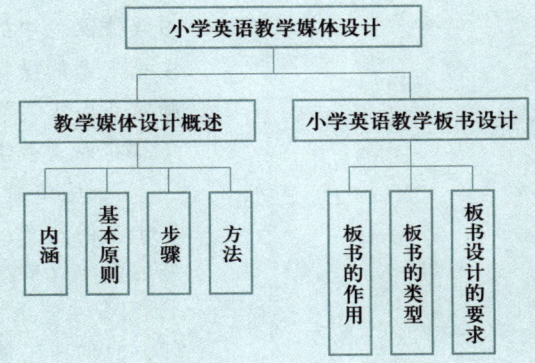

问题情境

教 学 插 曲

张老师下周的教学内容是人教版小学英语（义务教育教科书）六年级上册Unit 5 What does she do? (Part A Let's read)。在综合考虑学校可以利用的媒体资源之后，张老师决定采用卡片与多媒体课件相结合的方式教学。在Warm-up和Lead-in阶段运用卡片教学，张老师要求学生用英语描述卡片上的场景，帮助学生复习"做事情"的英语表达。多媒体课件中的图片、动画、声音、结构图等素材在张老师的操作下演变成了鲜活的教学资源。张老师对下周的教学充满了期待。

在课堂教学中，张老师碰到以下情况：

1. 张老师在课堂上呈现卡片之后，立刻吸引了学生的注意，学生争相举手回答问题，收到了较好的教学效果。

2. 在使用多媒体课件的过程中，学生提出"老师，我们能不能先做练习三"的建议，把张老师事先设置的动画播放顺序打乱了。但为了尊重学生的要求，张老师只能现场修改自己的课件，这影响了正常的教学秩序。

启发思考

同样是精心设计的媒体形式，导入环节的卡片起到了支持教学活动顺利进行的效果，而多媒体课件上的选择题却不符合学生的学习要求，导致教学活动不得已中断。你认为，张老师的卡片设计好在哪里？多媒体课件的设计为什么会出现这样的问题？

　　信息技术在21世纪得到飞速发展，特别是现代教育技术的应用给教学带来了巨大的变化。小学英语课程要激发学生学习英语的浓厚兴趣，使他们初步树立学习英语的自信心，初步形成运用英语进行交际的能力，为进一步学习打下基础。教师在教学过程中应创造性地运用多种媒体，构建多样化的交际模式，为学生学习英语营造良好的语言环境。

第一节　教学媒体设计概述

 学习目标

　　1. 理解教学媒体设计的内涵、基本原则、步骤；
　　2. 能在教学媒体设计相关理论的指导下组合使用教学媒体；
　　3. 善于优化教学媒体设计提高小学英语课堂教学效果。

　　随着教育信息化程度的日益提高，小学英语课堂教学媒体的形式逐渐丰富，为优化英语课堂教学起到了至关重要的作用。小学英语教学以激发学生的学习兴趣为前提，通过听、说、读、唱、玩、演等方式提高学生的英语语言交际能力，帮助学生树立自信心，养成良好的学习习惯并形成有效的学习策略。

一、教学媒体设计的内涵

　　随着信息时代的到来，在课堂教学环境下，媒体不只是教师完成教学的手段，更是学生置身于其中完成知识学习和表达个人观点的平台。

（一）教学媒体设计的含义

　　媒体一词来源于拉丁语medium，音译为"媒介"，意思是"两者之间"。媒体也称媒介，是指在信息传播过程中，从信息源到接受者之间携带和传递信息的任何物质工具。媒体有两种含义：一是指承载信息的载体；二是指存储和传递信息的实体。[①]

微课：小学英语教学媒体

　　当媒体被用来存储与传递教学信息时则被称为教学媒体，因此教学媒体是指教学信息的载体，是连接教育者和受教育者双方的中介物，是人们用来传递与取得教学信息的工具，是学习资源的重要组成部分。例如，具有明确的教学目的、教学内容、教学对象，专门用于教学的电视机、计算机和网络就是教学媒体。

① 王以宁.教学媒体理论与实践[M].北京：高等教育出版社，2007：1.

教学媒体设计是根据教学内容和教学目标，选择、组合、安排教学媒体的过程。它把教学信息转化为对学习者的感官刺激最有效的信号，并直接作用于教学过程，用来传递和再现教学信息。教学媒体设计既要从教师的角度出发，满足教学目标、内容和教学过程的需求，也要从学生的角度出发，着重考虑学生借助媒体可能产生的理解。这是教师教学能力体系中对教师教学预设能力的要求。根据教学需要，学生有时也要在课堂学习开始之前，准备课堂学习所需要的媒体材料。

（二）教学信息的呈现方式

从广泛意义上来讲，凡是对实现有效学习有促进作用的符号都是教学信息范畴的内容。这些符号依赖人类感知外部世界的五种方式——视觉、听觉、嗅觉、味觉和触觉而存在。因此，在教学过程中，教学媒体在本质上就是教学内容以人类感知外部世界的方式呈现出来的结果。如在教学英语单词apple时，教学内容是apple，教师可以采用的媒体呈现方式有多种（表9-1-1）。

表9-1-1 apple单词的媒体呈现方式

教学内容	视觉		听觉	嗅觉	味觉	触觉
	板书	视频	音频	实物		
Apple	apple	播放一段与苹果有关的动画	◁》（单词apple的发音）	闻苹果的味道	品尝苹果	把苹果递给学习同伴

因此，媒体设计的过程就是教师将教学内容转化为具体的传递有意义信息的媒体形式的过程。不是所有的教学内容都可以转化为这五种信息呈现方式的，教师应根据对教学内容的理解，创造性地设计教学信息的呈现方式。

二、教学媒体设计的基本原则

教师应在考虑整体教学环境的基础上，依据学生的学习需求，选择和设计适合的媒体形式。没有任何一种媒体能够解决所有的教学问题，教师应客观地面对种类繁多的媒体。设计教学媒体应遵循以下原则。

（一）媒体形式的选择应符合小学生心理发展和认知特点

小学生的年龄范围为6~12岁。小学生思维的发展，从以具体形象思维为主要形式，逐渐过渡到抽象逻辑思维，并且他们的抽象逻辑思维很大程度上依赖自身对现实世界的直接经验。其认知能力也从笼统、不精确地感知事物，逐步发展到能够精确地感知事物的各个部分，并能够发现事物各个组成部分之间的关系和主要特征。因此，小学生对世界的认识主要依赖直观形象的感性材料。

与单独呈现做某件事的英语表达方式相比，图片和文字相结合的方式传递出的信息更直观有效，一方面避免了枯燥单一的学习过程，另一方面便于学生利用已有的生活经验构建新知识，从而实现从"感知生活经验"到"用语言描述生活经验"的过渡。这要求教师选择的直观事物要与抽象符号的内涵密切相关，避免产生歧义。

（二）信息组织结构符合信息传播的规律

心理学实验的研究结果表明，各种感官对个体获取信息、建构知识所做的贡献的相对比例是不同的，其中视觉约占83%，听觉约占11%。心理学对记忆效率的研究结果表明，单靠视觉获得的知识，平均3小时后约能记住70%，3天后约能记住40%；仅靠听觉获取的知识的记忆率较低；而视觉、听觉并用获取的知识，平均3小时后能记住90%，3天后约能记住75%。这些数据为多媒体教学提供了有力的科学依据。[1]因此，当知识以不同的媒体形式展示给学生时，会给学生带来不一样的学习效果。

应注意的是，教学媒体的选择不存在某种普适的媒体组合方案，只有对某个教学目标来说，适合学生学习需求的最优的媒体组合方式。图9-1-1所示的是用PowerPoint设计的多媒体课件。从图9-1-1可以看出，这一节课的主题与天气相关，课件中有图片和文字，图片信息点有蓝天、大海、椰子树和沙滩，文字信息分成两个部分，分别是核心词汇cloud和描述云的状态的英语表达。从课件组织结构来看，图片作为背景出现，文字cloud似乎是教师要传达的主要信息点，布局在画面的视觉中心点；描述云的状态的句子呈现在画面靠右下的位置。但核心信息点cloud字体稍小，不够突出。背景图片传递的核心信息点显然不是云，而是阳光灿烂的海边景色，为了弥补图片的缺陷，合成了一片云放置在图片的右上角位置，但背景图片信息太过杂乱，显得喧宾夺主，仍不能使学生直接将视线聚焦在云上。

图9-1-1　What is the Weather Like
课件示意图

（三）内容组织符合英语学科对学习环境和情境创设的要求

《课标（2022年版）》要求重视语言学习的实践性和应用性，主张学生在语境中接触、体验和理解真实的语言，在此基础上学习和运用语言。

教学媒体在教学环境中起着承载和组织教学资源、创设学习环境、保证教学活动顺利进行的功能。教师通过某种媒体资源呈现学习材料时，应根据英语教学的特点，并结合学生的生活经历，创设情境，以激发学生的学习意愿。教师可以采用多种媒体手段，创设接近实际生活的语境，配合循序渐进的语言实践活动，帮助学生掌握语言知识和语言技能，调整情感态度，形成有效的学习策略，达到提高语言运用能力和发展自主学习能力的目的。例如，某教师在教授人教版小学英语（义务教育教科书）五年级下册Unit 2 My favourite season (Part B Let's talk)部分的内容时，在这节课的导入环节，设计了"猜一猜"活动。她

---

① 王以宁.教学媒体理论与实践［M］.北京：高等教育出版社，2007：33.

通过多媒体课件给出与季节相关的信息（表9-1-2），让学生判断媒体展示的是哪个季节，并用英语说出季节的名称。

表9-1-2 季节信息及媒体设计

季节	春	夏	秋	冬
相关信息	植树节	歌曲	落叶/成熟的季节	西北风
媒体形式	文字/图片	声音	图片	视频

从表9-1-2可以看出，媒体的选择与教学内容息息相关。根据教学内容设计的"猜一猜"活动，教师给学生呈现具有明显"季节特征"的媒体资源，如与"春天"直接关联的"植树节"，与"夏天"直接关联的雷声和闪电，与"秋天"直接关联的"收获"，与"冬天"直接关联的刺骨寒风。媒体承载的信息确定下来之后，媒体形式的选择也就水到渠成了。

（四）媒体设计要以教学活动为依托

课堂实录：
依托教学活
动设计媒体

媒体形式的选择、媒体内容的设计和信息结构的组织都只指向一个目的，即实现教学目标。教学媒体的选择和设计脱离了教学目标，就毫无意义可言。教学目标不仅描述了教师对教学结果的期望，更清晰地指明了学生在学习结束后应达到的水平。教学目标的达成渗透在教学进程当中，媒体设计不能只是简单的知识点的堆积，而应以教学活动为依托，增强课堂学习的节奏感，为学生的学习和思考提供线索，帮助学生从学习资源中发现新知识的脉络，从而促使学生积极主动地参与学习活动。

案 例

Unit 2 My favourite season (Part A Let's talk)
人教版小学英语（义务教育教科书）五年级下册

表9-1-3为导入环节的媒体设计。

表9-1-3 导入环节的媒体设计

	环节1	环节2	环节3
活动内容	交流当天天气情况	分享英语动画歌曲	引出新课 What's your favourite season?
媒体设计	卡片	动画	

案例展现了课堂活动内容和媒体设计。在这节课的导入阶段，教师首先用卡片与学生交流了当天的天气情况；然后与学生分享了一段与天气紧密相关的英语动画歌曲；接下来，通过问题很自然地引出这一节课的学习主题"我最喜欢的季节"。

三、教学媒体设计的步骤

教学媒体选择得恰当与否直接影响教学过程的成败和教学系统整体功能的实现与否。所以教学媒体设计要依据一定的步骤展开，主要包括以下三个步骤。

（一）确定媒体使用目标

在教学目标、教学内容、学习者学习需求、教学过程、教学评价等已经确定的情况下，教师对教学媒体的使用期望也已基本形成，即确定了教学媒体的使用目标。教师所设计的每一个环节都必须紧扣教学目标，为学生的学习提供帮助。在进行教学媒体设计前，一般要回答的问题有：需要用媒体表现的教学信息有哪些？这些内容服务于什么样的教学目标？根据教学需求，教学信息一般分为事实性、情境性、示范性、探究性等。

1. 事实性内容

媒体提供与小学英语教学目标有关的客观、真实的事实材料，可以是事实陈述、生活形态、科学现象等。通过媒体传递的事实性材料，学生便于感知、识记。图9-1-2是某教师在Game time阶段，通过多媒体展示出的游戏规则。

在小学英语课堂中呈现游戏规则一般有三种方式：口头表达、实际演示和文字展示。对于小学生来讲，他们通过文字能清晰地了解游戏规则。

> ♂ Game time
>
> passing box
>
> 游戏规则：教师播放音乐，学生开始传递盒子。音乐停止，大家问手里拿着盒子的学生"What are you going to do this evening?"。拿着盒子的学生从盒子里抽一张纸条，根据纸条的内容回答"I am going to…this evening"。

图9-1-2　小学英语课堂游戏规则的呈现

2. 情境性内容

情境性内容可以激发学生的兴趣，主要服务于语言运用环节。根据教学目标，媒体提供的与教学内容有关的情境可以是真实的或模拟的相近画面。如教学购物一课时，教师可以呈现超市、商场的真实图片供学生练习。

二维码中的案例实现了对"猜一猜"活动的支持。整个情境设计很好地营造了"猜一猜"活动的氛围，动画的设计让"猜一猜"活动在不同阶段无缝衔接，极大地激发学生的学习兴趣和参与热情。

3. 示范性内容

媒体能提供一系列标准的行为模式（如语言、动作、书写或操作行为），供学生模仿和练习以获得语言技能。图9-1-3所示的是某教师在教学Last weekend单元的复习课时，用多媒体课件呈现的可替换短语。

这样的呈现方式给学生展示了要复习的句型及其标准的表达方式。同时由于英语对中国小学生来说是一门外语课程，已有的英语表达储备量通常不能满足其日常生活认知的需求，有部分学生知道生活中要做的事情，但不能清晰或正确地用英语表达。因此，教师通过多媒体课件把表达方式简单呈现，对英语表达能力较弱的学生来说，是一种提示和示范，同时对英语表达能力较强的学生来讲，也不会限制他们的自由发挥。

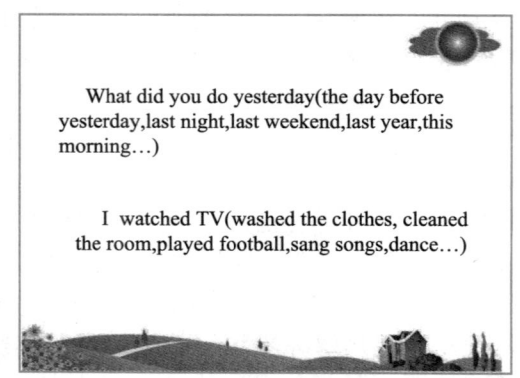

图9-1-3 多媒体课件呈现可替换短语

4. 探究性内容

媒体可以提供关于某些事物的典型现象或过程、疑点和问题，供学生分析、思考、探究。图9-1-4是某教师在教学At the zoo一课时，在"It has..."句型的练习中，为"猜一猜"活动设计的多媒体课件。

图9-1-4的媒体设计方法，能很好地锻炼学生的推理能力和想象力。在学生正确猜出动物之后，教师再给出动物的完整画面。此时，多媒体课件强化了动物特征和英语表达方式之间的关联。

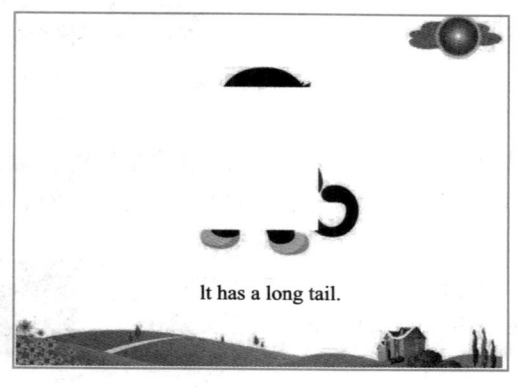

（1）呈现猜测对象

（2）验证猜测结果

图9-1-4 多媒体课件呈现"猜一猜"活动

（二）选择媒体类型

各种媒体都有自己的优缺点，并不存在适应所有教学需求的教学媒体。对于某些具体的教学目标来说，还是有某种媒体，其教学效果明显优于其他媒体。图9-1-5所示的是修改后的安德森的教学媒体选择流程图，它为教师选择合适的媒体、进行教学决策提供思维步骤并明确媒体设计走向。当教师回答了全部问题之后，所需要的教学媒体也就确定了，其结果是一种或一组被认为最适合特定教学活动（情境）的媒体。

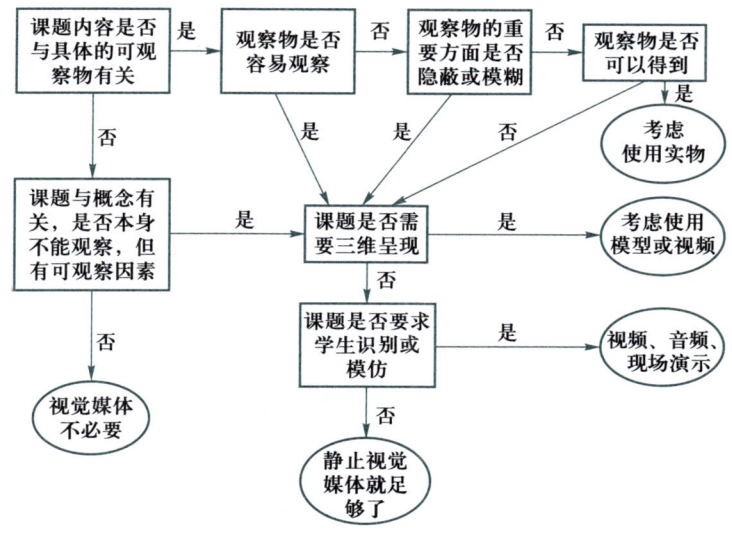

图9-1-5 教学媒体选择流程图

Unit 2 My days of the week (Part B Let's try & Let's talk)
人教版小学英语（义务教育教科书）五年级上册

教学目标：

1. 能听、说、读、写 Saturday、Sunday 两个单词和 do homework、watch TV、read books 三个短语，并能结合所给句型在实际情境中运用。

2. 能听懂、会说 "What do you do on Saturdays/Sundays?" "I often do homework, read books and watch TV."，并能在真实的情境中运用。

基于以上教学目标，利用安德森的教学媒体选择流程图，确定该节课可以使用的教学媒体。

第一步"课题内容是否与具体的可观察物有关"，根据教学目标所确定的学习内容可以看出语言的学习与可观察物无关；进入第二步"课题与概念有关，是否本身不能观察，但有可观察的因素"，根据教学内容可以看出，有可观察的因素；最后进入第三步"课题是否需要三维呈现"，一般来讲小学英语课堂的教学对象是9~12岁的小学生，教师要创设生动活泼的学习环境，如果教学活动需要，接下来的选择可以多样化。教师为该节课设计的与教学活动对应的媒体选择如表9-1-4所示。

表9-1-4   教学媒体与教学活动对应表

教学过程	教学活动	媒体选择
Warm-up & Lead-in	听音跟唱	录音（本单元Let's sing部分的歌曲）
	日常口语练习	视觉媒体（卡片）
Presentation	认读新单词	单词卡片、录音
	听写新单词	录音、练习本
	单词速记游戏	游戏道具
Practice	新句型学习	课本图片、录音
	会话练习	录音
Production	情境对话	多媒体动画

由于教师在选择教学媒体时考虑的因素不同，思考的问题不同，同时受所处教学环境条件的影响，实际的教学媒体选择往往会有差异。但教学媒体流程图可以帮助教师在初学阶段借鉴其他人的成功模式，摒弃主观判断，选择更为客观、准确的媒体类型。

（三）选择媒体内容

与教学活动对应的教学媒体类型确定之后，并不意味着教学媒体设计活动的结束，教师还应认真考虑附加到媒体类型上与教学内容有关的信息、信息组织结构和呈现方式的设计。媒体内容是指把教学信息转化为对学生的感官产生有效刺激的符号，选择媒体内容可通过选编、修改、新制三种途径进行。通常教师需要回答以下问题：

- 所需媒体是用来提供学习材料还是提供练习条件？该媒体是用于支持集体教学还是用于个别化学习？
- 与学生认知水平相一致的内容应以什么样的方式内化在媒体中？
- 教学内容需要一下子呈现给学生还是分解后逐步呈现给学生？
- 视觉符号是用静止的图片还是动态的影像？
- 需要视听觉符号相结合的媒体展示么？

这里仍以表9-1-4的教学媒体设计来看教学媒体内容的选择，以Production教学活动中的情境对话为例，教师运用多媒体播放了一段动画，使用这段动画的目的是给学生的对话练习提供范例。教师创设的情境紧密结合这节课的教学内容，在给学生提供示范的同时留出了自由发挥的空间。

以上三个步骤结束之后，教师最终可以选择一种或一组最优的教学媒体。教师最后还有必要把各知识点、要实现的目标与所选媒体在教学中的作用、使用方法和相互关系加以清晰描述，为实施教学提供参考。

四、教学媒体设计的方法

教师要合理安排教学内容和步骤，组织多种形式的互动，鼓励学生通过观察、模仿、体验、探究、展示等方式学习英语，尽可能多地为他们创造语言实践机会，引导他们学会自主学习和合作学习。

（一）传统媒体设计

传统媒体使用历史悠久，是教师通过开发、实验、积累，研究出来的一系列行之有效的工具。在小学英语课堂教学中，由于现代信息技术的发展，录音机、幻灯等传统媒体手段已逐渐淡出，但卡片、简笔画、实物、板书等媒体形式具有简洁、形象、操作灵活、重复利用率高等特点，至今依然是小学英语课堂的主要媒体形式。下节我们将专门对板书进行介绍。

1. 图画材料的设计与使用：卡片、简笔画

卡片制作简单、色彩明亮，特别是构图新颖的卡片容易吸引学生的注意力，是教师常用的教学用具。在小学英语课堂中，卡片设计应结构简洁、明了；卡片信息应指向明确，避免学生对信息误解或曲解；卡片色彩应鲜艳明快，但也要避免色彩搭配混乱或严重与事实相悖。卡片中图像信息和文字信息的呈现根据教学的需求，可以选择呈现在同一面，也可以分别呈现在卡片的正面和反面。一节课中用到的某一类卡片风格要保持一致，不同类别的卡片的风格则要有所区别。如图9-1-6所示，表示水果的卡片重点突出物体与单词的对应；表示动物的卡片除了物体与单词，还显示了动物的生存环境和生活习性。在制

图9-1-6　表示水果的卡片和表示动物的卡片

作卡片的过程中，教师注意卡片规格，保证所有学生都能看到卡片上的信息，同时在使用过程中应注意出示卡片的速度，确保学生有足够看的时间。插卡袋经常在小学英语教学中与卡片配合使用，主要用于在词汇教学中做"单词归类"游戏。

简笔画采用简单的线条表现事物。教师用寥寥数笔，既不影响课堂教学效率，又能很好地支持教学。如两个圆角椭圆可以表示操场，一个椭圆可以表示鸡蛋，一个椭圆加上一条弯线就是梨，继而又可简单变形为苹果等水果。教师可信手拈来，操作简便、效果良好。

2. 图示材料的设计与使用：海报、挂图

图示材料的使用指利用文字和视觉符号而不是生动逼真的图像来传递教学信息，它通常是现实生活中事物结构的形象展示。图示材料一般有海报和挂图等，主要用于表现事物的内部结构、相互关系、变化趋势等。

海报或挂图尺寸较大，适合用于创建英语学习氛围。例如，将body parts language做成海报并标上相应的名称，可重复使用；26个字母、十二生肖等可以做成挂图挂在教室里。

3. 实物类材料的设计与使用：实物、模型、自制教具

实物和模型贴近生活，具有直观、形象的特点，是一种很好的直观教具。在课堂教学环境中，利用实物和模型可以变抽象为具体，清楚地揭示语言与实物之间的本质联系，

有利于培养学生直接用外语感知事物的能力。例如，在学习"Is this your skirt?"时，小学生穿着的T恤衫就是很好的信息源。在学习"This is my family"时，教师可在征得学生同意的前提下，请学生带来家庭照片，互相介绍家庭成员。教室里的黑板、门窗、地、桌子、椅子，学生自己的学习用具等，都可以成为教学的好帮手。教师还可以根据需要自制教具。如教师在教学"Home"这节课时，要求学生在课前事先发挥自己的想象力制作装饰房间的卡片（小家具、门、窗、装饰物等），自己则制作房间结构图，结构图的对应位置上标记英语单词或短语，这样就可以在课堂上开展"装饰自己的家"的教学活动。学生将自己制作的卡片粘贴在房间结构图的对应位置，装饰结束之后分组向学习伙伴介绍自己的"家"，这让学生有了个性化的设计和展示的机会，对学生的促进将是全方位的。

（二）多媒体课件设计

多媒体技术可以将文本、音频、图表、动画、影片等各种媒体信息，按照教学计划的要求一体化处理。教师在制作多媒体课件时应注意以下问题。

1. 内容的设计应能支持教学活动的组织

教师在制作多媒体课件的时候，内容的选择应以能够支持教学活动的正常进行为准则：第一，教师应避免将教材内容或参考资料"拷贝"到课件上；第二，教师应选择与内容直接相关的媒体素材，帮助学生获得知识和获取技能。

2. 流程的设计与学习节奏保持一致

多媒体课件的使用节奏应与学生参与学习活动的节奏保持一致，与教学过程保持一致，使课件的播放与教学活动的实施浑然天成。反之，多媒体课件流程设计与教学活动流程不和谐，将导致课件内容与教学内容无关，影响学生获得有用的信息，不利于学习的开展。

3. 形式的设计应避免杂乱

多媒体课件能运用多种形式来展示教学内容。考虑到小学生对色彩鲜艳、图文并茂以及具有动态效果的动画感兴趣，有的教师喜欢把课件做得很"花哨"，每一页幻灯片都有不同的背景，背景图片的选择过于卡通，甚至喧宾夺主，这样不利于学生的学习。另外，课件过渡效果的应用也不能太多，容易使小学生眼花缭乱，注意力分散。

（三）网络媒体设计

随着网络技术的发展，多媒体信息的自由传输，教学突破了时空的局限，使得教育信息可以在全世界范围内完成交换和共享。目前，通过网络媒体，学生可以获取教学资源、开展实时的师生交流等。

现代教学媒体的应用，得益于移动互联网技术的发展。如手机、平板电脑、无线笔记本电脑、上网本等移动通信技术对网络学习的支持；"移动学习技术"通过创设灵活多样的学习环境，能满足不同层次的学生对学习进度、学习方式、学习资源、媒体支持等的个性需求。

五、小学英语教学媒体设计综合应用案例分析

媒体在教学过程中的应用是一个综合性的过程。设计教学媒体不能背离教学目标、学习需求、现实条件等。高度发展的信息技术，已经融入人类的日常生活，并成为生活中必不可少的一部分。没有媒体尤其是现代计算机技术支持的教学几乎被认为是不完整的教学。下面以一个完整的教学媒体设计案例来说明教学媒体设计的过程。

课堂实录：
The wind

（一）教学设计案例介绍

该案例是郑州市二七区陇西国际城小学王珂老师设计的一节教学，教学单元是大猫英语分级阅读3级四年级 *The wind*，这节课的教学目标如下：

（1）通过图片、实物的帮助，学生能够理解seed、windmill等单词的词义并正确朗读。

（2）通过实验、讨论和绘本学习，学生能够描述风能吹动哪些物体，判断风力的强弱，思考风在自然和人类生活中的作用。

（3）通过小组学习和讨论，学生能够完成实验，得出结论来阐述自己对风的认识；列举生活中风的其他作用。

（二）教学媒体设计及分析

下面用表格的形式，列出这篇教学设计的教学过程、教学内容、教学媒体、媒体使用意图，并结合这节课的教学目标，分析教师是如何处理教学内容、教学媒体、教学目标之间的关系的（见表9-1-5）。

表9-1-5　教学内容、教学媒体、学习结果对应表

教学过程	教学内容	教学媒体	媒体使用意图
Pre-reading： 联系旧知 直接导入	Activity 1： 以不同形式感知风的存在，同时引入主题。 Questions： What can you hear? How do you feel? Can you see the wind?	用多媒体课件播放风声的音频，用实物扇风	通过听觉和触觉来感知风的存在，激活学生的已知经验，通过直观感受引入主题
	Activity 2： 在自然界，空气流动会形成风。生活中哪些物品可以用来制造风呢？ Question： What can make wind in daily life？ 让学生在教室找出可以用来制造风的工具，并判断风力的强弱	用多媒体课件播放动画：风吹物体随之而动。 观察教室或周围可以制造风的实物	启发思维，请学生尝试用light 和strong 来描述风力大小

教学过程	教学内容	教学媒体	媒体使用意图
While-reading: 出示主题 深入探究	Activity 3：Cover-reading 观察封面和封底，让学生观察思考	多媒体课件： 图示封面和封底； 用文字展示问题	引导学生观察封面和封底，获取信息，培养良好的阅读习惯，激发学习兴趣
	Activity 4： 做实验，引导学生观察、思考风对植物种子的作用	实物：蒲公英 课件：图片、文字、表格等	通过实验的方法来探索风，思考风与自然的关系； 学生能够理解seeds的词义，说出主句型
	Activity 5： 小组合作完成实验，通过观察、记录并得出结论，完成记录表	实物：实验工具（根据实验任务领取单词卡、风车和模拟风力发电机，装满水的整理箱，沙子和盐以及实验用的托盘，实验用模型。） 课件：呈现实验方法和目的	支持学生合作完成实验，使学生能应用相应的工具获取信息并记录；能读出生词，说出句子；能运用批判性思维对风的作用进行思考；进一步了解风与人和自然界的关系
	分享环节	提供纸质材料，并使用投影设备投到大屏幕上共享信息 课件：根据不同组别的任务特点，呈现大自然中风的作用 1. 组图（图片、动画）：展示风力发电的原理 2. 海浪图片：展示风可以产生海浪，并配以肢体语言形象化展示 3. 不同地貌的图片：展示风与地貌的关系	纸质材料便于学生记录，投影设备将记录结果实时呈现出来，有利于全班分享，学生在分享过程中强化语言应用 不同的媒体组合展示，能够帮助学生运用批判性思维对风的作用进行思考；进一步了解风与人和自然界的关系
	教师补充强风在陆地上的危害：结合特大暴雨及其他天气状况让学生思考风的好处与危害	课件：图片和文字说明	使学生获取信息
	Activity 6： 自主阅读，参考教师给出的阅读提示，学生自主阅读整本绘本，分享从绘本中得到的更多信息	在黑板上用板书和粘贴图示相结合的方式呈现主要内容	使学生拥有完整的阅读体验，进一步巩固、内化所学语言

续表

教学过程	教学内容	教学媒体	媒体使用意图
While-reading: 出示主题 深入探究	Activity 7： 补充关于风力等级分类的知识	课件：动画（动态展示风级表）	鲜活地呈现信息
	Activity 8： 学生听读文本，模仿发音	课件：播放绘本的音频	回顾文本，纠正发音
Post-reading: 巩固内化 迁移创新	Activity 9： 迁移运用，学生联系生活实际，列举出风的更多作用	课件：呈现活动主题	呈现信息
	Activity 10： 自我评价	手指评价法：学生伸出五指，每做到一点就收回一根手指（从小拇指开始）。四点全部做到就变成了大拇哥扬手势	呈现信息
Homework		课件呈现	呈现信息

实践探索

　　在本章第一节的学习实践中，你已经为自己的教学设计完成了媒体形式的选择。请依据本节所学教学媒体设计基本原则和步骤等知识，描述教学媒体设计意图。

　　具体要求如下：

　　1. 扫描右侧二维码下载表格"教学媒体设计意图"。

　　2. 依据设计教学媒体的基本原则，根据教学活动实际需求修改媒体选择，在"媒体选择"一栏列出自己的修改结果。

　　3. 明确教学媒体设计意图。

　　（1）依据教学目标，在"媒体内容"一栏列出教学媒体要承载的教学信息。

　　（2）参考教学媒体设计的步骤，填写二维码表格。

教学媒体
设计表格

　　4. 实践练习。

　　（1）以学习小组为单位，讨论交流本人的设计。

　　（2）每个小组整理出一份设计文本，与其他小组交流。

第二节　小学英语教学板书设计

学习目标

1. 了解什么是板书设计，熟悉常见的小学英语教学板书设计的类型；
2. 能根据小学英语教学需求合理设计板书；
3. 乐于运用板书设计促进小学英语课堂教学效果。

微课：小学
英语课堂教
学板书设计.
mp4

　　板书是教师在教学过程中在黑板上运用文字、图画、图表、粘贴图片及其他有关材料展示教学内容的一种手段，是课堂教学的重要组成部分。有效地利用板书，是提高课堂教学效果的重要方式。本节重点学习板书的作用、板书的类型以及板书设计的要求。

一、板书的作用

　　黑板是课堂教学中提供视觉信息的最简单、最重要也是最定型的"发射源"，有人把板书比作微型教案。新颖、独特、精妙的板书设计容易激发学生的学习兴趣，提高学习效率。

（一）体现教师的教学思路

　　在课堂教学活动中，板书是教师教学最基本的辅助手段，教师以板书的形式呈现在黑板上的内容，是一节课教学内容的高度浓缩。它集中体现了教师的授课意图，留给学生的是一个直观、完整的印象。请参看图9-2-1所示的板书设计。

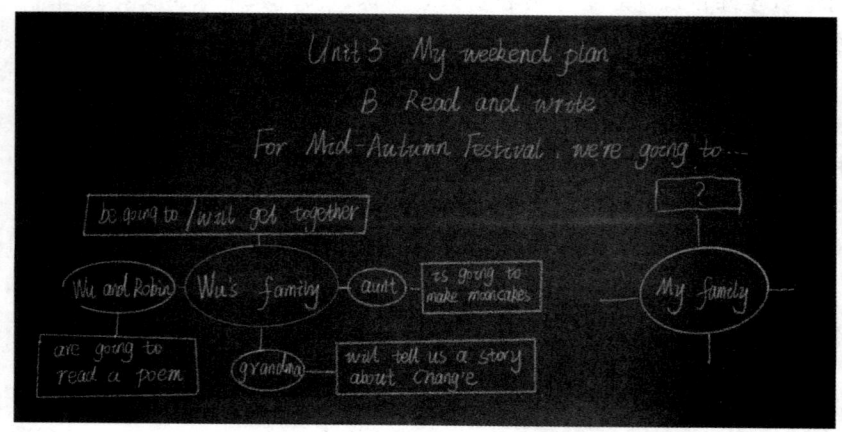

图9-2-1　"My weekend plan"板书设计

　　条理清晰的板书将一节课的内容呈现在黑板上，非常有利于学生的理解和掌握。

（二）有利于突出重点

每门学科的知识，都不是杂乱无章的，知识与知识之间都有内在的知识结构。这个知识结构，用语言表达不容易全面把握，而通过板书则能将教学内容化繁为简，抓主剔次，把教学重点、难点等，穿珠成线，结线成网，形成结构，使学生易于掌握。请参看图9-2-2所示的板书设计。

Unit 5 Look at the monkeys

Look at the
- elephant
- bird
- rabbit
- tiger
- fish

It is
- walking
- flying
- jumping
- running
- swimming

图9-2-2 "Look at the monkeys" 的板书设计

（三）有利于学生记忆

板书是教师为促进学生接受教学信息而精心设计的视觉代码。教师精心设计的板书，直观、美观，能增强课堂教学的吸引力、感染力和启发性，有利于小学生的记忆。教师在上课时用实物进行讲解，对学生来讲是非常直观的。当受客观条件的限制时，教师可以用简笔画代替。例如在讲英语单词pig时，教师就可以在黑板上画一只小猪，在画的过程中也同样能强化学生对单词pig的记忆。

图9-2-3所示的是 "Meet My Family!" 这节课的板书设计。教师按类别将与家庭成员有关的词语的英语表达方法书写在黑板上，便于学生分类识别和记忆。

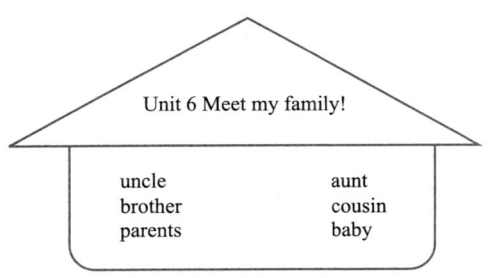

Unit 6 Meet my family!

uncle	aunt
brother	cousin
parents	baby

图9-2-3 "Meet my family!" 的板书设计

（四）有示范和审美作用

课堂教学离不开生动的语言，离不开教师较强的教学组织能力，也离不开直观、形象的板书。教师的板书直接影响学生的书写能力。因为学生的模仿能力很强，如果教师示范得不到位，学生学得也可能不到位。特别是小学生正处于学英语的启蒙阶段，教师的板书更应具有示范和引导作用，同时给学生美的享受。精心设计的板书，能使学生赏心悦目、兴趣盎然，进而活化知识，加深对知识的理解和记忆。好的板书设计是提高学生非智力因素的重要手段。

二、板书的类型

小学英语课堂教学板书形式多样。教师应根据教学目标、教学内容、英语课型、学生特点和教师本人优势，合理设计板书，以使学生对学习内容印象更鲜明、深刻，理解更清晰、全面，记忆更持久、牢固。下面结合小学英语教学特点列举几种常用的板书类型。

（一）提纲式板书

提纲式板书指以教学内容结构或内在逻辑关系为线索，用简洁的语言和清晰的条理，将要点准确地概括出来，从而起到提纲挈领的作用。这种板书的特点是层次分明、结构严谨、内容系统，便于学生看、听、记，有利于学生理清学习思路，巩固和复习所学的知识。这种板书多用在小学中、高年级，如图9-2-3。

教师在设计提纲式板书时要注意分析和概括，要按照一定的规律将知识点进行排列，同时要兼顾整体美观和结构合理，不能顾此失彼或遗漏内容；否则，会影响学生系统地掌握英语知识。

（二）词语式板书

词语式板书是教师在理解教学内容的基础上，提取关键性英语词汇，精心排列组合之后书写在黑板上的板书，能够帮助学生准确掌握词义，加深对词汇的理解。

图9-2-4所示的"词语式板书"，将"天气状况"的英语表达方式罗列出来，供学生学习和练习使用。

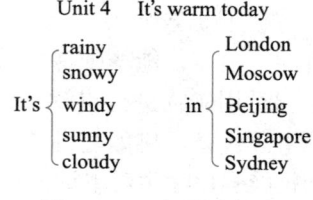

图9-2-4   词语式板书

（三）表格式板书

表格式板书将教学内容分解成一定的项目并以表格形式呈现。这类板书的特点是信息量大，形式简明，对比性强，同时具有归类、比较的作用，便于学生一目了然地理解、分析学习内容。

表9-2-1所示的"表格式板书"，将阅读材料中提到的食物罗列在表格中，学生阅读短文之后，可根据自己的理解分别选出Sarah、John和Peter喜欢的食物。

表9-2-1   What would you like for dinner?

Who	fish	hamburger	chicken	potato	cucumber	soup
Sarah	√			√		
John		√	√			
Peter				√	√	

（四）简笔画板书

简笔画板书是小学英语教师最常用的类型之一。它在教学中用形象的简笔画生动有趣地来表达教学内容。简笔画与英文单词和句型结合，能够形象表达事物、概念，激发联想、调动积极性，同时又具有艺术性和感染力。简笔画板书特别适合小学生的思维特点，方便小学生直观理解教学内容（图9-2-5）。

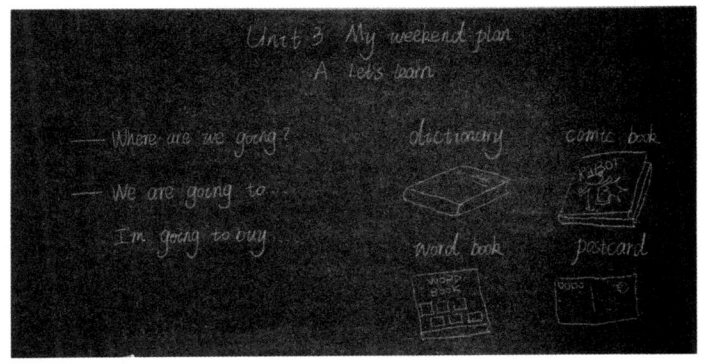

图9-2-5　简笔画板书

图9-2-5把对小学生学习英语有帮助的资料以简笔画的形式绘制出来，一方面直观形象地展示了资料的类型，另一方面也潜移默化地引导学生形成良好的英语学习方法。

（五）图示式板书

图示式板书以画图为主，将图形、符号、图画等与文字结合起来。这种板书用直观图画代替抽象文字，具有趣味性，有利于学生借助形象符号掌握教学内容。

图9-2-6所示的"图示式板书"，在黑板上绘制出代表一天不同时间点的时钟的图画，供学生学习时间的表示方法。

图9-2-6　图示式板书

（六）空白式板书

空白式板书是教师在板书时有意留下一些空白让学生思考并填充的板书。这种板书具有很强的启发性，可以有效促使学生进行积极思考。

在图9-2-7所示的"空白式板书"中，教师将句型的基本结构书写在黑板上，引导学生说出"She/He is my..."。这样的板书，一方面方便学生参照这个句型自主说出完整的句子；另一方面英语句型的完整呈现是学生参与学习的结果，有利于增强学生的自信心。

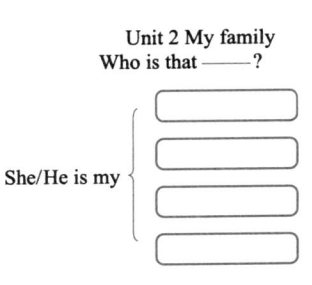

图9-2-7　空白式板书

板书形式多样，教师要结合教学实际有创造性地设计合适的形式，以达到提高教学效果的目的。

三、板书设计的要求

作为课堂教学的重要组成部分，板书设计直接影响教学效果。在设计课堂教学板书时，教师应结合小学生的年龄特点，遵循以下几点要求。

（一）布局合理

教师在进行教学设计时，要对板书布局进行合理设计。板书的布局要系统、科学。教师要整体考虑，在黑板上展示什么，如何展示，并合理布局，这样学生在一节课结束后才能够通过板书对本节课内容有整体的把握。

（二）字体规范

课堂板书的过程也是对学生进行书写示范的过程，教师板书的字体要规范，书写要准确无误。字母的书写要符合标准，字母与字母之间、词与词、行与行之间距离结构要符合审美规律。教师书写规范、美观，不仅能使课堂教学收到良好的效果，同时也有利于学生模仿。

（三）内容精简

板书是教师在概括教学内容的基础上提纲挈领地反映教学内容的书面语言，它的内容应精炼、简洁，如图9-2-8。如果板书过于繁杂或过于细致，会导致教学重点不突出。

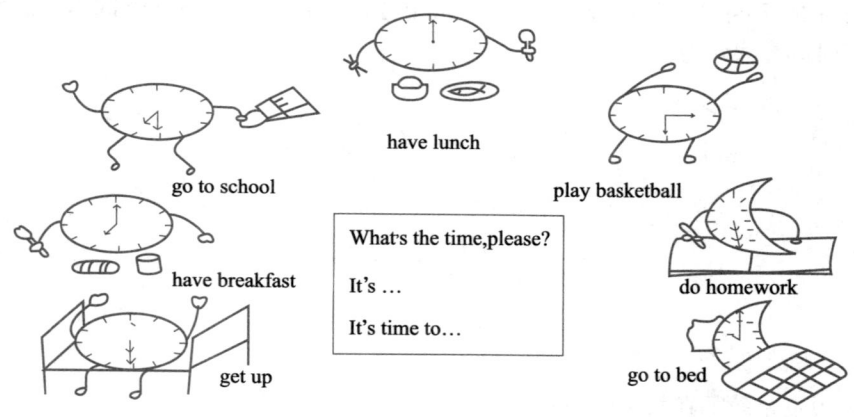

图9-2-8　板书内容精简

（四）和谐美观

课堂板书应结合内容需要，适当选用图片、简笔画、表格、色彩等，而且文字与图画相结合，易引起小学生的注意，进而加深对板书内容的理解和记忆。请看图9-2-9所示的板书设计。

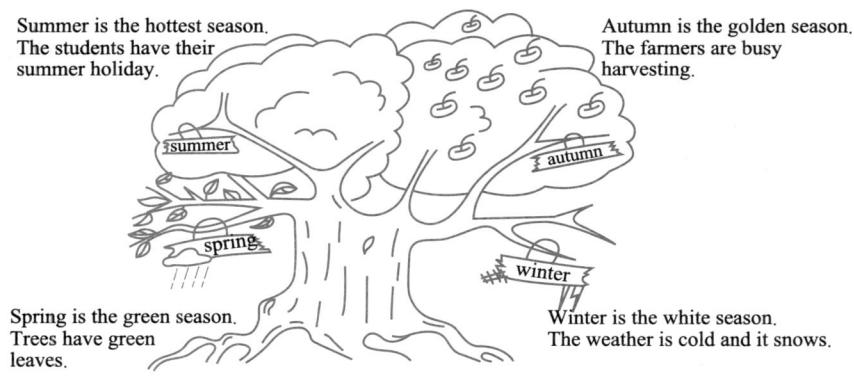

Summer is the hottest season. The students have their summer holiday.

Autumn is the golden season. The farmers are busy harvesting.

Spring is the green season. Trees have green leaves.

Winter is the white season. The weather is cold and it snows.

图9-2-9　板书和谐美观

这则板书的树冠呈现四季的景观：春天树枝发芽、夏天枝繁叶茂、秋天硕果累累、冬天树枝秃秃。板书内容和谐、美观，给小学生视觉上的享受，有利于激发小学生的兴趣。

（五）新颖灵活

小学生喜欢新事物，上课容易产生视觉疲劳，因此，形式单调或固定模式的板书势必令他们厌倦，对学习内容失去兴趣，所以教师在设计板书时，可以运用字体变化、差异感、正反对比、对照、夸大与强化等方法进行板书。形式新颖、灵活多样的板书，给学生焕然一新的视觉感受，能激活学生的选择性知觉，使学生记忆更牢固、更持久。

课堂实录：
板书在教学
中的应用

在这则板书设计中，教师将复杂的时间段精简为简洁的七个钟表，而且形象地用太阳钟表和月亮钟表将早晚时间进行区分，设计简洁，有助于提高学生的学习兴趣；而且这种设计形式十分亲切。

实践探索

根据本节所述设计板书的基本要求，以人教版小学英语（义务教育教科书）为例，分析六年级上册Unit 1 (Part B Let's learn)的内容，为这个课时设计1~3种板书，对比分析这些板书设计的优势和不足。

// 本章小结与拓展 //

知识精练

1. 教师对教学媒体在课堂教学中作用的认识经历了从"从媒体中学习"到"利用媒体学习"的转变。基于这样的媒体观，媒体本身没有先进与否之分，在小学英语课堂上构建能促进有效学习行为发生的学习环境才是好适合的媒体设计。

2. 小学英语教学媒体的设计应从学习需求出发，选择符合小学生心理发展和认知特点、信息组织结构符合信息传播的规律、内容组织符合英语学科对学习环境和情境创设的要求的媒体形式。媒体设计要以教学活动为依托，所有这些只为一个目的，即实现教学目标。

3. 教学媒体设计主要包括三个步骤：确定媒体使用目标、选择媒体类型、选择媒体内容。

4. 板书是课堂教学的重要组成部分，板书设计是要布局合理、字体规范、内容精简。

深度思考

1. 小学英语教学设计中，教学媒体与教学活动的关系是什么？教学媒体是如何支持教学活动的顺利实施的？

2. 情境教学是小学英语常用的教学方法，教学媒体尤其是现代信息技术在教学中的应用为情境创设提供了更多的支持。请利用网络资源搜索2~3个优秀教学视频，观看并记录教师是如何设计情境教学的。

推荐阅读

1. 袁秀利，许军，郭孝存. 信息技术与学科教学深度融合教师读本［M］天津：天津教育出版社，2018.

信息技术与学科深度融合是我国21世纪基础教育教学改革的一个新方向，将信息技术与学科深度融合已经成为一个优秀教师的能力。该书系统地总结了我国当代信息技术与学科教学融合的理论与实践成果，可以作为中小学教师的参考读物。

2. 麦克卢汉.理解媒介：论人的延伸［M］.何道宽，译.南京：译林出版社，2019.

从印刷术到互联网，媒介作为人的器官与意识的延伸，长久以来与人互相塑造，共同进化。我们获取知识、协同工作、连接彼此，皆受媒介的影响。今天，麦克卢汉的理论在每个人的生活中被反复证实。未来，技术的发展又将带来哪些新媒介？人的延伸又会被拓展至何方？在这本书中，麦克卢汉本质上探讨的是技术、人类与社会的命题。理解媒介，终究是为了理解我们所处的社会生态，在震荡与革新中找寻自身的生存之道。

第十章　小学英语课堂管理

知识地图

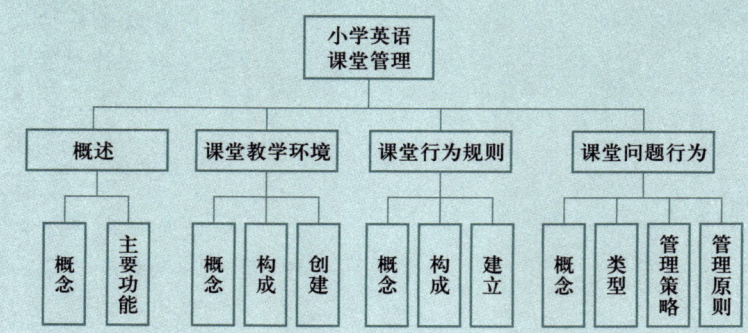

问题情境

暴躁的一周

这一周是我最讨厌自己的一周，在教学管理上一直存在问题，发现自己越来越"管"不住学生。学生在自己课堂上的纪律越来越差。我一开始心平气和地说，但学生丝毫没有反应，于是我终于忍无可忍，冲他们大吼大叫，把自己手中的英语教材也摔在了讲桌上。我的歇斯底里也把学生吓住了，班里顿时鸦雀无声，安静了下来。我哭了，因为自己成了一直以来最讨厌的那个样子。作为一名教师，我的失败感油然而生。到底怎样才能管住这些学生？到底怎样才能做到既民主又科学？真的不知道怎么办才好，很迷茫。

暖心的一周

上周我对学生大发雷霆，这周他们都乖乖的，课堂上很安静。这样反而让我深思：安静的英语课堂是好的课堂吗？我决定以后控制好情绪。学生也知道他们使老师生气了，可是小孩子能有什么坏心思呢？惹你生气后，他们就会立刻想办法哄你开心。他们给我送来他们画的画，还写上了歉意和祝福。看到这些画，我的心里暖暖的，很开心、很欣慰。我又一次哭了。小孩子的心思是多么细腻啊！我也体会到作为一名教师的幸福感。[①]

启发思考

上述案例显示：课堂管理在教学中举足轻重，教师的课堂管理技能足以决定教学的成败。案例中的实习生一直苦于"管"不住学生，对此你怎么看？从"暴躁的一周"到"暖心的一周"，是什么让她产生了这样的变化？

---

① 本案例选自郑州师范学院小学教育专业 2022 届毕业生张丽丽的实习日志。

几乎所有关于教师效能的调查都指出，课堂管理技能足以决定教学的成败。通过本章学习，初步了解课堂管理的主要内容，能够结合小学英语课堂教学的特点以及小学生的认知学习特点实施课堂管理，促进教师课堂管理技能的提升。

第一节　小学英语课堂管理概述

 学习目标

　　　　1. 了解小学英语课堂管理的概念及主要方面；
　　　　2. 熟悉小学英语课堂管理的主要功能。

管理好课堂是教师实施教学设计、开展教学活动的基石。在小学英语课堂上，教师不仅要会"教"，还要会"管"。课堂管理是教师教学技能的重要组成部分。

一、小学英语课堂管理的概念

"课堂管理"是由"课堂"和"管理"两个词构成的。要理解课堂管理，必须正确理解"课堂"与"管理"。首先，"课堂"并不等于"教室"。虽然两者对应的英文单词都是classroom，但是"教室"指的是进行教学活动的场所，是一个由课桌椅、黑板和门窗等组成的物理空间，而"课堂"是一个由教师、学生以及环境共同构成的互动情境，是教师和学生共同创建的一个小系统和社会组织。其次，"管理"也不等于"控制"。"控制"指的是掌握住并使学生不任意活动或越出范围，"管理"主要指的是使负责的工作顺利进行。

在现代化的课堂教学中，课堂管理应从控制与维持走向引导与激励，从学生服从走向学生参与。小学英语课堂管理是教师为了激发学生的英语学习动机、保证教学目标的达成和学生的健康成长，而对影响课堂教学的因素及其关系进行调整和处理的过程。小学英语课堂管理不是为了控制学生的行为，而是为了创设有益于学生主动开展英语学习的课堂教学环境。小学英语课堂管理可以帮助学生养成良好的课堂行为习惯，帮助教师及时有效处理课堂中的突发事件，是课堂教学顺利实施和学生健康成长的保障。

课堂管理涉及课堂的所有方面，例如教室、学生、教师、班级氛围、师生关系等。所以，课堂管理的内容也是多方面的。小学英语课堂管理主要围绕课堂教学环境、课堂行为规则和课堂问题行为三个方面进行。

二、小学英语课堂管理的主要功能

课堂管理贯穿课堂教学的始终，是影响课堂教学效率和质量的极其重要的因素。良好的课堂管理能保证课堂教学顺利进行。

（一）保障功能

保障功能指的是课堂管理能够保障课堂教学的顺利进行。首先课堂管理通过创建良好的课堂教学环境，能够营造安全、愉悦的学习氛围，激发小学生的学习动机和兴趣。其次，课堂管理通过建立有效的课堂行为规则，能够维持课堂秩序，帮助学生养成良好的学习习惯。最后，课堂管理通过及时处理和解决课堂问题行为，能够减少或避免矛盾和冲突的发生，保证课堂教学活动的有序开展。这些都为课堂教学的顺利进行和课堂教学活动的有效开展提供了保障。

（二）互动功能

互动功能指的是课堂管理有助于促进课堂中人与人之间以及人与环境之间的互动交流。课堂是一个特殊的不断变化的环境，是师生生活和成长的互动情境。课堂教学的过程就是师生、生生以及师生与环境之间相互作用、相互影响的过程。交流是互动的前提，互动是交流的效果。师生、生生之间的互动交流应该成为小学英语课堂教学的常态。课堂管理能够促进课堂中的互动交流，激发学生主动参与课堂活动。真正意义上的课堂管理就是一种不断激发课堂交流、保持课堂互动的历程。

（三）发展功能

发展功能指的是课堂管理有助于促进学生的持续发展。课堂是学生学习和成长的场所。课堂教学不仅仅是一个教学活动的过程，还是学生的重要生活经历，是学生成长和发展的过程。课堂教学的最终目的就是促进学生的发展。课堂管理有助于课堂教学充满生机与活力，使学生保持高度的注意力与活力，为学生的持续发展创造条件。课堂管理能够帮助学生养成良好的品格和行为习惯，为学生的持续发展奠定基础。

课堂管理始终是围绕课堂教学活动进行的。课堂管理服务于课堂教学，也是课堂教学的内容。教学中涵盖了管理，管理在教学中进行。

实践探索

　　由于英语是小学生在母语环境下学习的一门外语，加上小学生注意力的维持时间较短，所以在小学英语课堂教学中，教师常常会遇到这样或那样有碍教学活动顺利进行的事情。结合你的小学英语学习和教育实践经历，谈谈你遇到的课堂管理中的问题都有哪些，你的困惑是什么。

第二节　小学英语课堂教学环境

学习目标

　　1. 了解小学英语课堂教学环境的概念和构成；
　　2. 根据小学英语教学特点，能够设计优化课堂教学环境的方案；
　　3. 理解课堂教学环境的优化对学生英语学习和健康发展的影响。

　　课堂教学环境在教学活动中发挥着重要的作用。良好的课堂教学环境能给学生带来安全感和愉悦感，能促进学生的心智发展，还能激发学生的学习积极性。

一、课堂教学环境的概念

　　课堂教学环境是指存在于课堂教学过程中的、影响课堂教学活动的开展和效果的一切内外因素总和。课堂教学环境是课堂教学的组成部分，是影响课堂教学活动的客观条件。课堂中的各种因素，如教室的大小、空间特点、教学设备、座位编排、学生人数、光线、温度以及学习风气、人际关系等都属于课堂教学环境。课堂教学环境对学生的行为和心理都起着重要的影响作用。环境适宜、气氛融洽的课堂，能给学生带来积极情感，从而减少问题行为的发生；相反，环境恶劣、气氛紧张的课堂，会给学生带来消极情感，从而增加问题行为的发生。小学英语教师要积极创设有益于学生主动开展英语学习的课堂教学环境，为课堂教学活动的顺利实施和学生的健康成长提供保障。

二、课堂教学环境的构成

　　课堂教学环境主要包括课堂教学物质环境和课堂教学心理环境。

（一）课堂教学物质环境
　　课堂教学物质环境指的是影响课堂教学活动的物质基础和物理条件。广义上的课堂教学物质环境指的是用于各种教学活动的空间和场所，例如教室、操场、图书馆、录播教室、礼堂或者校园里的某个角落等。狭义的课堂教学物质环境指的是各班进行教学的固定教室。本节主要指狭义上的小学英语课堂教学物质环境。小学英语课堂教学物质环境管理主要指的是对教室内课桌椅、教室墙面和地面的设计和布置。

（二）课堂教学心理环境
　　课堂教学心理环境指的是课堂上所有成员共同的、稳定的心理特质或倾向，主要包括课堂氛围、人际关系、校风班风等。良好的课堂教学心理环境能够营造民主平等、和谐友好、合作交流的课堂氛围，激励师生积极投入到教学活动中，从而提高课堂教学的效率。良好的课堂教学心理环境有助于形成良好的师生关系，提升学生的学习动机和学习效率，从而促进教学目标的达成。

三、课堂教学环境的创建

课堂教学环境创建主要包括课堂教学物质环境创建和课堂教学心理环境创建。其中，物质环境创建主要以教室环境的创建为主，心理环境创建主要以课堂气氛和师生关系的建立为主。

（一）创建小学英语课堂教学物质环境

小学生在学校学习的过程中，约80%的时间是在教室中度过的。教室是学生在学校活动时间最长的地方，也是所有学习环境中最为重要的组成部分。创建小学英语课堂教学物质环境主要指的是对教室内课桌椅（主要是座位编排）、墙面空间和地面空间的设计和布置。

1. 座位编排设计

座位编排设计是指对教室内教师和学生课桌椅的摆放安排设计。座位编排是教室物质环境创设的一个重要因素。不同的座位编排方式具有不同的空间特点和功能，会带给学生不同的学习体验。在小学英语课堂教学中，教师需要根据不同的教学需要和学生的学习特点，合理编排座位。

（1）秧田式

秧田式是学生统一面向教师和黑板的一种座位编排形式（图10-2-1）。这种排列形式比较单一，是小学最普遍、最常见的一种座位编排形式。采用这种编排方式时，学生之间相互干扰较少。他们会将注意力集中在教师身上，专心听讲。但是，秧田式的座位编排不利于学生之间、师生之间的讨论、交流。

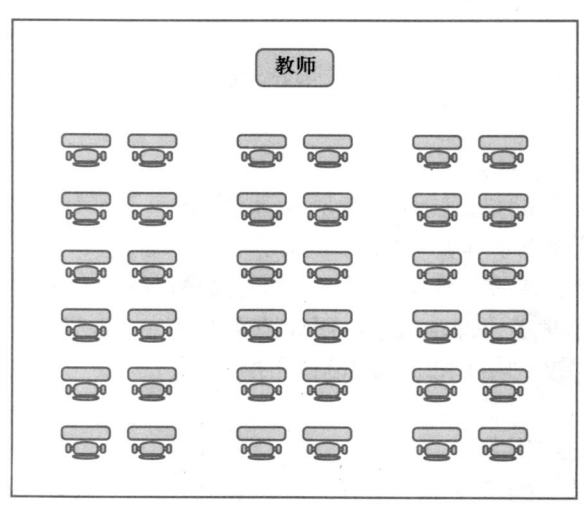

图10-2-1 秧田式

亚当斯和比德尔研究发现，在秧田式的座位编排中存在一个"行动区"（图10-2-2），即在教室前排和从前排到教室中间地带的课堂气氛比较活跃，他们将这个区域称为"行动区"。坐在"行动区"的学生课堂表现活跃，课堂发言和回答问题的次数明显比坐在教室后排的学生要多。秧田式座位编排"行动区"的存在，对于不在这个区域的学生是不利的。所以，教师要采取一些措施来消除"行动区"的负面影响，例如，定期调换座位，课堂上多在教室内走动，有意提问"行动区"外的学生等。

（2）小组式

小组式座位编排形式将学生课桌椅分成若干小组，每组由4~6张桌椅组成（图10-2-3）。这种座位模式适合小组讨论和合作学习课堂教学活动，它能最大限度地促进学生之间的相互交流，加强小组合作，增强小组活动的效果。小学英语教学鼓励学生在教师指导下，通过体验、实践、参与、探究和合作等方式，发现语言规律，形成有效的学习策略。小组式座位编排形式在小学英语示范课教学或教学比赛现场常常出现。选择这种形式时，教师要做到合理分组，尽量做到小组成员之间优势互补。这样既有利于小组内成员的互帮互助，又有利于组与组之间的相互学习，促进学生合作学习能力的提升。

课堂实录：小组式座位排列的课堂教学

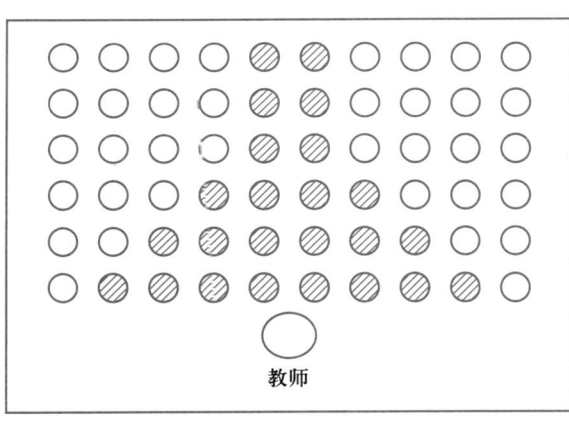

图10-2-2　教室中的行动区（阴影标识区域）

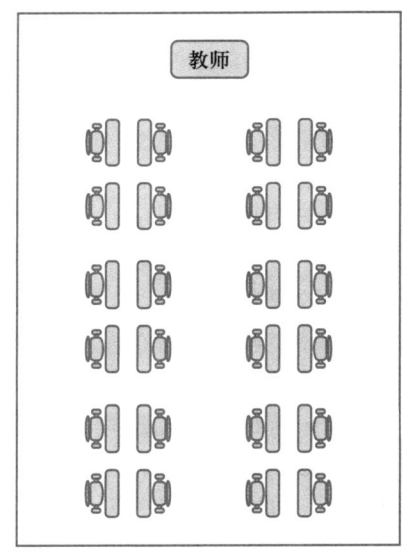

图10-2-3　小组式

（3）圆桌式

圆桌式是将学生课桌椅排列成一个圆圈，教师桌椅摆放在圆圈中央（图10-2-4）或教室内某一位置（图10-2-5）的一种座位编排形式。圆桌座位排列可以设课桌，也可以不设课桌。不设课桌时，学生坐成一圈，可以开展游艺性质的课堂教学活动；设课桌时，学生可以进行各种课堂讨论。在圆桌式座位排列中，学生能相互看到，圆桌式座位排列适合学生之间和师生之间的讨论交流。但是，教师无论站在哪里，都无法面对全体学生，这不利于课堂秩序的维持。而且，当班级人数较多时，必须设置同心双层圆圈。

课堂实录：圆桌式座位排列的课堂教学

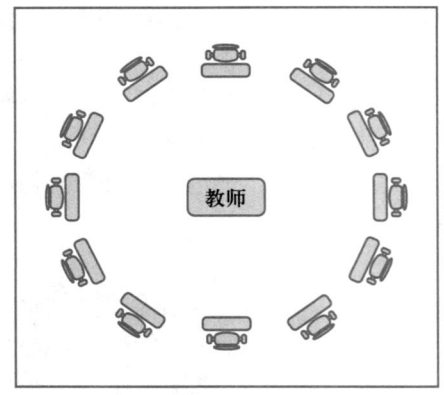

图10-2-4　圆桌式（1）

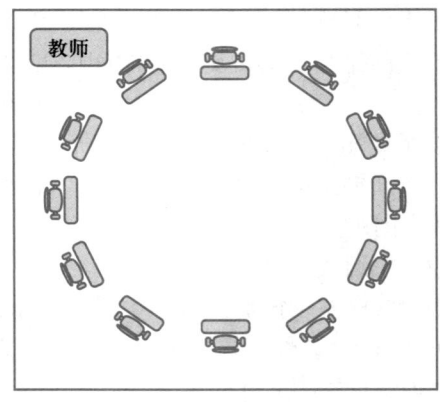

图10-2-5　圆桌式（2）

（4）马蹄式

马蹄式座位排列是将学生课桌椅排列成U字形的一种座位编排形式，也称U形座位排列。教师位于U形的开口处，面对全体学生（图10-2-6）。马蹄式兼有秧田式和圆桌式的优势，既有利于教师的课堂管理，又有助于师生之间、学生之间的讨论和交流，还可以开展游艺性质的课堂教学活动。但是，它需要占用较大的空间，学生人数不宜超过25人，25人以上需要排列成双马蹄形。

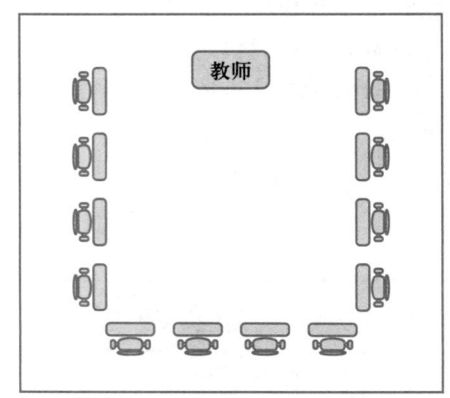

图10-2-6　马蹄形

上述几种座位编排形式各具特色，也各有局限性。在教学实践中，没有哪一种座位编排形式能够适用于所有的课堂教学活动。教师要根据教学条件和教学活动设计要求，选择合适的座位编排形式。

2. 墙面布置设计

墙面布置设计指的是教室墙面空间的设计和布置。内容丰富、形式新颖的教室墙面设计不仅会形成教室文化，还会成为潜在的教育资源，发挥"环境育人"的功能。在小学英语教学中，师生可以围绕以下主题进行墙面设计。

（1）作品墙

作品墙是指用于展示学生作业或作品的墙面设计形式。作品展示可以给学生带来成就感。展示的作品可以是学生的优秀作业，也可以是学生完成的优秀作品。设计作品墙时，作品通常需要固定在展示板上，展示板要有一定的背景图，颜色搭配要协调。每次的作品展示都要有一个主题。作品展示的时间一般不要超过两周。

（2）词语墙

词语墙是指用来张贴特定主题的英文单词、短语或句子的墙面设计形式。例如在学习"自然公园"话题时，教师可以以自然公园为背景，然后张贴写有forest、hill、river、village、mountain等的单词卡片和句子"Is there a river in the park?""There is a village in the nature park."，还可以让学生将自己知道的有关描述自然公园的英文单词或句子张贴上去。

词语墙的设计能增加学生参与学习的主动性，也能增添英语学习的氛围。

（3）荣誉墙

荣誉墙是指用来展示课堂表现优异的学生信息的墙面设计形式。教师可以根据学生的学习表现带领学生设计不同主题的荣誉墙，例如"英文书写之星""最美英语发音""单词识记小能手""课文背诵达人""英语口语交际之星""英语角色扮演明星""最强合作学习小组"等。教师还可以鼓励学生将他们的英语学习心得张贴出来，与同学分享，增强学生的参与度。

3. 地面空间设计

地面空间设计指的是教室内除了课桌椅以外的地面空间的设计和物品摆放。教师可以通过地面空间设计，充分利用教室内空间，为学生创设温馨愉悦、积极向上的学习氛围。

（1）阅读角

教师选择教室里一个相对安静的角落，放置一个小书架，摆放一些孩子们喜欢的书籍，可以是英文绘本，也可以是经典的儿童文学作品或百科全书。阅读角可以为学生提供一个拓展阅读的空间。这些书籍既可以由教师准备，也可以由学生从家中带来与同学分享。

（2）生活角

教师还可以在教室里开辟出来一个相对独立的休闲空间作为生活角。生活角可以放置一些花草，也可以结合教学内容放置一些学生从家里带来的表演道具、小玩具、小模型等，这些物品既可以在课堂"角色扮演"环节中使用，也可以供学生在生活角开展英语对话使用。

（二）创建小学英语课堂教学心理环境

教师、学生、教学环境三者之间相互作用、相互影响。一个气氛活跃、人际关系良好的课堂教学环境能够增强学生学习的动力，而一个气氛紧张、师生关系疏远的课堂环境将加剧学生的焦虑、不安心理及消极行为。所以，营造一个良好、适切的课堂教学心理环境对提高课堂教学质量非常重要。对创建小学英语课堂教学心理环境有普遍意义的是良好的课堂气氛和师生关系。

1. 积极的课堂气氛

课堂气氛是指在课堂活动中师生、生生相互交往所表现出来的相对稳定的知觉、注意、情感、意志、定势和思维等心理状态。[①]积极的课堂气氛会给学生带来愉快的情绪，从而提高学生的学习效率。开放课堂的心理气氛还有利于培养学生的创造性思维。在小学英语教学中，教师可以通过以下几种方式建立良好的课堂气氛。

（1）采用民主型领导方式

教师是创造课堂气氛的关键人物。许多研究表明，采用民主型领导方式的教师，其课堂气氛也会更加活跃。民主型领导方式指的是教师在课堂教学中民主、平等地对待学生，尊重学生的观点。在小学英语课堂教学中，教师民主型的领导方式常常表现为：与学生共同制订活动计划，公平地对待班级里的每位学生，乐意帮助和指导个别学生，能够尊重和容纳学生的不同观点，能够给予每位学生客观的表扬与批评。在民主型的课堂教学中，学生常常表现为：喜欢同他人尤其是教师一起学习，学生之间相互合作、鼓励，学生乐意独立承担某些责任，学生学习效果很高。

---

① 崔允漷.有效教学［M］.上海：华东师范大学出版社，2009：202.

（2）做好教师的情绪管理

教师作为课堂教学的指导者，其自身表现出的情绪状态会感染学生，形成课堂氛围，从而影响到课堂教学。在课堂上，教师愤怒、不耐烦、急躁的情绪会造成紧张、消极、沉闷的课堂气氛，影响学生的学习热情，使学生无法愉快地投入学习。因此，教师在走进教室前要调整好情绪状态，带着饱满、愉快的情绪开始教学。此外，当教学中出现课堂问题行为时，教师也要控制好自己的情绪，避免中断课堂教学、在学生面前发脾气或责罚学生。发脾气或责罚学生会使学生无法继续投入学习，直接影响课堂教学进度和效果。

（3）关注学生的情感态度

在课堂教学中，教师要随时关注学生的情感状态和变化。课堂气氛既包括教师的情绪表达，也包括学生的情绪表达。学生是课堂的主体，学生的情感态度对学习有重大影响，是营造积极课堂气氛的重要因素。学生愉快、满意、高兴的情绪有助于营造积极向上的课堂学习氛围，提升学习效率；学生烦躁、焦虑、失落的情绪会带来沉闷、消极的课堂氛围，降低学习效率。教师要善于觉察出学生在课堂上的情感需求和变化，同时设身处地为学生着想，及时做出恰当的反应和处理。例如，小学生注意力持续时间短，当学生在英语课堂上表现出疲惫，无法继续集中精力时，教师可以及时增加游戏环节、全身反应活动或者带领学生唱首英文儿歌。这些活动不仅能够缓解学生的学习疲劳，还能增加学生的英语学习兴趣。此外，教师要善于发现学生在课堂上表现出来的长处和进步。例如，对平时沉默但是今天积极参加课堂活动的学生，给予及时的表扬和鼓励；对在英语学习中表现突出的学生，教师不要吝啬自己的表扬。教师的认可和鼓励是学生继续努力的动力。教师要善于发现学生在课堂上的需求和情绪变化，并以学生为中心及时调整教学计划，营造积极的课堂气氛。

2. 融洽的师生关系

师生关系是教师与学生在日常的正式与非正式的交往过程中形成的人际关系。亲其师，信其道。师生关系是小学生人际关系中的重要成分，直接影响教师的"教"和学生的"学"。在英语教学中，教师可以从以下两个方面建立良好的师生关系。

（1）尊重学生

爱默生曾说过，教育的秘密在于尊重学生。"民主平等，爱生尊师"是良好师生关系的一个主要特征。虽然师生之间有管理与被管理、教育与被教育的关系，但是学生作为社会中的个体，与教师享有平等的人格尊严。尊重学生主要表现为尊重学生的人格、尊重学生的个性。对于小学英语教师，表达对学生尊重的最简单实用的方法就是记住每个学生的名字。此外，教师要礼貌地与学生交往，不挖苦讽刺、侮辱学生。例如，要常说"请""谢谢""打扰了"。除了尊重学生，教师还要信任学生，对每位学生都抱有期望。罗森塔尔效应表明，教师的期望对学生的智力发育水平有正向的积极影响。教师的期望将鼓励学生持续努力，获得不断的进步。

（2）了解学生

教师要主动接触学生，经常与学生沟通交流，增加对学生的了解。了解学生首先要发现他们的兴趣爱好。在小学英语课堂上，教师可以通过"自我介绍"活动了解学生的爱好，也可以结合单元教学主题开展课堂调查活动，例如在学校最喜欢的科目、在家里最喜欢做的事情、家庭成员情况等。此外，教师还可以通过参加学生活动的方式了解学生。例如在学生的节目中担任角色，参加学生的课后延时活动等。通过对学生的了解，教师不仅可以增进师生关系，还可以根据学生的个性特点更为合理地设计课堂活动、组建学习小组、设计课后作业等。

（3）爱护学生

爱护学生指的是要让学生感受到教师对他们的关心和爱护，例如，在课堂上争取让每个学生都有表达观点或施展才能的机会，课后主动给学习落后的学生辅导，发现学生身体不舒服要及时询问，为家庭有困难的学生提供力所能及的帮助，当危险来临时把学生的生命安全放在第一位，等等。教师的关爱不仅有助于建立良好的师生关系，也能为学生的学习和价值观的形成带来积极的影响。

课堂物质教学环境的创建可以使学习在温馨的环境中发生，课堂心理教学环境的创建可以使师生保持友好恰当、相互支持的关系。这些都有助于课堂教学活动的开展和课堂教学目标的达成。

> **实践探索**
>
> 你即将承担小学三年级的英语教学。学校是从三年级起开设英语课程的。为了创建良好的课堂教学环境，激发学生的英语学习兴趣，你准备采取哪些措施？请以小组为单位说一说你的想法。

第三节　小学英语课堂行为规则

学习目标

1. 了解小学英语课堂行为规则的概念和构成；
2. 根据小学英语教学特点，能够设计小学英语课堂行为规则；
3. 理解课堂行为规则对教学以及学生学习习惯和公民意识养成的作用。

课堂教学活动的顺利进行需要学生了解一定的行为规则。小学阶段是学生学习英语的启蒙时期，从一开始就规范学生的课堂行为，告诉学生课堂上应该做什么、不应该做什么，有助于营造良好的课堂学习氛围，帮助学生养成良好的学习习惯，还有助于学生树立规则意识。

一、课堂行为规则的概念

课堂行为规则指的是为了保证课堂教学活动的顺利、有效进行，教师与学生共同制订的学生须遵守的课堂行为规范。小学英语课堂行为规则不同于学校约束学生行为的规章制度，也不同于班主任进行班级管理的班级常规，它是小学生在英语课堂上需要遵守的行为准则。

二、课堂行为规则的构成

小学英语课堂行为规则能对小学生的英语课堂行为起到约束和管理的作用。从课堂行为的类型和规则的作用来说，小学英语课堂行为规则主要包括期望的行为、禁止的行为和惩戒的措施三个方面。

（一）期望的行为

期望的行为指的是课堂上倡导的行为，主要包括"做什么"和"怎么做"。例如"上课要准备好书、笔记本和笔""英语课上要讲英语""回答问题要举手""朗读课文声音要大，发音要清晰"等，或者用英文表述，如"Keep silent while others are answering questions.""If you want to speak, raise your hand."等。

（二）禁止的行为

禁止的行为指的是课堂上禁止发生的行为，它告诉学生"不准做什么"。例如"别人回答问题时，不要讲话""上课不能吃东西"，或者用英文表述，如"Don't talk in class until you're allowed to.""Stop what you're doing when the teacher gives a sign."等。

《中小学教育惩戒规则（试行）》

（三）惩戒的措施

惩戒的措施指的是违反课堂行为规则将要受到的惩戒。没有惩戒的规则会被学生当作"建议"，让学生觉得"做不做都行"。制订惩戒措施也是课堂管理的客观需要。教师需要做的是将惩戒措施条理化、具体化。

案 例

教育惩戒

2021年3月1日我国教育部印发的《中小学教育惩戒规则（试行）》正式施行。这是我国第一次以部门规章的形式对教育惩戒作出规定，为教师依法履行职责，及时纠正学生的错误言行提供了依据。其中第八条、第九条、第十条分别对违规违纪较为轻微、情节较重和情节严重的行为，提出了相应的教育惩戒措施。例如，第八条指出，教师在课堂教学、日常管理中，对违规违纪较为轻微的学生，可以当场实施以下教育惩戒：

（1）点名批评；

（2）责令赔礼道歉、做口头或者书面检讨；

（3）适当增加额外的教学或者班级公益服务任务；

（4）一节课堂教学时间内的教室内站立；

（5）课后教导；

（6）学校校规校纪或者班规、班级公约规定的其他适当措施。

教师对学生实施前款措施后，可以以适当方式告知学生家长。

教育惩戒不是惩罚，而是教育的一种方式，惩戒的目的是教育学生。惩戒是学校、教师行使教育权、管理权、评价权的具体方式。

三、课堂行为规则的建立

建立课堂行为规则的目的是规范学生的课堂行为，确保课堂教学活动顺利进行。小学英语课堂行为规则的建立主要包括规则的制订和规则的执行两个方面。

（一）制订课堂行为规则

课堂行为规则的制订受诸多因素的影响，例如，相关的法令与规章，学校及班级的规定，学生及其家长的期望等。在教学实践中，小学英语课堂行为规则的制订可以按照以下步骤进行。

1. 明确课堂行为

首先，教师需要结合实际情况，梳理学生的课堂行为，明确哪些行为有助于课堂教学活动的顺利进行、哪些行为可能阻碍课堂教学活动的顺利进行。这为课堂行为规则中"期望的行为"和"禁止的行为"的确定提供了初步的范本。例如，准备学习材料、认真听讲、踊跃发言、积极参加小组活动等为期望的行为；说话、吃东西、做小动作、随意离开座位等为禁止的行为。其次，为了充分体现以学生为中心的课堂教学与管理，教师可以邀请学生或学生代表一起讨论"期望的行为"和"禁止的行为"，征求学生对课堂行为规则的意见。为了保证学生参与的有效性，教师可以提出"你认为在英语课堂上应该做哪些事情？不应该做哪些事情？""你希望你周围的同学在英语课上做什么？不希望他们做什么？"等问题。

2. 确定行为规则

有了教师的设想和学生的意见后，师生可以共同讨论决定课堂上"期望的行为"和"禁止的行为"。对于"禁止的行为"，师生要继续讨论其"惩戒措施"。教师可以继续设置问题，例如"如果同学在课堂上做了不该做的事情，该怎么办？""如果有位学生随意离开座位还不听老师劝说，那该怎么办？"等，这些问题不仅能够让学生意识到制订课堂行为规则的重要性，问题的讨论结果也为"惩罚的措施"提供了参考。

3. 陈述行为规则

确定了"期望的行为""禁止的行为""惩戒措施"后，师生就可以着手撰写课堂行为规则了。在撰写时，一定要注意以下几点：一是课堂行为规则的陈述要简洁、明确、具体；二是一条规则表明一件具体行为，内容不与校规、班规等重复；三是规则陈述时多表达"期待的行为"，少说"禁止的行为"；四是规则一般以5~8条为宜，最多不超过10条。例如下面的小学英语课堂行为规则：

小学英语课堂行为规则[①]

铃声响起进教室，上课物品放整齐。

课堂听讲需专心，勤于思考勇发言。

上课发言讲英语，莫用汉语拼音替。

课文莫用汉语译，英语思维养成记。

合作分工需明确，任务展示需积极。

以上要求要牢记，英语学习出奇迹。

以上规则简洁明了，包括对学生的课堂准备、课堂听讲、课堂发言、英语思维、小组合作学习等的要求，还表达了教师对学生英语学习的期待。规则读起来朗朗上口，易于学生理解接受。

案例

Rules of English class in primary school[②]

1. Speak English in class as much as possible.
2. Listen to your teacher if he or she is speaking.
3. Don't talk in class when you're not allowed to.
4. Raise your hand and wait your turn to speak.
5. Never disturb or interrupt the others.
6. Follow your teacher in games or practices.
7. Be clear about individual work and group work.

上述规则直接用英文陈述，告诉学生课堂上应该做什么、不应该做什么，内容涉及对课堂语言、发言、游戏活动以及个人和小组练习等的要求。

良好的开始是成功的一半。课堂行为规则的制订最好在开学第一周就完成并告知全体学生，让学生在规则的引导下不断规范自己的课堂行为。

（二）执行课堂行为规则

1. 说明规则

在执行课堂行为规则时，教师首先要在全班面前详细地为学生解释规则的内容，必要时，要提供例子帮助学生了解规则。例如"要发言，先举手"，可以这样解释"回答问题时，大家要等待且保持安静，直到老师叫到你的名字。在这之前，请认真听其他同学的发言"。有时，教师还可以邀请学生家长或学校同事对规则提出一些建议或意见，这样可以使规则的执行获得更多的理解和支持。

---

① 案例由郑州市二七区龙岗实验小学朱国平老师提供。

② 本案例由郑州市二七区龙岗实验小学英语教师朱国平老师提供。

2. 执行规则

规则一旦确定，就要坚定地、一如既往地执行。教师在执行规则过程中要坚持三个原则。第一，有错必纠。当课堂上有人违反规则时，教师要立即指出并予以纠正。第二，兼顾平等与差异。在规则执行中，教师首先要做到人人平等、赏罚分明，要使用一个标准评判所有学生的行为，避免因为偏向某个学生而破坏师生关系。此外，教师还要考虑差异性，既要考虑到个别学生的特殊情况，有差别地对待，例如对于生病的学生，对于父母不在孩子身边的学生，教师要给予他们更多的关爱。第三，前后一致。在整个学期或学年的教学中，教师对学生的要求及处理措施都要一致。

3. 完善规则

课堂行为规则的制订不可能预测课堂中发生的所有行为。在规则执行过程中，教师要多观察学生的课堂行为表现，反思规则的执行是否起到维持良好的课堂教学秩序和促进学生学习的目的。如果不能很好地达成这一目的，教师就应该及时与学生沟通交流，查找问题、分析原因，并对规则进行适当的修改和完善。此外，随着课堂教学的进行，有的规则已经转化为学生的自觉行为习惯。对此，教师可以与学生继续讨论，可以删除一些学生已内化的课堂行为规则，也可以继续修改规则，提高对学生课堂学习行为的要求。例如，当学生都能按照"上课物品要带齐"的要求带齐课本、笔记本和笔时，教师就可以将此项要求提高为"上课物品要带齐，课堂笔记不可少"，以提醒学生在课堂上及时做笔记。

课堂行为规则对学生的课堂行为起着规范、指导和约束的作用。随着课堂行为规则的制订和执行，久而久之，学生自我管理意识和能力就会得到提高，养成良好的课堂行为习惯。学生在参与制订和执行课堂行为规则的过程中，会逐渐感受到个人在集体中的权利和使命、责任与义务，为以后成长为合格的公民奠定基础。

实践探索

　　根据个人小学英语学习和小学教育实践经历，以小组为单位，以三年级开设英语课程的学校为例，尝试制订三～六年级小学英语课堂行为规则。一个小组负责一个年级，并进行解释说明。

第四节　小学英语课堂问题行为

 学习目标

　　1. 了解小学英语课堂问题行为的概念和类型；
　　2. 根据课堂问题行为的管理策略和原则，提出不同问题行为的处理方法；
　　3. 能举例说明课堂问题行为的管理对学生学习和发展的意义。

小学生由于心理发育不成熟，认识能力和行为控制能力不强，在课堂上难免出现违反课堂行为规则的情形。哪里有课堂，哪里就有学生的课堂问题行为出现，它们的区别在于数量、发生频率和程度轻重不同而已。

一、课堂问题行为的概念

课堂问题行为指的是学生在课堂中表现出来的违反课堂行为规则，妨碍课堂教学活动正常进行的行为。简单地说，课堂问题行为就是学生违反课堂行为规则所表现出来的行为，它破坏了课堂教学活动的连续性，降低了课堂教学的效率。例如，在集体朗读课文时，一个学生不小心抢读了，不能算是问题行为；而如果该名学生每次朗读都抢先，并且影响了集体朗读的正常进行，这就是问题行为。

课堂问题行为的出现不仅影响课堂教学的正常进行，还会影响学生本人和周围其他学生的学习与发展，甚至还会影响师生关系。教师及时发现并有效处理课堂问题行为，能够降低其对课堂教学的影响并帮助学生尽快恢复到正常的课堂学习状态。

二、课堂问题行为的类型

课堂问题行为多种多样，其分类方式也各不相同。小学英语课堂上出现的主要是小学生的具体问题行为，本书按照问题行为的程度轻重将其分为：轻度问题行为、中等问题行为和严重问题行为三种。

（一）轻度问题行为

轻度问题行为指的是不影响他人的问题行为或只影响同桌或前后桌的问题行为。例如，说悄悄话、打瞌睡、吃东西、不听讲等。这些问题行为较易出现在小学低年级学生身上。他们初入学，对课堂上该做什么、不该做什么，都没有概念。不过，这个阶段的孩子把教师视为权威。他们愿意听教师的话，喜欢被教师表扬，从取悦教师中获得满足。有的孩子在得不到教师关注的时候，就可能做出一些行为以引起教师的注意。

（二）中等问题行为

中等问题行为指的是导致周边同学无法正常学习的行为。例如，朗读时故意拖长单词发音，向远处的同学传递纸条，不停地发出怪声或冲着同学做怪相等。中等问题行为存在于小学的各个年级，但以中、高年级为主。出现这些问题行为的学生大都是自我控制能力弱、爱表现自己或存在发育障碍的学生，也有的学生是为了引起教师和同学的注意。

（三）严重问题行为

严重问题行为指的是严重扰乱课堂秩序，致使课堂教学无法正常进行的行为。例如，破坏教学设备、高声喧哗、起哄、侮辱教师或同学等。严重问题行为多出现在小学高年级，这个年龄段的学生开始从取悦教师转向取悦同学。他们开始有较为明显的自我意识，讨厌权威式的教师。因此，少数学生的问题行为会比较严重，会越来越难管。

学生的课堂问题行为是经常发生的，具有普遍性。课堂问题行为会给课堂教学与管理带来一定的消极影响，例如降低学习效率，降低课堂教学效率，影响师生关系的发展。小学英语课堂上的问题行为虽然具有普遍性，但是其程度以轻度为主，而且持续时间短，易变性强。

三、课堂问题行为的管理策略

小学英语课堂上的问题行为就好比突发事件，需要教师做出相应的合理恰当的应对。针对问题行为的轻重程度，教师可采取不同的管理策略。

（一）轻度问题行为管理

1. 忽略

忽略指的是教师可以忽略那些没有对课堂教学构成影响或威胁小的事情。例如，某个学生不小心将课本掉到了地上，发出了响声，周围同学都转过头看，但是马上又恢复了平静；两个学生低声私语却很快就停止；一位学生在写字时，水洒了，该同学发出了一声惊叫，等等。对于此类行为，在通常情况下，教师不必作出反应，因为教师的干涉可能比学生的行为本身还具有干扰性。教师的忽略反而能更有效地让全班同学的注意力快速回归到课堂教学中。

2. 非语言提示

非语言提示指的是教师运用非语言行为提示学生终止问题行为。非语言提示包括眼神注视、讲话中的停顿、摇头、运用脸部表情、做手势、走近或接触等。非语言提示无需中断课堂教学进程，主要用于那些违规且无法忽略的行为。例如，吃东西、看课外书、做其他学科作业，同桌两个人不停地说话等。对于这些行为，教师首先可以用眼睛看着这些学生。如果眼神的提醒没有效果，教师可以走近他们。如果仍旧无效，教师可以用手轻拍一下这些学生的肩膀。

（二）中等问题行为管理

1. 语言提醒

语言提醒指的是教师运用简单的语言提醒使学生恢复正常的学习状态。在提醒时，教师要用正面的、积极的语言表达对学生后续行为的期望。例如"Li Ling, please finish your homework by yourself.""Zhang Fan, stay on your seat."。这样的语言就比"Li Ling, you can't copy other's homework.""Zhang Fan, what are you doing now?"等消极的语言更可取。此外，语言提醒还包括对那些没有专心听讲的学生提出一些他们能够回答的问题。这样也能让他们快速进入课堂学习状态中。

2. 口头警告

口头警告指的是教师运用清晰、坚定和强硬的语态干预那些用语言提醒无效的问题行为。口头警告是语言提醒的一种特殊方法，也属于程度较轻的惩罚。警告时，教师要先明确自己要求学生做什么，然后平静、坚定地重复要求，使学生去做该做的事情。例如，"Chen Peng, stop playing with your pencil. Enjoy the class." "Guo Wei, stay on your seat and read the text."。

（三）严重问题行为管理

1. 暂停

暂停指的是教师让发生问题行为的学生暂停参加教学活动。这是对于严重问题行为的一种具有惩罚性质的方法。这种方法也被称为短暂隔离。教师可以在教室内设置"暂停区域"，用于隔离被暂停参加教学活动的学生。采取暂停措施时，教师需要注意以下几点：一是，暂停只发生在教室内，不包括把学生赶出教室或隔离在其他教室；二是，暂停时间应控制在5~10分钟；三是，教师应要求学生利用其他时间补齐暂停期间的功课。

2. 严重惩罚

严重惩罚指的是当课堂出现严重问题行为且实施暂停策略无效时，教师采取的严重惩罚措施。例如，做书面检讨，或者请学生家长。严重惩罚是教师迫不得已采取的办法。惩罚时，教师尽量避免让学生抄写或完成额外家庭作业这类与学习相关的活动。严重惩罚应根据《中小学教育惩戒规则（试行）》的要求进行。

教师要恰到好处地使用上述策略，努力将问题行为对课堂教学的影响降低到最低。

四、课堂问题行为的管理原则

在诸多课堂教学管理的内容中，课堂问题行为的管理是许多教师尤其是新手教师最为头疼和感到棘手的。在对学生的课堂问题行为实施管理时，教师还要遵循以下几项原则。

（一）最少干预原则

最少干预原则指的是教师管理学生的课堂问题行为时，要用最短的时间、最小的影响纠正学生的问题行为，做到既有效地处理问题行为，又不中断课堂教学。对于学生来说，教师过多干预反而会强化问题行为。教师的"忽略"和不予理会有时反而有利于课堂教学顺利进行。

（二）激励为主原则

激励为主原则指的是教师在处理学生的课堂问题行为时，要多表扬、奖励学生，少批评、惩罚学生。在学生表现出良好的行为时，教师要及时给予表扬或奖励，以强化这类良好的行为。

（三）兼顾公平与差异原则

兼顾公平原则指的是对于不同学生表现出的相同问题行为，或同一学生在不同时空里表现出的相同问题行为，教师要采取一致、公平的处理方法。兼顾差异原则指的是在处理不同学生表现出的相同问题行为时，教师还要结合学生的个体差异性来对待。

（四）查找问题原因原则

查找问题原因原则指的是教师在处理学生的课堂问题行为时，要找出造成学生课堂问题行为的原因。只有了解了学生产生问题行为的原因，教师才能对问题行为进行针对性的处理。

管理课堂问题行为的目的在于把良好的行为模式内化为学生的自觉意识与行动。教师在管理学生的课堂问题行为时，无论采用哪种方法，都要顾及学生的自尊和人格，不能伤害学生。

实践探索

以小组为单位，根据个人小学英语学习及教学实践经历，列举课堂上出现的学生课堂问题行为。各小组交换问题行为清单，然后讨论对各项问题行为的处理方法。小组完成后，在全班分享。

// 本章小结与拓展 //

知识精练

1. 良好的课堂管理是课堂教学顺利进行的有效保障，能够促进学生的有效学习和健康发展。小学英语课堂管理主要围绕课堂教学环境、课堂行为规则和课堂问题行为展开。

2. 课堂教学环境是课堂教学的组成部分，是影响课堂教学活动的客观条件，主要包括物质环境和心理环境。良好的课堂教学环境能给学生带来安全感，增加学生课堂学习的愉悦感和动力。

3. 课堂行为规则包括期望的行为、禁止的行为和惩戒的措施。制订适宜的课堂行为规则能够规范学生的课堂行为，有助于学生养成良好的课堂学习习惯。

4. 课堂问题行为是学生在课堂中表现出来的违反课堂行为规则，妨碍课堂教学活动正常进行的行为。教师及时发现并有效处理学生的课堂问题行为，能够降低其对课堂教学的影响并帮助学生尽快恢复到正常的课堂学习状态。

深度思考

1. 小学英语教师不仅要会"教"，还要会"管"。对于课堂管理在小学英语课堂教学中的重要性，你是如何理解的?

2. 小学英语课堂教学管理主要围绕课堂教学环境、课堂行为规则和课堂问题行为三个方面进行。这三个方面在小学英语课堂管理中的关系是什么? 它们对课堂教学和学生学习的作用有哪些?

推荐阅读

1. 邓栩.小学课堂管理［M］.北京：北京师范大学出版社，2015.

该书对课堂管理的概念与发展、课堂环境的设计与营造、课堂规则的制定与执行、课堂问题行为的鉴别与处理进行了详细的阐述，有助于教师成为一个有效的课堂管理者。

2.《中小学教育惩戒规则（试行）》

教育惩戒，是指学校、教师对违规违纪学生进行管理、训导或者以规定方式予以矫治，促使学生引以为戒、认识和改正错误的教育行为。该规则为学校、教师依法依规管理学生、实施教育惩戒提供了依据。

主要参考文献

［1］中华人民共和国教育部. 义务教育英语课程标准：2022年版［M］. 北京：北京师范大学出版社，2022.

［2］梅德明，王蔷. 义务教育英语课程标准（2022年版）解读［M］. 北京：北京师范大学出版社，2022.

［3］王蔷. 小学英语教学法教程［M］. 3版. 北京：高等教育出版社，2022.

［4］教育部教师工作司.《小学教师专业标准（试行）》解读［M］. 北京：北京师范大学出版社，2013.

［5］钟启泉，崔允漷.《教师教育课程标准（试行）》解读［M］. 北京：北京师范大学出版社，2013.

［6］钟启泉，崔允漷. 新课程的理念与创新［M］. 2版. 北京：高等教育出版社，2008.

［7］崔允漷. 有效教学［M］.上海：华东师范大学出版社，2009.

［8］崔允漷. 课程实施的新取向：基于课程标准的教学［J］. 教育研究，2009（1）：74-79.

［9］鲁子问，小学英语活动设计与教学［M］. 北京：高等教育出版社，2008.

［10］鲁子问，康淑敏. 英语教学设计［M］. 上海：华东师范大学出版社，2008.

［11］胡春洞. 英语教学法［M］. 北京：高等教育出版社，1990.

［12］国家教委电化教育司. 教学媒体与教学设计［M］. 北京：高等教育出版社，1990.

［13］胡淑珍. 教学技能［M］. 长沙：湖南师范大学出版社，2010.

［14］肖惜. 英语教师职业技能训练简明教程［M］. 北京：高等教育出版社，2002.

［15］禹明. 小学英语教学理念与教学示例［M］. 广州：华南理工大学出版社，2004.

［16］张小皖. 小学英语实用课堂教学艺术［M］. 吉林：东北师范大学出版社，2009.

［17］程晓堂，刘兆义. 小学英语［M］. 上海：华东师范大学出版社，2008.

［18］李冲锋. 教学技能应用指导［M］. 上海：华东师范大学出版社，2007.

［19］王以宁. 教学媒体理论与实践［M］. 北京：高等教育出版社，2007.

［20］朱萍，张英. 英语教学活动设计与应用：小学卷［M］. 上海：华东师大出版社，2007.

［21］何文茜，高振环. 现代教育技术［M］. 北京：北京大学出版社，2009.

［22］安凤岐，梁承锋. 小学英语新课程教学法［M］. 北京：首都师范大学出版社，2009.

［23］王笃勤. 小学英语教学策略［M］. 北京：北京师范大学出版社，2010.

［24］黄甫全. 现代课程与教学论［M］. 2版. 北京：人民教育出版社，2011.

［25］程晓堂，孙晓慧. 英语教材分析与设计［M］. 修订版. 北京：外语教学与研究出版社，2011.

［26］陈时见，邓翠菊. 课堂教学综合训练教程［M］. 北京：高等教育出版社，2011.

［27］王丽春. 小学英语教学技能［M］. 上海：华东师范大学出版社，2012.

［28］BREWSTER J, ELLIS G, GIRARD D.小学英语教师教学指南［M］. 王晓阳，译. 北京：高等教育出版社，2005.

读者意见反馈

为收集对教材的意见建议，进一步完善教材编写并做好服务工作、读者可将对本教材的意见建议通过如下渠道反馈至我社。

咨询电话 400-810-0598
反馈邮箱 gjdzfwb@pub.hep.cn
通信地址 北京市朝阳区惠新东街 4 号富盛大厦 1 座　高等教育出版社总编辑办公室
邮政编码 100029